DINOSAURIOS
TERRORÍFICOS

ÍNDICE

© 2023, Editorial LIBSA
C/ Puerto de Navacerrada, 88
28935 Móstoles (Madrid)
Tel. (34) 91 657 25 80
e-mail: libsa@libsa.es
www.libsa.es

ISBN: 978-84-662-4221-9

Derechos exclusivos de edición para
todos los países de habla española

Traducción: José Miguel Parra

Copyright © MMV IMP AB

Título original: *Dinosaurs, The World's Most Terrifying Creatures*

Esta traducción ha sido publicada
por acuerdo con Amber Books Ltd.

Editora General: Veronica Ross
Editor del proyecto: Tom Broder
Diseñador: Joe Conneally

Queda prohibida, salvo excepción prevista en la ley, cualquier forma de reproducción, distribución, comunicación pública y transformación de esta obra sin contar con autorización de los titulares de la propiedad intelectual. La infracción de los derechos mencionados puede ser constitutiva de delito contra la propiedad intelectual (arts. 270 y ss. del Código Penal). El Centro Español de Derechos Reprográficos vela por el respeto de los citados derechos.
DL: M 15165-2022

Introducción	3
ANTES DE LOS DINOSAURIOS	**4**
Trilobite	6
Euriptérido	8
Celacanto	10
Dunkleósteo	12
Celurosauravo	14
Dimetrodonte	16
Diplocaulo	18
EL PERÍODO TRIÁSICO	**20**
Celofisis	22
Cinognato	24
Gracilisuco	26
Herrerasaurio	28
Listrosaurio	30
Postosuco	32
EL PERÍODO JURÁSICO	**34**
Criolofosaurio	36
Dilofosaurio	38
Escelidosaurio	40
Dimorfodonte	42
Eustreptospondilo	44
Megalosaurio	46
Shunosaurio	48
Alosaurio	50
Apatosaurio	52
Arqueoptérix	54
Braquiosaurio	56
Ceratosaurio	58
Compsognato	60
Kentrosaurio	62
Ornitolestes	64
Oftalmosaurio	66
Seismosaurio	68
Estegosaurio	70
EL PERÍODO CRETÁCICO TEMPRANO	**72**
Acrocantosaurio	74
Amargasaurio	76
Barionix	78
Carcarodontosaurio	80
Deinonico	82
Giganotosaurio	84
Hipsilofodonte	86
Iguanodonte	88
Cronosaurio	90
Uranosaurio	92
Psitacosaurio	94
Pterodaustro	96
Espinosaurio	98
Sucomimo	100
Utahraptor	102
EL PERÍODO CRETÁCICO FINAL	**104**
Carnotauro	106
Deinoqueiro	108
Deinosuco	110
Edmontonia	112
Euplocéfalo	114
Gallimimo	116
Hesperornis	118
Lambeosaurio	120
Libonectes	122
Maiasaurio	124
Mononico	126
Mosasaurio	128
Ovirraptor	130
Paquicefalosaurio	132
Parasaurolofo	134
Protocerátopo	136
Pteranodonte	138
Quetzalcoatlo	140
Saltasaurio	142
Estiracosaurio	144
Tiranosaurio Rey	146
Tarbosaurio	148
Tricerátopo	150
Troodonte	152
Velocirraptor	154
DESPUÉS DE LOS DINOSAURIOS	**156**
Andrewsarco	158
Basilosaurio	160
Diatrima	162
Argentavis	164
Borhiena	166
Brontoterio	168
Megalodonte	170
Platibelodonte	172
Tilacosmilo	174
Colosoqueli	176
Dedicuro	178
Homoterio	180
Esmilodonte	182
Mamut lanudo	184
Glosario	186
Índice	187

INTRODUCCIÓN

Edmontonia   Velocirraptor   Ornitolestes

Parasaurolofo

Estiracosaurio

Tricerátopo

Sucomimo

Dinosaurio significa «lagarto muy terrible». Ningún ser humano ha visto nunca un dinosaurio vivo. Esto se debe a que los dinosaurios vivieron millones de años antes que nosotros. Aún así, conocemos muchas cosas sobre ellos. Se han encontrado muchos huesos, dientes y fósiles de dinosaurio por todo el mundo. Los fósiles son impresiones o huellas dejadas en la roca por los cuerpos de animales o plantas que murieron hace mucho tiempo. A partir de los datos proporcionados por estos fósiles, los científicos han llegado a saber qué aspecto tenían los dinosaurios, cómo se movían y qué comían.

Hay muchos tipos de dinosaurio. Algunos eran gigantescos. El *iguanodonte*, uno de los primeros dinosaurios en ser descubiertos, tenía más de diez metros de largo. Pero también había dinosaurios diminutos. El *compsognato* tenía aspecto de pájaro, con cabeza pequeña y puntiaguda, cuello largo y el tamaño de una gallina. Algunos dinosaurios, como el *iguanodonte*, caminaban sobre dos patas. Otros como el *tricerátopo*, un dinosaurio con cuernos, caminaban a cuatro patas. Algunos comían plantas y otros eran feroces comedores de carne.

No todos los dinosaurios vivieron en la misma época. El primero apareció sobre la Tierra hace unos 250 millones de años; el último vivió hace unos 65 millones de años. Durante esos 140 millones de años, la Tierra pasó por tres eras o períodos diferentes: el Triásico, el Jurásico y el Cretácico. Después de eso parece que los dinosaurios desaparecieron. Existen muchas explicaciones para este suceso. Algunos científicos le echan la culpa a las enfermedades o las erupciones volcánicas. Otros a los cambios producidos por el impacto de un inmenso asteroide procedente del espacio.

Los dinosaurios no eran las únicas criaturas que vivían en la Tierra durante esa época. Otras muchas extraordinarias y extrañas bestias, desde tiburones gigantes a felinos con dientes de sable, compartieron con ellos el mundo prehistórico. Algunos vivieron junto a los dinosaurios y otros siguieron existiendo durante mucho después de que aquéllos desaparecieran.

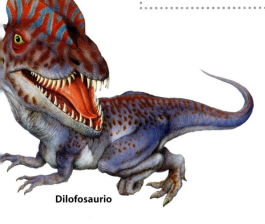  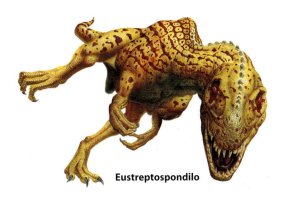

Dilofosaurio   Deinoquero   Eustreptospondilo

4 ANTES DE LOS DINOSAURIOS

ANTES DE LOS DINOSAURIOS

Mucho antes de los dinosaurios, la Tierra estuvo poblada por extrañas criaturas sedientas de sangre. Algunas de ellas fueron los antepasados de los dinosaurios. Otras parecían que hubieran llegado de otro mundo.

Los primeros dinosaurios vivieron hace más de 200 millones de años; pero antes incluso de que el primer dinosaurio caminara sobre la Tierra, el mundo estaba repleto de bestias extrañas y maravillosas.

Entre estas criaturas había algunos aterradores reptiles que se parecían mucho a los dinosaurios, como el despiadado *dimetrodonte*. Otras de estas criaturas eran el *diplocaulo*, un animal de aspecto extraño con cabeza en forma de bumerán, y el *dunkleósteo*, un inmenso pez prehistórico con la boca repleta de dientes. Antes incluso de que llegaran a existir estas fieras y los animales hubieran comenzado a abandonar el mar para dirigirse a tierra firme, hubo criaturas extrañas como los *trilobites* y los *euriptéridos*.

Entonces, hace unos 248 millones de años, al final del período Pérmico, algo terrible sucedió: una extinción en masa mató a tantas criaturas que la vida casi se extinguió en la Tierra. Se piensa que murió cerca del 95 por ciento de todos los animales marinos y hasta el 78 por ciento de todos los reptiles. Afortunadamente, algunas criaturas lograron sobrevivir. Entre ellos se encontraban los reptiles que más tarde se convertirían en los dinosaurios.

6 DEL CÁMBRICO AL PÉRMICO   HACE 540-248 MILLONES DE AÑOS

TRILOBITE

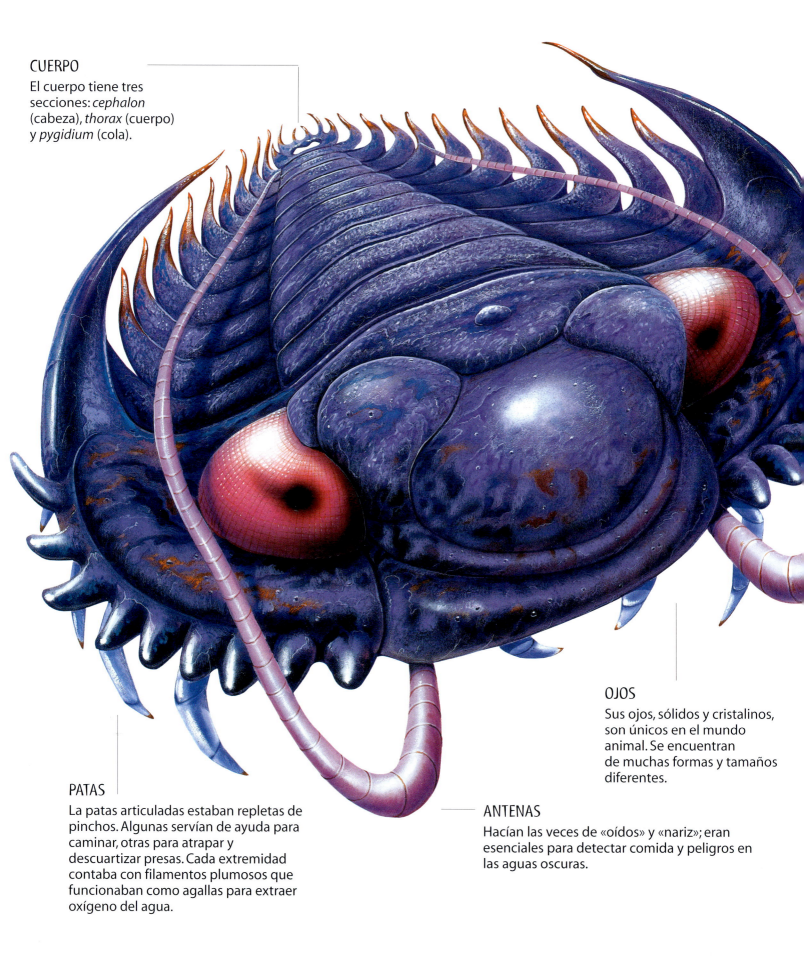

CUERPO
El cuerpo tiene tres secciones: *cephalon* (cabeza), *thorax* (cuerpo) y *pygidium* (cola).

OJOS
Sus ojos, sólidos y cristalinos, son únicos en el mundo animal. Se encuentran de muchas formas y tamaños diferentes.

PATAS
La patas articuladas estaban repletas de pinchos. Álgunas servían de ayuda para caminar, otras para atrapar y descuartizar presas. Cada extremidad contaba con filamentos plumosos que funcionaban como agallas para extraer oxígeno del agua.

ANTENAS
Hacían las veces de «oídos» y «nariz»; eran esenciales para detectar comida y peligros en las aguas oscuras.

TRILOBITE

Los *trilobites* pululaban por el fondo marino del mundo antiguo como unos extraños cangrejos prehistóricos, desapareciendo poco antes de que los dinosaurios comenzaran su reinado. Los fósiles demuestran que eran muy numerosos y tenían una inmensa variedad de formas y tamaños —los más pequeños tenían 1 mm de longitud.

Los *trilobites* aparecieron mucho antes que las plantas con flores, los dinosaurios, los peces, los mamíferos... son casi tan antiguos como el propio tiempo. Desarrollaron los primeros ojos conocidos, hechos de cristal sólido. Los *trilobites* tuvieron tanto éxito que apenas cambiaron a lo largo de 300 millones de años.

DINODATOS

LONGITUD	1 m-40 cm	
SEGMENTOS	de 2 hasta 44	
OJOS	hasta 15.000 lentes por ojo	
DIETA	Placton, gusanos y otros *trilobites*	Los *trilobites* habitaron en todos los mares y océanos de la Tierra, desde los poco profundos hasta las profundidades abisales y desde las heladas aguas polares hasta las cálidas aguas de los trópicos. A lo largo de su dilatada existencia, se estuvieron moviendo de forma constante.
ENEMIGOS	Otros *trilobites*, peces con mandíbulas	
SIGNIFICADO DEL NOMBRE	«Tres lóbulos»	

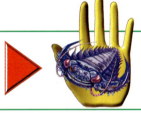

¿CÓMO ERA DE GRANDE?

 1 Un diminuto *Acidaspis*, de sólo 1 cm de largo, pasa por una de sus habituales mudas. Cuando esto pasa, su exoesqueleto se divide y se rompe a lo largo de unas junturas conocidas como suturas.

2 Nada más perder el caparazón, el *Acidaspis* no posee ninguna protección para su cuerpo, sus antenas, sus patas y sus pinchos. Ahora su cuerpo interno, blando, tiene espacio para crecer un poco.

3 Antes de que el exoesqueleto de nuestro *trilobite* pueda endurecerse, aparece merodeando por ahí un *Huntonia trilobite*, que lo mata. El *Huntonia* coge al pequeño *Acidaspis* y lo atraviesa con los afilados pinchos que posee en la base de las patas.

¿SABÍAS QUE...?

 ● Una de las razones por las que los *trilobites* son tan comunes es porque cambiaban su exoesqueleto regularmente mientras iban creciendo y a menudo estos esqueletos se convirtieron en fósiles.

● Los primeros científicos que estudiaron a los *trilobites*, de eso hace 300 años, pensaron que se trataba de algún tipo de lenguado o un pez plano similar.

 ● El animal vivo más cercano al *trilobite* es el cangrejo herradura de las costas de Norteamérica y China.

● En China, el fósil del *trilobite Drepanura* se conoce como «piedra golondrina» y la gente lo muele para utilizarlo como ingrediente de una poción que creen prolonga la vida.

DEL ORDOVÍCICO AL PÉRMICO HACE 490-248 MILLONES DE AÑOS

EURIPTÉRIDO

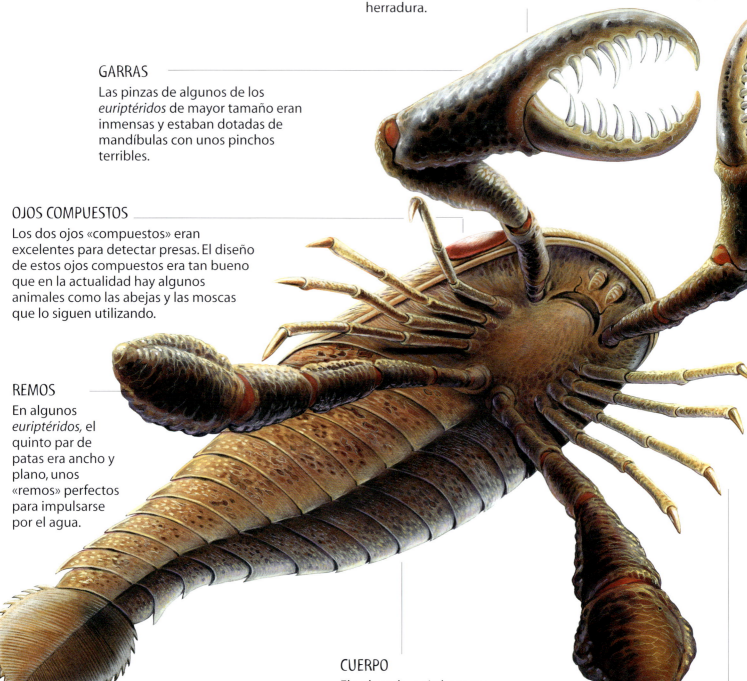

QUELÍCEROS
El primer par de apéndices son los quelíceros: órganos parecidos a las pinzas utilizados para coger, morder o triturar a las presas. Entre los animales actuales que tienen este tipo de órganos se encuentran los escorpiones y las arañas, además del cangrejo herradura.

GARRAS
Las pinzas de algunos de los *euriptéridos* de mayor tamaño eran inmensas y estaban dotadas de mandíbulas con unos pinchos terribles.

OJOS COMPUESTOS
Los dos ojos «compuestos» eran excelentes para detectar presas. El diseño de estos ojos compuestos era tan bueno que en la actualidad hay algunos animales como las abejas y las moscas que lo siguen utilizando.

REMOS
En algunos *euriptéridos,* el quinto par de patas era ancho y plano, unos «remos» perfectos para impulsarse por el agua.

TELSON
Unido al último segmento del cuerpo estaba el «telson», cuya forma variaba. En algunos *euriptéridos* tenía forma de pala ancha, lo cual probablemente ayudaba al animal a nadar mediante movimientos de «marsopa», es decir, de arriba a abajo.

CUERPO
El aplanado *opisthosoma* (cuerpo) posee doce segmentos más la cola. En la ancha *prosoma* (cabeza) se encontraban las extremidades, los ojos y la boca.

PATAS
Las ocho patas ayudaban al *euriptérido* a caminar sobre el fondo del mar o del río y, en algunos casos, también sobre tierra firme. Es posible que algunos las hayan utilizado para atrapar presas.

EURIPTÉRIDO

Los *euriptéridos* pertenecieron a un grupo de animales increíblemente exitosos que sobrevivió durante unos 250 millones de años. Eran criaturas acuáticas parecidas a los escorpiones, que cazaban peces y otras presas. Los *euriptéridos* gigantes, que eran más grandes que un ser humano y estaban equipados con unas pinzas enormes para aplastar a sus víctimas, se encontraban entre los más aterradores depredadores de su época.

Algunos de ellos probablemente se encontraran entre los primeros animales en pasar del agua a tierra firme. Los primeros *euriptéridos* vivieron en el mar, pero hay huellas fósiles que demuestran que también podían arrastrarse por la orilla de las playas. Además de grandes agallas para respirar debajo del agua, también poseían un segundo juego de agallas más pequeñas, que les permitían respirar en el aire.

¿CÓMO ERA DE GRANDE?

DINODATOS

Longitud	Desde unos pocos cm hasta más de 2 m en el caso del más grande (*Pterygotus buffaloensis*)
Dieta	Otros invertebrados y, en el caso de las especies de mayor tamaño, peces.
Significado del nombre	«Alas anchas», en referencia a los miembros anteriores en forma de «pala».

Los *euriptéridos* estaban muy difundidos, pero la mayor parte de sus fósiles proceden del este de los EE.UU. y de Europa occidental. El mapa muestra la localización de los mares poco profundos de la Antigüedad donde vivían muchos de ellos.

¿SABÍAS QUE...?

● En el último recuento, los científicos listaban alrededor de 300 especies de *euriptéridos*, a los que dividen en 22 familias.

● Los *euriptéridos* tuvieron su apogeo durante el Silúrico y el Devónico (hace unos 410-360 millones de años). Desaparecieron poco antes de que aparecieran los dinosaurios, durante una extinción masiva que también afectó a otras muchas criaturas.

● Es probable que durante el período en el cual vivieron, los *euriptéridos* fueran las criaturas más grandes del mundo.

● El *euriptérido Eurypterus remipes* fue elegido el fósil oficial del estado de Nueva York en 1984. Los fósiles de esta especie se encuentran entre los más abundantes del estado de Nueva York, que de hecho es uno de los mejores lugares para encontrar *euriptéridos*.

Los *euriptéridos* pueden escabullirse rápidamente sobre el lecho marino utilizando sus fuertes patas. En algunas especies estas extremidades son muy robustas. En otras son largas y delgadas, para facilitar los recorridos sobre barro o arena blanda.

En muchos *euriptéridos*, el último par de patas son fuertes remos. Los utilizan para cazar peces que nadan rápido o para alcanzar zonas buenas para alimentarse.

CELACANTO

PRIMERA ALETA DORSAL
La primera aleta dorsal es la única aleta «normal» del cuerpo del pez. Cuando no estaba siendo utilizada, la aleta podía plegarse como si fuera un abanico.

DIENTES
Eran pequeños y afilados, capaces de agarrar a escurridizos peces y otras presas.

ESCAMAS
Las delgadas y duras escamas estaban recubiertas de pequeños pinchos, gracias a lo cual forman una coraza dura, pero flexible.

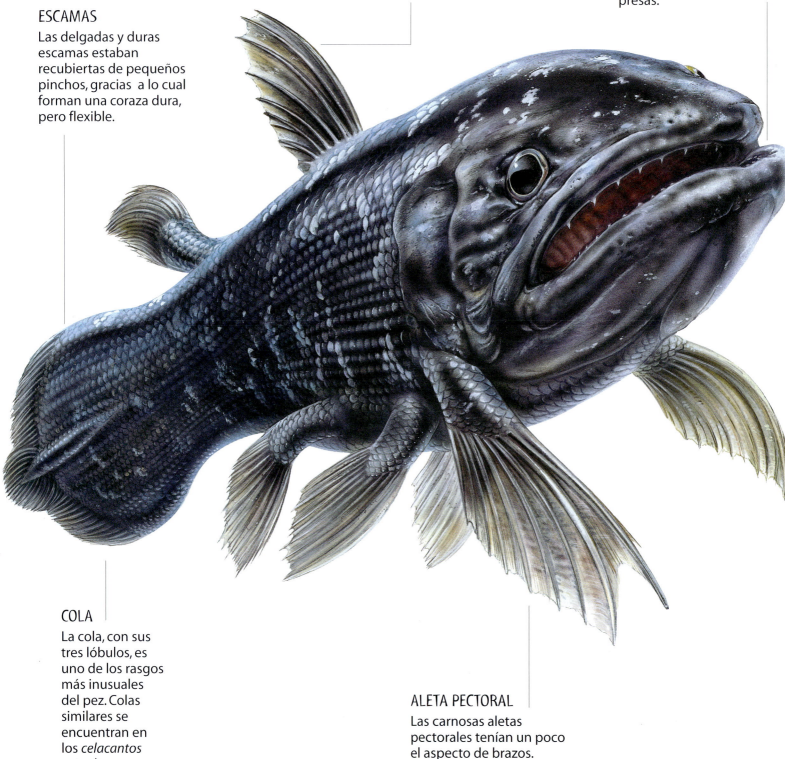

COLA
La cola, con sus tres lóbulos, es uno de los rasgos más inusuales del pez. Colas similares se encuentran en los *celacantos* actuales.

ALETA PECTORAL
Las carnosas aletas pectorales tenían un poco el aspecto de brazos.

CELACANTO 11

Este pez marino de aspecto extraño pobló los mares hace más de 400 millones de años, mucho antes de la era de los dinosaurios. Pero, al contrario que éstos, el *celacanto* todavía sobrevive. Un *celacanto* vivo fue capturado en Suráfrica en 1938 y después se han encontrado varios más.

Su descubrimiento causó sensación entre los científicos, que creían que se había extinguido. Los órganos internos del *celacanto* moderno son distintos de los de cualquier otro animal moderno y su estructura ósea es como la de los fósiles antiguos.

¿CÓMO ERA DE GRANDE?

DINODATOS

Longitud	Hasta 1'8 m; de media, 1 m
Peso	Hasta 80 k
Comida	Peces más pequeños
Reproducción	Dentro de su cuerpo incuba huevos fertilizados
Esperanza de vida	En torno a 11 años (hembras)

Los primeros *celacantos* modernos fueron descubiertos en los profundos océanos de África *(véase el mapa)*; pero sus homólogos prehistóricos probablemente fueran animales de agua dulce. Se han encontrado fósiles de *celacanto* en Europa y tanto en el norte como en el sur de América.

La médula espinal se conoce como *notocordia* y era un sencillo tubo flexible relleno de fluido (1). En peces y vertebrados más avanzados, se encuentra rodeada de vértebras y forma la columna vertebral.

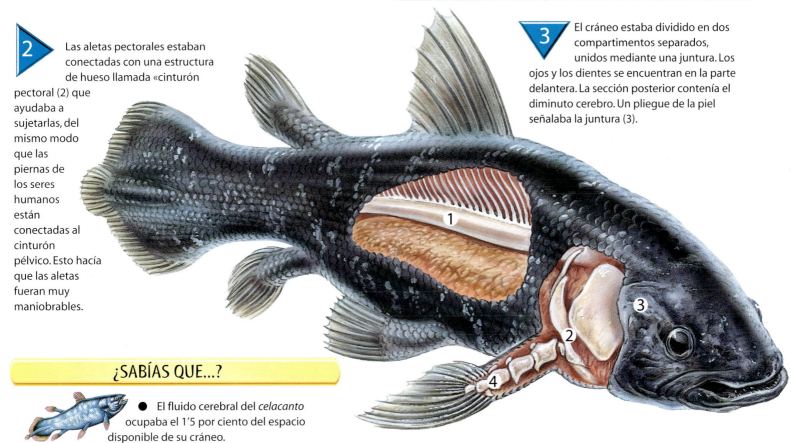

2 Las aletas pectorales estaban conectadas con una estructura de hueso llamada «cinturón pectoral (2) que ayudaba a sujetarlas, del mismo modo que las piernas de los seres humanos están conectadas al cinturón pélvico. Esto hacía que las aletas fueran muy maniobrables.

3 El cráneo estaba dividido en dos compartimentos separados, unidos mediante una juntura. Los ojos y los dientes se encuentran en la parte delantera. La sección posterior contenía el diminuto cerebro. Un pliegue de la piel señalaba la juntura (3).

¿SABÍAS QUE...?

● El fluido cerebral del *celacanto* ocupaba el 1'5 por ciento del espacio disponible de su cráneo.

● Los huevos del *celacanto* moderno pueden ser tan grandes como pelotas de tenis. La hembra los guarda dentro de su cuerpo hasta que eclosionan y nacen los alevines.

● El corazón del *celacanto* moderno no es más que un tubo en forma de «S», mientras los riñones están fusionados y forman un único órgano. Esta estructura de los riñones es única entre los vertebrados modernos.

4 Cada aleta con forma de brazo poseía un esqueleto complejo (4), con varios huesos móviles conectados con fuertes músculos. Todas estas aletas tenían una gran movilidad y probablemente pudieran rotar hacia atrás y hacia delante o hacia arriba y hacia abajo.

DUNKLEÓSTEO

DEVÓNICO HACE 408-360 MILLONES DE AÑOS

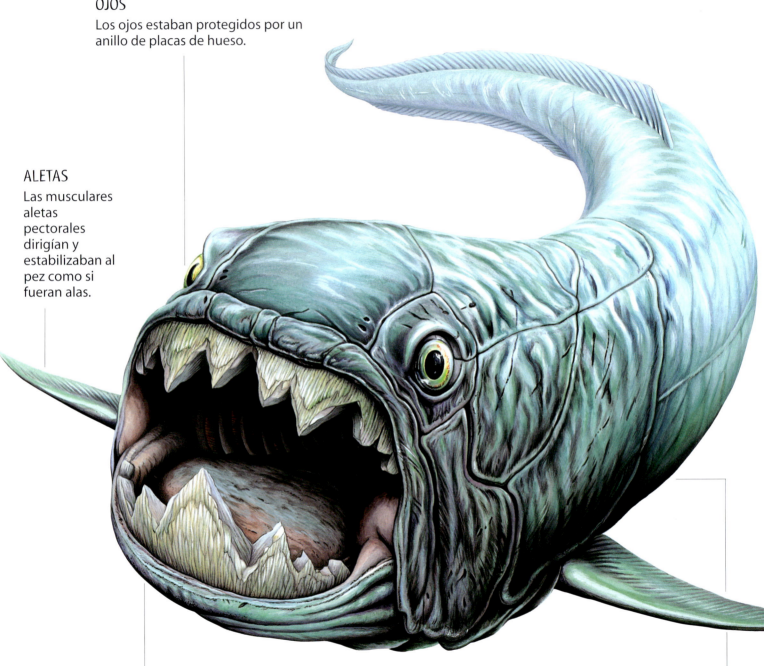

OJOS
Los ojos estaban protegidos por un anillo de placas de hueso.

ALETAS
Las musculares aletas pectorales dirigían y estabilizaban al pez como si fueran alas.

BOCA
Cada tipo de *dunkleósteo* tenía un tipo diferente de placas mandibulares óseas, pero todas eran igual de mortales para sus víctimas.

PLACAS ACORAZADAS
Escudos óseos situados en la cabeza y la parte frontal del cuerpo protegían al pez cuando se lanzaba al asalto.

DUNKLEÓSTEO

Este pez de tamaño colosal causaría pánico entre otras criaturas del mar prehistórico. Su maciza boca estaba repleta de inmensos huesos cortadores. Podía separar las mandíbulas lo bastante como para partir a sus víctimas por la mitad de un mordisco.

Los *dunkleósteos* tenían una gran cabeza dentro de placas acorazadas y un cuerpo musculoso de varios metros de longitud. Esta aterradora criatura buscaba presas sin cesar, lista para atrapar a cualquier pez que nadara cerca de su alcance.

¿CÓMO ERA DE GRANDE?

DINODATOS

Longitud	Posiblemente hasta 6 m	
Peso	Hasta una tonelada y más	
Presas	Principalmente peces	
Significado del nombre	«Huesos de Dunkle» (según el nombre de la primera persona que lo describió)	

Se han encontrado huesos fosilizados de *dunkleósteo* en EE.UU., Marruecos y Alemania. Cuando el pez vivía, Norteamérica, Europa y el norte de África estaban unidas bajo un mar tropical poco profundo.

¿SABÍAS QUE...?

● La de los *dunkleósteos* es la más grande de no menos de 22 especies de artrodiros (peces acorazados en el cuello) encontradas en el registro fósil de Cleveland Shale de Ohio, EE.UU. En estas antiguas rocas también se encontraron los restos de otros muchos peces, incluidos tiburones y celacantos primitivos.

● Muchos de los primeros peces de cuello acorazado y algunas de sus formas posteriores no se parecían en absoluto al gallardo *dunkleósteo*. Eran peces lentos que se movían por entre los sedimentos del fondo marino.

● Las cuchillas óseas de la boca del *dunkleósteo* crecían lentamente a lo largo de toda su vida. El constante rozamiento entre los dos grupos de cuchillas las desgastaba, regulando su tamaño y manteniéndolas muy afiladas.

1 Un pez primitivo llamado *holocefalante* está a punto de encontrarse con un final repentino. De la penumbra, un *dunkleósteo* surge veloz alertado por sus detectores laterales de movimiento. De cerca, los ojos del depredador lo guiarán durante el ataque.

2 El *holocefalante* intenta zafarse desesperadamente, pero sus esfuerzos son inútiles. El *dunkleósteo* abre sus cavernosas mandíbulas y con un único y brutal mordisco parte en dos a su víctima.

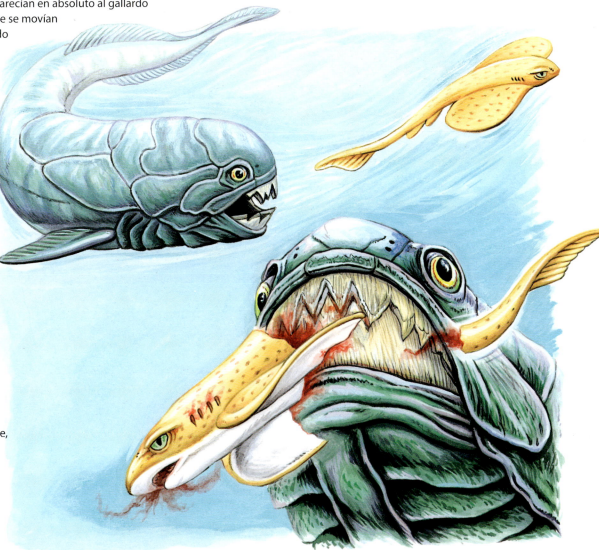

14 PÉRMICO   HACE 290-248 MILLONES DE AÑOS

CELUROSAURAVO

EXTREMIDADES
Es probable que el *celurosauravo* mantuviera las extremidades extendidas mientras volaba. Unos dedos flexibles y con garras le ayudaban a aferrarse a perchas elevadas.

CABEZA
La cabeza tenía un cráneo ligero para ayudar al *celurosauravo* a permanecer en el aire. Filas de afilados dientes en el borde de las mandíbulas trituraban grandes y jugosos insectos.

COLA
La larga y delgada cola probablemente ayudara al reptil a permanecer estable durante el vuelo.

ALAS
Las alas las formaban una extensión de piel que crecía de los costados. Mientras el reptil descansaba estaban plegadas, pero en cuanto se lanzaba a volar se desplegaban como si fueran abanicos de papel.

CELUROSAURAVO

Este reptil volador único probablemente viviera en los bosques y cazara insectos grandes. También pudo haber cazado y descansado en pequeñas bandadas, como algunos pájaros actuales. El *celurosauravo* es el primer vertebrado (animal con columna vertebral) volador conocido. Tenía alas plegables, sujetas mediante huesos huecos.

Sus alas, construidas como si fueran abanicos de papel, le ayudaban a planear de árbol en árbol utilizando la cola a modo de timón. También pudo haber extendido las alas para elevar su temperatura mientras tomaba el sol.

DINODATOS

Longitud	30-40 cm	Un minero del cobre inglés descubrió el primer fósil de *celurosauravo* en 1910. Desde entonces se han descubierto otros ejemplares en Madagascar (frente a la costa oriental de África), en Inglaterra y, a finales de la década de 1980, en la formación Kupershiefer del este de Alemania.
Envergadura	30 cm	
Estilo de vida	Vivía en los árboles	
Presas	Insectos	
Significado del nombre	«Lagarto-pájaro de huesos huecos»	

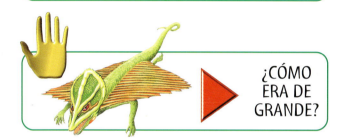

¿CÓMO ERA DE GRANDE?

¿SABÍAS QUE...?

● El *celurosauravo* y sus parientes cercanos, los *celurosarávidos*, proceden de grupos evolutivos diferentes de lagartos. Los antepasados de los dos grupos se separaron uno de otro a comienzos del período Pérmico.

● El *celurosauravo* fue una de las muchas víctimas prehistóricas de una extinción en masa que tuvo lugar hace unos 250 millones de años. Su peculiar diseño alar parece haber muerto con él, pues por lo que sabemos ningún otro vertebrado volador ha desarrollado una estructura similar desde entonces.

● Cuando los *celurosauravos* abundaban, las únicas criaturas que volaban eran los insectos. Se necesitaron otros 20 millones de años para que evolucionara otro reptil planeador y pasaron muchos millones de años más antes de que aparecieran los pájaros y los murciélagos.

1 Es por la mañana. Una bandada de lagartos está perchada sobre un árbol gigante, con las alas extendidas para atrapar el calor del sol.

2 Mientras el sol recorre el horizonte, una sombra cruza el árbol. El grupo se lanza al aire y revolotea hasta otro árbol todavía iluminado por el sol.

16 PÉRMICO HACE 290-248 MILLONES DE AÑOS

DIMETRODONTE

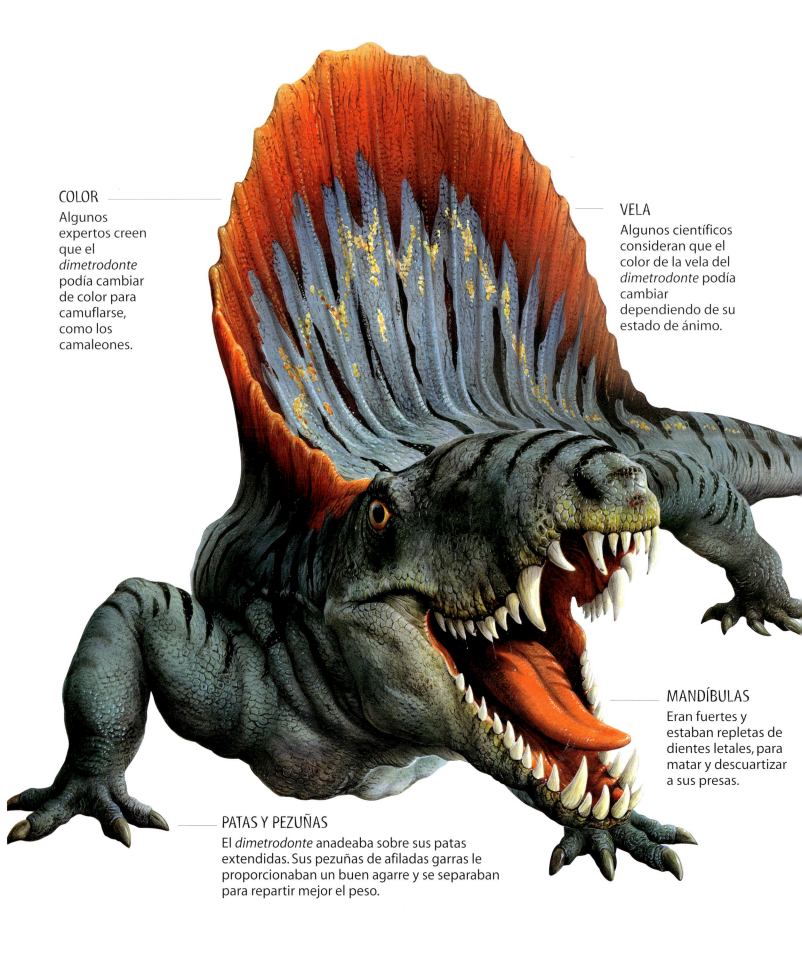

COLOR
Algunos expertos creen que el *dimetrodonte* podía cambiar de color para camuflarse, como los camaleones.

VELA
Algunos científicos consideran que el color de la vela del *dimetrodonte* podía cambiar dependiendo de su estado de ánimo.

MANDÍBULAS
Eran fuertes y estaban repletas de dientes letales, para matar y descuartizar a sus presas.

PATAS Y PEZUÑAS
El *dimetrodonte* anadeaba sobre sus patas extendidas. Sus pezuñas de afiladas garras le proporcionaban un buen agarre y se separaban para repartir mejor el peso.

DIMETRODONTE

El *dimetrodonte* era una bestia aterradora, con una inmensa vela arqueada sobre el lomo y un feroz conjunto de dientes, que acechaba por la Tierra hace más de 260 millones de años y probablemente fuera el principal de los depredadores terrestres de la época. Mataría a sus presas con mordiscos devastadores y clavándoles los colmillos, arrancándoles carne fresca con sus dientes, afilados como cuchillas.

Probablemente utilizara la extraña vela de su lomo para ayudarse a captar el calor del sol. Esto calentaría al reptil con rapidez tras una fría noche, dándole ventaja frente a sus víctimas.

DINODATOS

Longitud	Hasta 3'5 m desde el hocico hasta la punta de la cola	Se han encontrado restos fósiles de *dimetrodonte* en Texas, Nuevo México y Oklahoma (EE.UU.). Cuando el reptil vivía, los continentes estaban unidos en una inmensa masa de tierra a la que los científicos llaman Pangea. Esto puede significar que la distribución del *dimetrodonte* puede ser mucho más amplia de lo que sugieren los hallazgos de sus fósiles.
Altura	Hasta 2 m hasta lo alto de la vela	
Peso	Hasta 250 k	
Presas	Otros reptiles, grandes y pequeños, y posiblemente también peces, moluscos e incluso carroña si se presentaba la ocasión	
Significado del nombre	«Dientes de dos tamaños»	

¿CÓMO ERA DE GRANDE?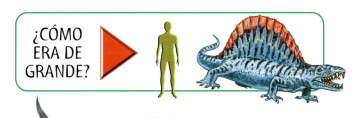

 2 Al cabo de media hora el *dimetrodonte* estaba lo bastante caliente como para moverse. La criatura no tarda en oler el rastro fresco de un gran reptil, el *ofiacodonte*.

¿SABÍAS QUE...?

 ● El *dimetrodonte* era una especie de reptil parecido a un mamífero llamado *pelicosaurio* y por lo tanto está más relacionado con los seres humanos que con los dinosaurios.

● El *dimetrodonte* ni siquiera compartió la Tierra con los dinosaurios. Se extinguió unos 35 millones de años antes de que éstos existieran.

● Una de las primeras teorías desarrolladas para explicar la función de la vela del *dimetrodonte* consideraba que era un medio para camuflar al reptil entre las plantas de las ciénagas. Otra idea era que funcionaba realmente como una vela y ayudaba al reptil a nadar.

1 Al amanecer, el *dimetrodonte* gira su vela para que quede enfrentada al sol. De este modo, la sangre que circulaba por las venas de la delgada piel de la vela se calentaba con rapidez.

 3 El *ofiacodonte* no tenía vela, de modo que seguía calentándose lentamente. Estaba tan frío y lento que ni siquiera pudo salir corriendo mientras el *dimetrodonte* le clavaba los dientes en el lomo.

DIPLOCAULO

CUERPO
El largo y aplanado cuerpo hubiera permitido al animal permanecer al acecho tumbado sobre el fondo del agua.

COLA
Una cola poderosa hubiera ayudado al *diplocaulo* a moverse por el agua a gran velocidad.

PATAS
Las patas eran cortas y bastante débiles. Eran útiles para maniobrar en el agua y para reptar por el barro, pero no demasiado en terreno seco.

CABEZA
La poco habitual forma triangular de la cabeza se la daban dos huesos muy alargados de la parte posterior del cráneo, que sobresalían hacia los lados.

BOCA
La pequeña boca estaba dotada de dientes afilados como cuchillas para arrancar trozos de carne, del tamaño adecuado, del cuerpo de sus presas.

OJOS
Unos ojos grandes situados sobre la cabeza hubieran ayudado al *diplocaulo* a buscar presas en la superficie del agua.

DIPLOCAULO

Un anfibio asesino que vivió antaño en una cenagosa Norteamérica, el *diplocaulo* era capaz de caminar sobre tierra firme, pero también era un buen nadador. Es probable que pudiera sobrevivir durante largos períodos bajo el agua. Quizá se escondiera en parte entre el barro y las piedras del fondo, esperando a que pasaran sus presas, como insectos o peces.

Algunos expertos consideran que pudo haber utilizado su cabeza en forma de bumerán para conseguir más velocidad dentro del agua mientras cazaba a sus presas. La cabeza también puede haberlo protegido de los depredadores; incluso el más hambriento de los cazadores la habría encontrado difícil de tragar.

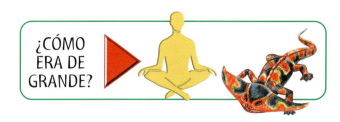

¿CÓMO ERA DE GRANDE?

DINODATOS

Tamaño	Cerca de 1'3 m de largo, con una cabeza de 40 cm de ancho aproximadamente	Los fósiles de *diplocaulo* se han encontrado sobre todo en los estados de Texas y Oklahoma. Cuando este anfibio vivía, la región era húmeda y cenagosa y estaba salpicada de lagos y ríos, muy diferente de la región árida que es en la actualidad. En Marruecos se han descubierto anfibios de forma similar a la del *diplocaulo*.
Peso	Posiblemente hasta 15 k	
Presas	Probablemente, sobre todo peces e insectos	
Significado del nombre	«Tallo doble»	

¿SABÍAS QUE...?

● Las crías de *diplocaulo* no tenían la cabeza triangular de los adultos. Los huesos de la parte posterior de la cabeza que formaban el bumerán crecían lentamente mientras el animal maduraba, haciéndose cada vez más grandes con la edad.

● Los expertos creen que el *diplocaulo* depositaba sus huevos en el agua, como muchos anfibios actuales. De los huevos habrían salido renacuajos, que habrían permanecido en el agua hasta transformarse en adultos.

● Otro anfibio del mismo período, llamado *diploceraspis*, también poseía un cráneo muy ampliado, lo cual sugiere que una forma craneal extraña era un adaptación útil que daba a estas criaturas una clara ventaja sobre las demás.

● El *diplocaulo* pudo haber tenido agallas que le permitirían respirar bajo el agua mientras permanecía quieto a la espera de sus presas.

Dos *diplocaulos* compiten por ver quién caza una inmensa libélula que ha caído al agua y lucha por ponerse a volar. **1**

Los anfibios cierran sus mandíbulas en el cuerpo del insecto en un truculento tira y afloja. La gran libélula queda destrozada mientras cada *diplocaulo* se queda con su parte. Luego regresan al fondo del agua a la espera de más presas. **2**

20 EL PERÍODO TRIÁSICO

EL PERÍODO TRIÁSICO

A comienzos del período Triásico tuvo lugar una extinción en masa que mató a la mayor parte de las criaturas de la Tierra. Sólo sobrevivieron unos pocos animales, pero entre ellos estaban los grandes reptiles que se convertirían en los dinosaurios.

Fue durante el período Triásico cuando comenzaron a aparecer los primeros dinosaurios, como el *celofisis*, un terrible y rápido animal que vivía y cazaba en manadas. Muchos dinosaurios del período Triásico eran carnívoros (comedores de carne). Caminaban sobre dos patas y eran muy rápidos cuando cazaban su comida. Poseían unas bocas enormes, repletas de largos y afilados dientes. Dientes que necesitaban, al igual que sus poderosas garras, como armas para matar y comerse a sus presas. Un dinosaurio del Triásico, el *herrerasaurio*, fue uno de los primeros antepasados del más aterrador de todos los dinosaurios: el *tiranosaurio rey*. Con dinosaurios como éstos por allí, el mundo del Triásico fue un lugar muy peligroso.

Los dinosaurios no fueron los únicos grandes reptiles del período. Un aterrador depredador del Triásico fue el *cinognato*, un gran reptil parecido a un mamífero que parecía un cruce entre un perro y un lagarto. Otro gran reptil parecido a un dinosaurio, llamado *postosuco*, fue de hecho el antepasado de los cocodrilos modernos. Pero a finales del período Triásico estaba claro que eran los dinosaurios quienes dominaban la Tierra.

CELOFISIS

TRIÁSICO HACE 248-206 MILLONES DE AÑOS

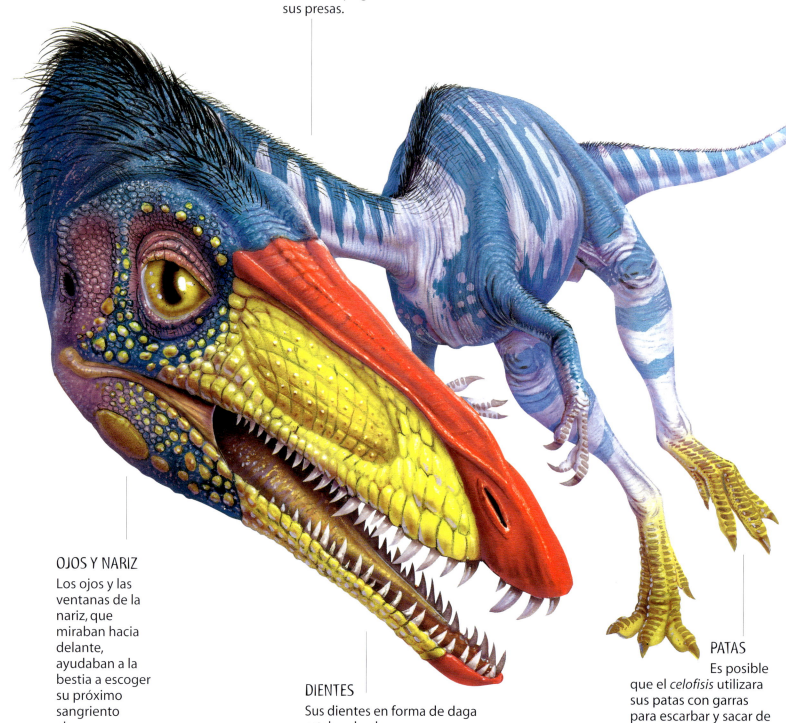

CUELLO
Un cuello flexible ayudaba al dinosaurio a alcanzar y agarrar a sus presas.

OJOS Y NARIZ
Los ojos y las ventanas de la nariz, que miraban hacia delante, ayudaban a la bestia a escoger su próximo sangriento almuerzo.

DIENTES
Sus dientes en forma de daga estaban hechos para rasgar la carne, no para comer hojas con delicadeza.

PATAS
Es posible que el *celofisis* utilizara sus patas con garras para escarbar y sacar de sus madrigueras a pequeños mamíferos.

CELOFISIS 23

Uno de los más antiguos dinosaurios que se conocen es el *celofisis*, que era un asesino muy eficiente. Podía atrapar a sus presas con mucha agilidad corriendo a gran velocidad, antes de darse un atracón con sus afilados dientes mordedores. Este ávido comedor de carne puede haberse comido a crías de su propia especie.

Con sus formas aerodinámicas, su esqueleto ligero y sus largas y musculadas piernas, el *celofisis* era un corredor nato. Podía girar y revolverse a toda velocidad. Una manada de estos dinosaurios habría podido cazar a presas mucho mayores que ellos.

¿CÓMO ERA DE GRANDE?

DINODATOS

Longitud	Unos 3 m	Se han encontrado restos fosilizados de *celofisis* en depósitos de Arizona y Nuevo México, en los EE.UU. Cuando el *celofisis* vivía, los continentes estaban unidos en un supercontinente llamado Pangea. El clima era templado o caliente durante todo el año y el *celofisis* puede haber deambulado largas distancias en busca de presas.
Peso	Unos 25 k	
Dieta	Otros animales, vivos o muertos	
Armas	Dientes y garras	
Significado del nombre	«Forma hueca» (porque tiene huesos huecos)	

¿SABÍAS QUE...?

● El yacimiento de Ghost Ranch en Nuevo México es muy rico en fósiles. Allí se han encontrado grandes cantidades de fósiles de *celofisis* y puede que todavía queden cerca de mil por desenterrar.

● No todos los fósiles de *celofisis* adultos son iguales, porque hay dos tipos de este dinosaurio, uno más grande que el otro. Los expertos creen que se trata de machos y hembras, pero todavía se debate mucho cuál es cuál.

● El cazador de fósiles norteamericano Edward Drinker Cope bautizó al *celofisis* en 1887, basándose en restos fragmentarios.

● Los expertos en fósiles calculan que a mediados del Triásico, cuando abundaba el *celofisis*, los dinosaurios eran menos del 5 por ciento de todas las especies de reptiles del mundo.

Mientras algunas crías de *celofisis* se alimentan nerviosas de un animal muerto, una manada rival de adultos los espía de cerca. **1**

Saliendo de repente de su escondrijo, los hambrientos adultos comienzan el ataque. Se apoderan de algunas de las crías más jóvenes y luego huyen al bosque. **2**

24 TRIÁSICO   HACE 248-206 MILLONES DE AÑOS

CINOGNATO

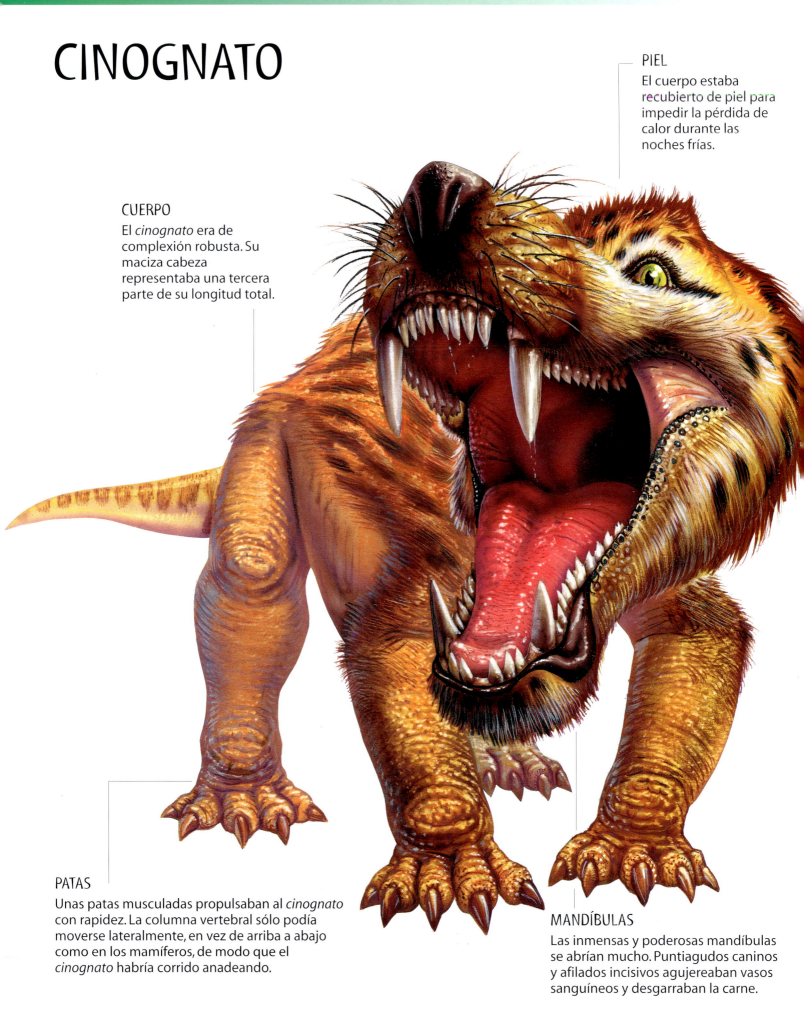

PIEL
El cuerpo estaba recubierto de piel para impedir la pérdida de calor durante las noches frías.

CUERPO
El *cinognato* era de complexión robusta. Su maciza cabeza representaba una tercera parte de su longitud total.

PATAS
Unas patas musculadas propulsaban al *cinognato* con rapidez. La columna vertebral sólo podía moverse lateralmente, en vez de arriba a abajo como en los mamíferos, de modo que el *cinognato* habría corrido anadeando.

MANDÍBULAS
Las inmensas y poderosas mandíbulas se abrían mucho. Puntiagudos caninos y afilados incisivos agujereaban vasos sanguíneos y desgarraban la carne.

CINOGNATO 25

El *cinognato* parecía un cruce entre un perro y un lagarto. Era el más grande de todos los *cinodontes*, reptiles parecidos a mamíferos equipados con unos colmillos sanguinarios. Cuando cazaba en manada, el *cinognato* era mortal, matando a animales mucho mayores que él y desgarrándolos en pedacitos.

Al contrario que la mayor parte de los reptiles verdaderos, el *cinognato* poseía una patas relativamente largas situadas debajo del cuerpo, en vez de sobresaliendo de los costados. Esto significa que era ágil y podía cambiar de dirección con rapidez. Los restos fosilizados de este carnívoro han ayudado a los científicos a comprender cómo evolucionaron los mamíferos.

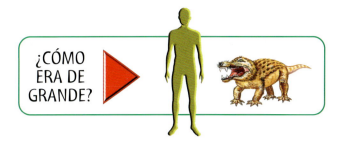

¿CÓMO ERA DE GRANDE?

DINODATOS

LONGITUD	1-1'5 m en total; cara con hocico, 30 cm
DIETA	Carne fresca
ARMAS	Aterradores dientes y mandíbulas destripadoras
SIGNIFICADO DEL NOMBRE	«Con mandíbula de perro»

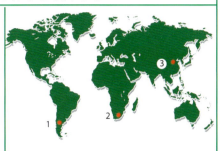

Se han encontrado fósiles de *cinognato* en Argentina (1) y la cuenca de Karoo, en Sudáfrica (2), un gran espacio cóncavo similar a un desierto repleto de rocas recubiertas de matorrales. En 1973 se encontraron otros más cerca de Pekín, China (3).

¿SABÍAS QUE...?

● La única prueba que sugiere que el *cinognato* y otros *cinodontes* eran peludos procede de la marca de pelo que rodea a una única huella fosilizada.

● El registro fósil no nos dice cómo se reproducía el *cinognato*, pero en algún momento los *cinodontes* pasaron de poner huevos a dar a luz a crías vivas.

● En 1912, después de estudiar restos fosilizados de *cinognato* y *mesosaurio* procedentes de Sudamérica y África, el científico alemán Alfred Wegener llegó a la conclusión de que estas dos masas de tierra estuvieron unidas tiempo atrás y que habían alcanzado su posición actual a lo largo de un proceso desarrollado a lo largo de millones de años.

● Algunos cráneos de *cinodonte* poseen diminutos canales en la zona de alrededor del hocico, que pueden haber contenido los nervios sensoriales de los pelos en forma de bigote.

Tres *cinognatos* atacan a un gran *kannemeyeria*. Uno clava sus colmillos en la garganta de la víctima. El segundo salta sobre su lomo y el tercero ataca su vientre.

A pesar de su gran tamaño, el *kannemeyeria* no puede librarse de sus atacantes. Finalmente se arrodilla. Los dinosaurios más pequeños lo destripan.

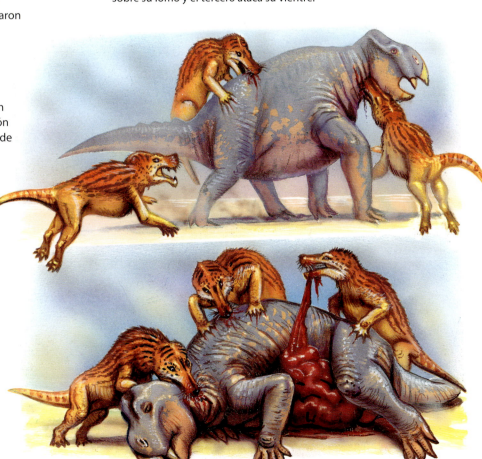

26 TRIÁSICO HACE 248-206 MILLONES DE AÑOS

GRACILISUCO

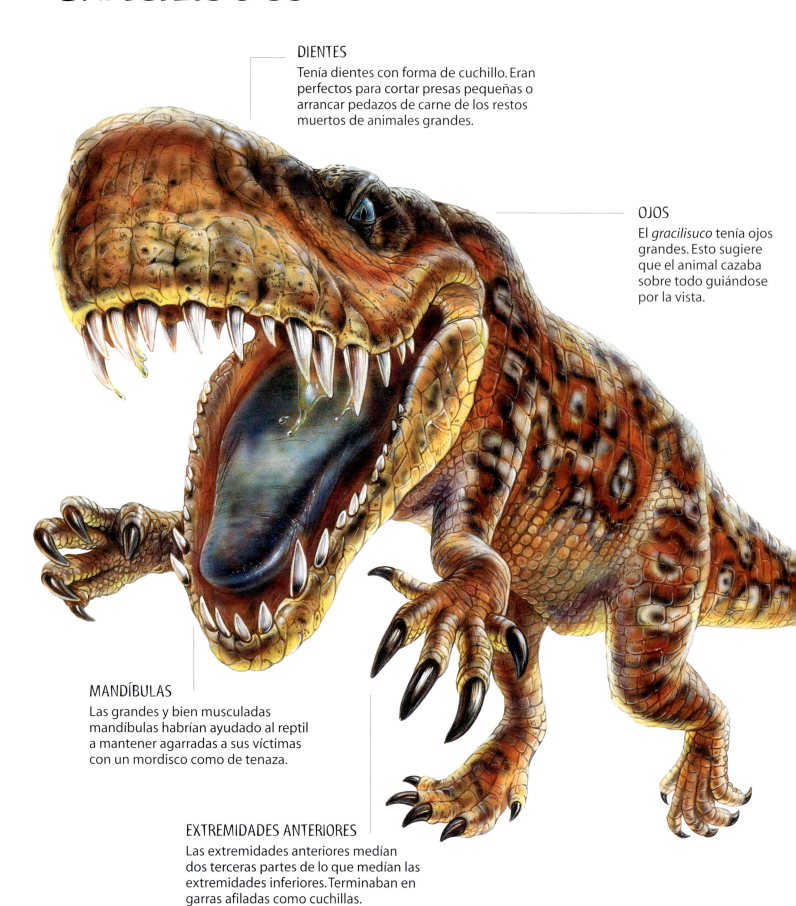

DIENTES
Tenía dientes con forma de cuchillo. Eran perfectos para cortar presas pequeñas o arrancar pedazos de carne de los restos muertos de animales grandes.

OJOS
El *gracilisuco* tenía ojos grandes. Esto sugiere que el animal cazaba sobre todo guiándose por la vista.

MANDÍBULAS
Las grandes y bien musculadas mandíbulas habrían ayudado al reptil a mantener agarradas a sus víctimas con un mordisco como de tenaza.

EXTREMIDADES ANTERIORES
Las extremidades anteriores medían dos terceras partes de lo que medían las extremidades inferiores. Terminaban en garras afiladas como cuchillas.

GRACILISUCO

Vivía entre los primeros dinosaurios y era un pequeño reptil capaz de pescar peces en el agua, cazar lagartos en tierra firme e incluso atrapar insectos en el aire.

El *gracilisuco* era un depredador de extremidades largas que sobre todo corría a cuatro patas, pero que también podía hacerlo sobre dos patas utilizando su larga cola para mantener el equilibrio. Sus ágiles extremidades, grandes ojos y largas garras convertían a este reptil en un depredador despiadadamente eficiente. Habría podido cazar a una amplia variedad de animales o quitarles la carne a depredadores más grandes y salir corriendo con ella.

¿CÓMO ERA DE GRANDE?

DINODATOS

Longitud	45–50 cm, incluidos los 9'5 cm del cráneo	Los fósiles de *gracilisuco* se han encontrado en el norte de Argentina. Hace unos 230 millones de años, esta región formaba parte del gigantesco supercontinente Pangea. El clima pasó lentamente de ser cálido y húmedo a cálido y seco y la vegetación dominante pasó de helechos a coníferas. Entonces aparecieron muchos animales nuevos, incluido el *gracilisuco*.
Dieta	Probablemente pequeños lagartos, insectos, peces y carroña.	
Armas	Dientes y garras	
Significado del nombre	«Cocodrilo grácil»	

¿SABÍAS QUE...?

● Además del *gracilisuco*, en el Triásico vivían otros tipos de criaturas parecidas a cocodrilos. Entre ellos el *parasuco*, que poseía un hocico largo y delgado similar al del cocodrilo moderno, y los *rauisuquios*, que con sus casi 7 m de longitud eran los asesinos más grandes de su época.

● Los huesos de la columna del *gracilisuco* estaban protegidos por pares de placas acorazadas entrelazadas. Algunos expertos creen que protegían la médula espinal, pero otros creen que le ayudaban a tensar el cuerpo y de ese modo a mejorar su equilibrio.

● El primero en describir al *gracilisuco* fue Alfred Romer, en 1972. Se parecía al *ornitosuco*, otro reptil del Triásico, que algunos expertos creían era un dinosaurio. Romer no pensaba lo mismo y desde entonces la investigación ha demostrado que tenía razón: ninguno de ellos era un dinosaurio.

Un *gracilisuco* se agacha en una charca para beber. El asesino ve un banco de peces diminutos y les lanza un bocado. Pero los peces son demasiado rápidos y se escapan.

El *gracilisuco* se aleja corriendo para probar suerte en otro lado. Ve una libélula y salta intentando atrapar al insecto, pero no tiene éxito.

A cierta distancia de allí, el *gracilisuco* observa a unos dinosaurios que acaban de matar a una presa. Ambos están demasiado entretenidos alimentándose como para darse cuenta del ágil intruso. El asaltante corre y les roba un pedazo de carne sanguinolenta.

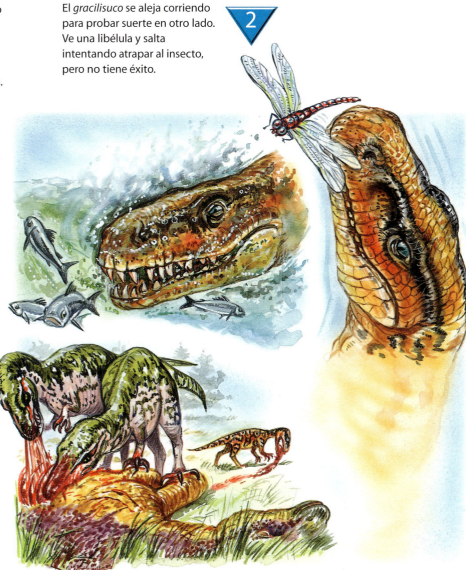

TRIÁSICO HACE 248-206 MILLONES DE AÑOS

HERRERASAURIO

COLA
El dinosaurio mantenía la cola muy separada del suelo. De este modo le ayudaba a mantener el equilibrio.

CABEZA
La grande y estrecha cabeza permitía al animal penetrar profundamente en el cuerpo de los animales muertos para alimentarse con los jugosos órganos internos.

DIENTES
Los dientes eran curvos y puntiagudos. Eran lo bastante fuertes como para penetrar en el cráneo de sus víctimas.

COLOR
Nadie sabe de qué color eran los dinosaurios, pero es probable que éste tuviera marcas de camuflaje, lo cual le hubiera ayudado a esconderse en el sotobosque.

GARRAS
Eran sorprendentemente afiladas y poderosas. La bestia pudo haberlas utilizado para mantener inmóvil a las presas mientras éstas se debatían intentando escapar.

MANDÍBULA INFERIOR
El *herrerasaurio* poseía un gozne especial en la mandíbula que le permitía sujetar a su víctima con un mordisco del que era imposible escapar.

HERRERASAURIO

Rápido y feroz, este carnívoro del tamaño de un león fue uno de los primeros del linaje de depredadores de dos patas que terminaría produciendo al rey de los asesinos: el *tiranosaurio rey*.

El *herrerasaurio* es uno de los dinosaurios que se conocen desde hace más tiempo. Su aparición marcó el comienzo de la era en la que los dinosaurios fueron los reyes y los depredadores de cuatro patas perdieron la batalla por la supervivencia. Esta poderosa bestia tenía dientes y garras afilados y su mandíbula inferior contaba con un mecanismo que le proporcionaba un inmenso mordisco como de tenaza.

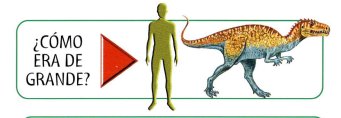

¿CÓMO ERA DE GRANDE?

DINODATOS

Tamaño	Hasta 3 m de largo, incluida la cola; peso, 100-180 k	Se han encontrado fósiles de *herrerasaurio* en la región de San Juan, en Argentina, al pie de las colinas de la cordillera andina, cerca de la frontera con Chile. Cuando hace 220 millones de años en la Tierra reinaban los dinosaurios, esta zona formaba parte del continente Pangea. El clima de la Tierra era más cálido que en la actualidad y los desiertos y bosques estaban muy extendidos.
Dieta	Dinosaurios y otros reptiles, posiblemente carroñero	
Armas	Dientes y garras afilados	
Significado del nombre	«Lagarto de Herrera»	

¿SABÍAS QUE...?

● El *herrerasaurio* recibe su nombre de Victorino Herrera, el campesino de los Andes que descubrió sus restos fósiles.

● Algunos científicos creen que los dinosaurios depredadores como el *herrerasaurio* vivían en manadas y luchaban unos contra otros para convertirse en el animal dominante. Marcas de dientes en parte curadas aparecidas en los cráneos de estos dinosaurios demuestran que se mordían en la cabeza, como hacen los lobos en la actualidad.

● Las extremidades anteriores del *herrerasaurio* eran bastante poderosas y poseían garras en forma de gancho. El depredador pudo haberlas utilizado para dar cuchilladas a sus víctimas con la esperanza de infligirles una herida mortal.

● Tras haber estudiado los huesos de las zarpas del *herrerasaurio*, algunos expertos en fósiles afirman que no era un verdadero dinosaurio, sino que estaba a medio camino entre los dinosaurios y sus antepasados más primitivos.

Un joven *herrerasaurio* se aprovecha de la carne fácil que supone un herbívoro recién muerto. Con la cabeza baja, el cazador desgarra grandes trozos de carne; pero un *herrerasaurio* de mayor tamaño llega atraído por la carroña. Ataca al animal más joven y le muerde la cabeza.

El depredador de menor tamaño chilla de dolor y se aleja para ocultarse mientras se curan sus heridas. El animal victorioso se agacha y comienza a alimentarse con ansia.

LISTROSAURIO

TRIÁSICO HACE 248-206 MILLONES DE AÑOS

COLA
El *listrosaurio* tenía una cola corta, parecida a la del hipopótamo o el cerdo.

VENTANAS DE LA NARIZ
Estaban colocadas muy por encima de la boca de la bestia. Esto le permitía hozar en charcas y ciénagas sin tener que levantar la cabeza para respirar.

EXTREMIDADES ANTERIORES
Las fuertes extremidades anteriores, parecidas a columnas, levantaban el cuerpo del suelo.

DEFENSAS
Habrían sido útiles para excavar las raíces de las plantas o para intimidar a los depredadores.

PICO
El afilado pico óseo era perfecto para coger vegetación y cortar tallos duros.

EXTREMIDADES POSTERIORES
Al igual que en los reptiles parecidos a mamíferos, las patas posteriores estaban colocadas debajo del cuerpo. Esto los volvía más ágiles sobre tierra firme.

LISTROSAURIO 31

El *listrosaurio* era una bestia herbívora baja y fornida que vivió hace unos 240 millones de años. Antes de que los dinosaurios se hicieran con el poder, reptiles similares a mamíferos dotados de defensas como el *listrosaurio* se encontraban entre los más exitosos animales del mundo. Sus descendientes dieron lugar a los mamíferos. Es probable que el *listrosaurio* hozara en busca de comida en los bosques y praderas, utilizando su pico —similar al de una tortuga— para cortar las plantas. Con su gran cabeza y sus robustas defensas, esta bestia era lo bastante grande como para luchar con la mayor parte de los depredadores.

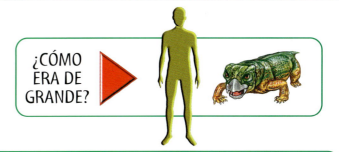

¿CÓMO ERA DE GRANDE?

DINODATOS

Longitud	70 cm-1 m	
Dieta	Probablemente raíces y follaje de plantas primitivas, como helechos, espadañas y equisetos	
Armas	Su mole y sus defensas	
Significado del nombre	«Lagarto pala»	

Se han encontrado *listrosaurios* en Norteamérica, Sudáfrica, China y Australia. Esta amplia distribución demuestra tanto el éxito del animal como el hecho de que hubo un tiempo en el que las masas de tierra formaban un único continente.

¿SABÍAS QUE...?

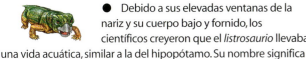

● Debido a sus elevadas ventanas de la nariz y su cuerpo bajo y fornido, los científicos creyeron que el *listrosaurio* llevaba una vida acuática, similar a la del hipopótamo. Su nombre significa literalmente «lagarto pala», porque se pensaba que excavaba plantas acuáticas del fondo de ríos y lagos. Sin embargo, sus fuertes y ágiles patas demuestran que estaba mucho mejor adaptado para la vida en tierra firme.

● El *listrosaurio* poseía una poderosa musculatura en la mandíbula y una mandíbula inferior que se movía hacia atrás, hacia delante y de lado a lado, así como de arriba abajo: ideal para triturar plantas duras.

● A comienzos del Triásico, cuando vivió el *listrosaurio*, los continentes estaba unidos en una única masa de tierra llamada Pangea. Toda la Tierra, incluida la Antártida, era cálida y fértil, de modo que el *listrosaurio* pudo vivir en cualquier parte, de hecho es probable que lo hiciera.

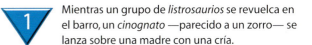

1 Mientras un grupo de *listrosaurios* se revuelca en el barro, un *cinognato* —parecido a un zorro— se lanza sobre una madre con una cría.

Desesperada por proteger a su cría, la madre se lanza contra el *cinognato*. Lo voltea con su pesada cabeza y salta furiosa encima de él.

Magullado y sangrando, el depredador se aleja dando traspiés. La madre victoriosa conduce a su perdido retoño hacia la seguridad del grupo.

32 TRIÁSICO HACE 248-206 MILLONES DE AÑOS

POSTOSUCO

CORAZA
El lomo del reptil estaba acorazado con placas óseas. Esto le protegía contra los dientes y garras de sus rivales.

COLA
La larga cola equilibraba el cuerpo. Pudo haber sido utilizada como látigo para defenderse.

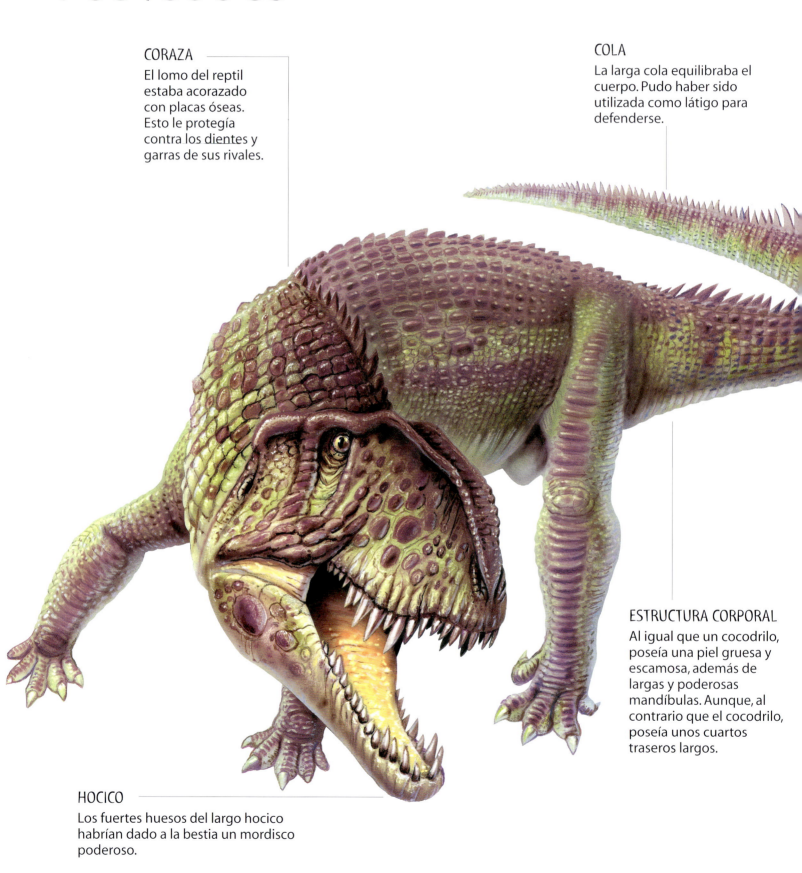

ESTRUCTURA CORPORAL
Al igual que un cocodrilo, poseía una piel gruesa y escamosa, además de largas y poderosas mandíbulas. Aunque, al contrario que el cocodrilo, poseía unos cuartos traseros largos.

HOCICO
Los fuertes huesos del largo hocico habrían dado a la bestia un mordisco poderoso.

POSTOSUCO 33

El *postosuco* fue uno de los más feroces asesinos de nuestro planeta. Este inmenso y bien acorazado reptil poseía una mandíbulas capaces de triturar hueso y unos aterradores y afilados dientes serrados. Era un depredador sigiloso, que saltaba sobre sus presas desde un escondite, matándolas con una carga final y un mordisco salvaje.

Los *postosucos* machos probablemente fueran cazadores solitarios, que competían con fiereza por hacerse con los mejores terrenos de caza y por conquistar a las hembras con las que aparearse.

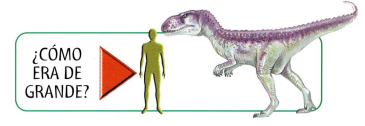

¿CÓMO ERA DE GRANDE?

DINODATOS

Longitud	Hasta 6 m	Los primeros restos fosilizados de *postosuco* aparecieron en el condado de Garza, en la región occidental de Texas (EE.UU.), en 1985. Desde entonces han aparecido otros restos más al oeste, en Arizona. Cuando vivía el *postosuco*, esta zona formaba parte del supercontinente llamado Pangea y se encontraba en el trópico. Gran parte de ella era desierto, pero el resto era pantanosa y con bosques.
Dieta	Otros animales, vivos o muertos	
Armas	Dientes en forma de sierra para destripar presas y cadáveres de animales	
Significado del nombre	«Cocorilo de Post» (Post es una ciudad cercana al lugar donde se encontraron los primeros fósiles)	

¿SABÍAS QUE...?

● El *postosuco* era uno de los carnívoros de mayor tamaño de su época, sólo por detrás de su pariente el *saurosuco*, que tenía 7 m de largo.

● Cuando aparecieron los primeros restos de *postosuco*, los huesos de la criatura se mezclaron con los de un dinosaurio —de una época posterior— que caminaba y corría sobre sus patas posteriores. Por este motivo, su descubridor, el experto en fósiles Sankar Chatterjee, creyó erróneamente que el *postosuco* corría sobre sus patas posteriores.

● Algunos científicos creen que muchos animales del Triásico, como el *postosuco*, fueron exterminados debido a la caída de un inmenso asteroide en Norteamérica hace 250 millones de años, del mismo modo que muchos expertos creen que los últimos dinosaurios resultaron muertos por un cometa que chocó con la Tierra hace 65 millones de años.

1 Un encuentro entre cuatro machos termina con muchas demostraciones de dientes y chillidos. Algunas de las bestias se yerguen sobre sus patas posteriores para parecer más fieras.

Dos grandes machos empiezan a luchar. Se lanzan uno contra otro entrelazando sus mandíbulas. La pelea sólo terminará cuando uno de ellos reconozca su derrota.

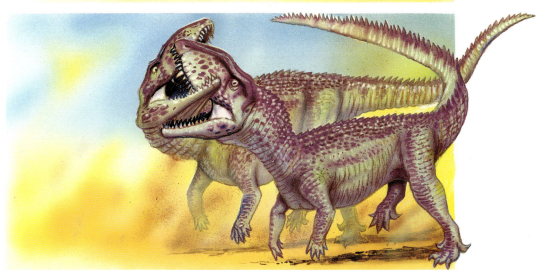

34 EL PERÍODO JURÁSICO

EL PERÍODO JURÁSICO

El período Jurásico duró más de 60 millones de años y fue la época en la que los dinosaurios se convirtieron en las criaturas que dominaban la Tierra. Durante este período surgieron muchos tipos nuevos y extraordinarios de dinosaurios.

El período Jurásico se hizo famoso en 1993 gracias a la película *Parque Jurásico*. La época jurásica fue una buena elección para la película, porque el período fue el comienzo de la gran era de los dinosaurios. Por todo el mundo el clima era benigno. Había grandes bosques de helechos, árboles inmensos y mucha vegetación para que los dinosaurios y otros animales se alimentaran. Para ellos, la Tierra era un buen lugar para vivir.

Todavía había muchos feroces cazadinosaurios, como el *alosaurio*, un antepasado del *tiranosaurio rey*. Incluso los herbívoros podían parecer feroces. El extremo de la cola de uno de ellos, el *shunosaurio*, tenía una maza repleta de pinchos. Era lo bastante fuerte como para matar a su atacante de un solo golpe.

Pero además de los carnívoros y los herbívoros, también había algunos tipos nuevos de dinosaurio, con nuevas habilidades. Había algunos que podían volar, conocidos como *pterosaurios*. Entre ellos estaba el *dimorfodonte*, que volaba aleteando un pedazo grande de piel. Otra criatura voladora es el *arqueoptérix*, que tenía los dientes, garras y cola típicos de los dinosaurios; pero también plumas en los brazos. Es el primer pájaro conocido.

JURÁSICO TEMPRANO
HACE 206-180 MILLONES DE AÑOS

CRIOLOFOSAURIO

CRESTA Y CUERNOS
Entre los dos pequeños cuernos había una cresta. Demasiado delgada y delicada como para ser utilizada como arma, la cresta seguramente era algún tipo de embellecedor para atraer compañeros de cría.

COLA
Tenía huesos entrelazados para fortalecerla. El peso de la cola equilibraba el del cuerpo del dinosaurio.

PEZUÑAS
Las inmensas pezuñas con garra pueden haber despedazado a las presas.

MANDÍBULAS
El dinosaurio tenía una mandíbula maciza, bordeada con dientes afilados curvados hacia atrás. Los dientes tenían bordes en pico, como una sierra, para cortar la carne.

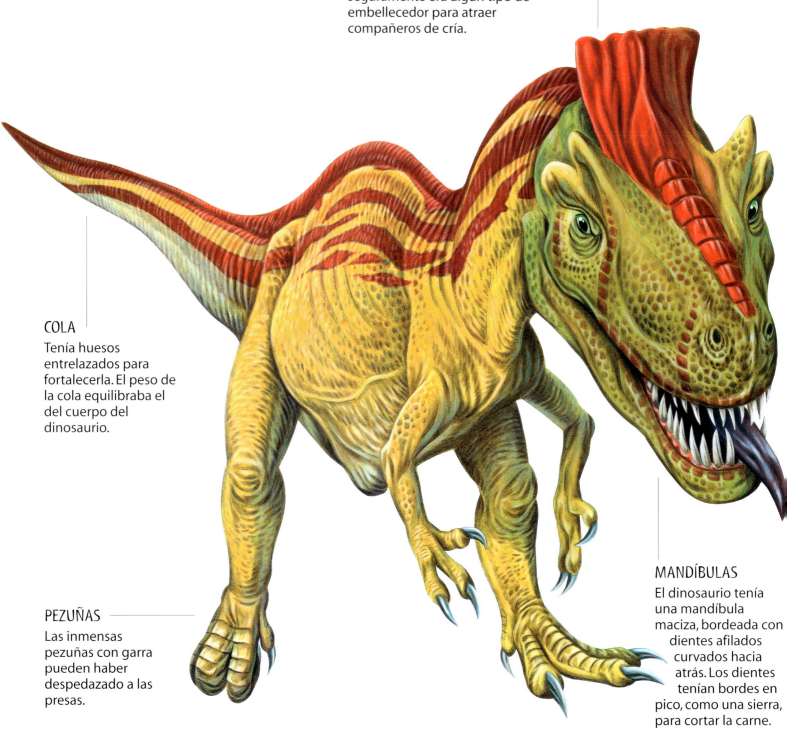

CRIOLOFOSAURIO

Antes de que la Antártida se convirtiera en un desierto congelado, hubo un feroz depredador que rondó por los paisajes polares. El *criolofosaurio* era un sigiloso y fuerte asesino, aunque su cuerpo voluminoso le impedía correr con rapidez durante grandes distancias. Probablemente se escondiera entre los árboles, mirando a los rebaños de herbívoros a la espera de una oportunidad para atacar. Cuando la víctima se acercaba podría realizar una carrera corta y rápida para apoderarse de ella, sujetándola con sus inmensas extremidades con garras y mordiéndola en el cuello con sus dientes serrados.

En la cabeza llevaba una extraña cresta y unos cuernos cortos, al contrario que otros carnívoros prehistóricos.

¿CÓMO ERA DE GRANDE?

DINODATOS

Longitud	8 m o más
Peso	Hasta 20 toneladas
Presas	Dinosaurios hervíboros
Armas	Dientes y garras afiladas
Significado del nombre	«Lagarto de cresta congelado»

El *criolofosaurio* fue el primer dinosaurio carnívoro encontrado en el continente cubierto de hielo conocido como Antártida. Esta inmensa masa de tierra es un desierto helado cubierto por una gruesa capa de hielo, pero en la época en la que el asesino acechaba el paisaje la zona era un floreciente mundo de plantas y animales.

¿SABÍAS QUE...?

● Los restos de *criolofosaurio* fueron encontrados en 1991 en el monte Kirkpatrick, a sólo 600 m del Polo Sur, por un equipo de norteamericanos del Augustana College de Illinois, dirigido por el Dr. William Hammer.

● Antes de ser formalmente bautizado, el *criolofosaurio* era conocido como *elvisaurio*. Su cresta le recordaba a los científicos el estilo de peinado que llevaba en la década de 1950 el cantante de rock-and-roll Elvis Presley.

● Algunos expertos consideran que los dinosaurios polares como el *criolofosaurio* tenían «sangre caliente» —eran capaces de generar su propio calor—, como hacen los mamíferos y al contrario que los reptiles modernos, de modo que podía sobrevivir a las heladoras temperaturas invernales del Polo. Si hubieran sido de «sangre fría», no podrían haberse calentado lo suficiente como para permanecer activos y cazar durante los meses de invierno.

CONFORT INVERNAL

Protegidos bajo un saliente de roca, muchos *criolofosaurios* se apretaban juntos para mantener el calor. Durante el verano, estos feroces cazadores luchaban con los rivales que se adentraban en su territorio; pero ahora necesitaban el calor de los demás, de modo que las hostilidades cesaban. Sus presas herbívoras tenían que aventurarse a buscar comida en el bosque. Cuando lo hacían, los asesinos tenían que reunir la energía suficiente como para poder comer.

DILOFOSAURIO

JURÁSICO TEMPRANO — HACE 206-180 MILLONES DE AÑOS

CRESTAS
Las crestas pareadas eran de forma semicircular y muy ligeras.

DIENTES
Los dientes del *dilofosaurio* estaban afilados, pero eran pequeños y delgados. La sección frontal de la mandíbula superior estaba unida de forma somera a la sección principal. Un gran diente de la mandíbula inferior encajaba en la muesca que se formaba en el punto donde ambas se unían.

COLA
La delgada cola era tan larga como todo el resto del cuerpo y habría ayudado al *dilofosaurio* a mantener el equilibrio al cazar a sus presas.

PIEL
Es posible que el *dilofosaurio* tuviera marcas de camuflaje.

MANOS
Tenían 20 cm de largo, con tres «dedos» con garras y un «pulgar» para coger a sus presas con firmeza.

PATAS POSTERIORES
Las patas posteriores, largas y delgadas, son típicas de un corredor rápido.

DILOFOSAURIO 39

Este asesino de movimientos rápidos y dos crestas en la cabeza hacía que los pacíficos dinosaurios herbívoros se desperdigaran aterrados cuando galopaba hacia ellos. El *dilofosaurio* era delgado, ágil y estaba hecho para la velocidad. Podía haber sobrepasado con facilidad a la mayor parte de los dinosaurios con los que compartía el mundo y, armado con sus manos y pies de garras afiladas, era capaz de desgarrar con facilidad la carne de sus víctimas.

Los científicos no están seguros de para qué tenía el *dilofosaurio* las curiosas crestas de hueso en lo alto de la cabeza. Eran demasiado frágiles para ser utilizadas en un combate, pero podían haber sido utilizadas por los machos cuando cortejaban a las hembras o como señal de aviso para intimidar a sus rivales.

¿CÓMO ERA DE GRANDE?

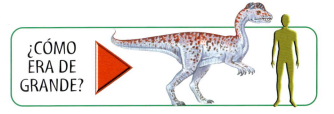

DINODATOS

Longitud	Hasta 6 m	
Peso	Unos 450 k	
Longitud de patas	Hasta 1'5 m	
Presas	Dinosaurios hervíboros, muertos o vivos	Los primeros restos de *dilofosaurio* fueron encontrados por una expedición a la reserva navajo de Arizona, en 1942. Fósiles que se creen pertenecen a *dilofosaurio* fueron encontrados en 1986 en la región de Yunna, en China, por parte de un equipo del Museo de Kumming.
Armas	Dientes como agujas; garras afiladas en manos y pies	
Significado del nombre	«Lagarto dedos crestas»	

¿SABÍAS QUE...?

● Cuando se encontraron los primeros fósiles de *dilofosaurio* se pensó que pertenecían a una especie de *megalosaurio*. No fue hasta que se encontró una cabeza de *dilofosaurio* mejor conservada, con su doble cresta, cuando se reconoció que era un dinosaurio diferente.

● Un pariente del *dilofosaurio*, el *celofisis,* también era un depredador salvaje que corría muy rápido. En 1947 se encontraron cientos de esqueletos de este dinosaurio en un yacimiento de Nuevo México, lo que sugirió que al igual que el *dilofosaurio*, vivía y cazaba en manadas, lo cual le permitía apoderarse de presas más grandes que él.

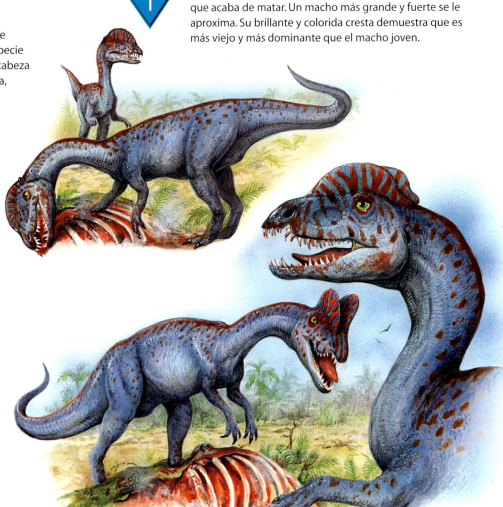

1 Un joven macho está comiendo la carne de un herbívoro que acaba de matar. Un macho más grande y fuerte se le aproxima. Su brillante y colorida cresta demuestra que es más viejo y más dominante que el macho joven.

2 El recién llegado corre veloz hacia el cuerpo caído. Le ruge a su rival y baja la cabeza para mostrarle el tamaño y brillo de sus crestas superiores. El dinosaurio joven no se atreve a correr el riesgo de luchar con él y se aleja de la presa muerta.

ESCELIDOSAURIO

COLA
La cola ayudaba al dinosaurio a mantener el equilibrio mientras caminaba. También puede haber actuado como apoyo cuando el *escelidosaurio* se alzaba sobre sus patas traseras para alcanzar comida.

PIEL
Embebidos en la gruesa y escamosa piel, había grandes nódulos redondos de hueso llamados «placas». Algunas de ellas tenían forma cónica, otras el aspecto de inmensos cuernos sin punta.

PATAS POSTERIORES
Las robustas patas traseras se parecían a las del hipopótamo; cortas y anchas, terminaban en unas grandes pezuñas planas con uñas.

PICO
El pico, pequeño y recubierto de hueso, era utilizado para coger ramitas y hojas. Al fondo de la boca unos dientes sencillos cortaban la comida.

PATAS ANTERIORES
No eran tan gruesas como las patas posteriores, pero también estaban hechas para sostener el gran peso del dinosaurio. Eran algo más cortas que las traseras, de modo que algunos científicos creen que el *escelidosaurio* pudo haberse erguido sobre las patas traseras para alcanzar las ramas más altas.

ESCELIDOSAURIO 41

Equipado con una piel pesada y acorazada, el lento y herbívoro *escelidosaurio* tenía poco que temer. Los núcleos de hueso y los pinchos embebidos en su piel le protegían de todos los depredadores, a excepción de los más grandes. Cualquiera de ellos que intentara atacarlo corría el serio peligro de dañar sus dientes. Cuando se sentía acorralado, el *escelidosaurio* probablemente se tumbaba sobre el suelo para protegerse el vientre.

El *escelidosaurio* es el antepasado de los dinosaurios acorazados, aunque los científicos no están seguros de quiénes son sus descendientes; quizá el poderoso *estegosaurio* o alguna criatura más avanzada, como el *anquilosaurio*.

¿CÓMO ERA DE GRANDE?

DINODATOS

Longitud	4 m
Altura	1 m en la cadera
Peso	300 k
Dieta	Plantas de talla pequeña
Significado del nombre	«Lagarto extremidad»

El *escelidosaurio* fue encontrado en el sur de Escocia. En su época, todas las masas terrestres estaban unidas. Fósiles que pueden ser de este animal se han encontrado en EE.UU. y el Tíbet.

¿SABÍAS QUE...?

● Un pariente del *escelidosaurio* vivió en Portugal en la misma época que él. El *lusitanosaurio* recibe su nombre de *Lusitania*, el antiguo nombre de Portugal.

● Sir Richard Owen, quien bautizó al *escelidosaurio*, también inventó la palabra «dinosaurio», que significa «lagarto muy terrible». Se le ocurrió en 1842, para agrupar con ella al creciente número de fósiles de reptiles terrestres que se estaban describiendo por entonces.

● El primer esqueleto de *escelidosaurio* que vio Owen, en 1863, estuvo parcialmente incrustado en un pedazo de roca en el Museo de Historia Natural de Londres hasta 1985.

● Los científicos calculan que el *escelidosaurio* probablemente no marchara a más velocidad que unos majestuosos 7 km/h.

1 El *escelidosaurio* estaba protegido por nódulos de hueso en la piel. Era un herbívoro con dientes sencillos en forma de hoja y un pico óseo.

Parecido a un tanque, el *anquilosaurio* vivió a finales del Cretácico. También poseía nódulos óseos en la piel, dientes en forma de hoja y pico. Para defenderse poseía una pesada maza en el extremo de la cola.

3

2 El *estegosaurio* tenía el tamaño de un elefante y vivió decenas de millones de años después del *escelidosaurio*. Las inmensas placas de hueso seguramente le ayudaban a controlar el calor corporal. Utilizaba los pinchos de la cola para rechazar a los depredadores. El *estegosaurio* también tenía pico y dientes en forma de hoja.

42 JURÁSICO MEDIO   HACE 180-154 MILLONES DE AÑOS

DIMORFODONTE

ALAS
La delgada piel de las alas estaba reforzada con fibras gruesas, como las varillas de un paraguas.

OJOS
Los grandes ojos del *dimorfodonte* le proporcionaban una visión excelente, como la de un ave de presa, de modo que podía ver a sus víctimas a larga distancia.

COLA
La larga y rígida cola hacía de contrapeso de la cabeza para conseguir una mayor estabilidad en el aire. La parte plana con forma de rombo con la que terminaba la cola seguramente actuaba como timón y ayudaba al animal a navegar.

DEDOS
Los primeros tres dedos tenían garras para aprisionar. El largo cuarto dedo formaba parte del ala.

EXTREMIDADES POSTERIORES
Las poderosas extremidades posteriores poseían dedos anchos y con garras; ideales para agarrar a sus víctimas.

MANDÍBULAS Y DIENTES
El *dimorfodonte* tenía unas mandíbulas fuertes y poderosas, bordeadas con dos tipos de dientes. En la parte frontal de la boca estaban los largos dientes penetrantes, para agarrar peces y otras criaturas escurridizas. En los laterales había filas de dientes más pequeños y puntiagudos, probablemente utilizados para cortar la carne de las presas.

DIMORFODONTE

Este aterrador cazador-asesino fue uno de los primeros *pterosaurios* o reptiles voladores. Con su inmensa cabeza, potentes mandíbulas y sanguinarias garras, el *dimorfodonte* habría sido una visión asombrosa mientras volaba en misiones de caza.

El *dimorfodonte* patrullaba los cielos hace unos 180 millones de años, alimentándose de animales tanto acuáticos como terrestres. Sus alas eran estrechas y delgadas, formadas por un pliegue de piel unido a las extremidades delanteras y al cuarto y alargado dedo. Era capaz de mantener un vuelo constante aleteando y lanzarse de repente en picado. Poseía buena vista y, una vez que había localizado a una víctima, ésta tenía pocas esperanzas de escapar.

¿CÓMO ERA DE GRANDE?

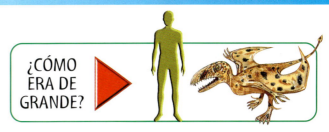

DINODATOS

Longitud	2'5 m con 20 cm de cabeza, 1 m de cuerpo y 1'25 cm de cola	El primer fósil de *dimorfodonte* fue encontrado en 1828 en Dorset (Inglaterra) por la pionera en la búsqueda de fósiles Mary Anning. La mayor parte de los ejemplares de este animal se han desenterrado en el suroeste de Inglaterra, aunque recientemente se ha encontrado uno en México, lo que demuestra que cuando el reptil patrullaba los cielos las masas terrestres de Europa y las Américas formaban parte de un único continente, llamado Pangea.
Envergadura	En torno a 1'40 m	
Presas	Pescado, calamares y probablemente animales terrestres como lagartos	
Significado del Nombre	«Dos tipos de dientes»	

¿SABÍAS QUE...?

 ● Como el *dimorfodonte* cazaba peces, probablemente necesitara una piel impermeable. Al igual que los pájaros y mamíferos actuales, es posible que el reptil tuviera glándulas sebosas en la piel para proporcionarle una cobertura grasa que repeliera el agua. Para mantener la piel en buenas condiciones, se habría acicalado con el pico de forma regular.

● El *dimorfodonte* y otros reptiles voladores probablemente pusieran huevos, aunque no se han encontrado fósiles de éstos. Las hembras pueden haber incubado a su prole como un pájaro o quizá ponían los huevos en un nicho rocoso alto bañado por los rayos del sol y dejaban que eclosionaran.

● Según los expertos, los reptiles voladores pueden haber alimentado a su prole sacando comida de bolsas en la boca o regurgitándola parcialmente digerida, como hacen muchos pájaros modernos.

Un *dimorfodonte* de caza detecta a un lagarto calentándose al sol. Mientras el ansioso reptil volador desciende en picado para matarlo, el asustado lagarto corre para protegerse bajo un saliente rocoso. **1**

El asesino cae sobre el lagarto a la carrera, matando instantáneamente con sus garras al animal. El hambriento cazador comienza a alimentarse con su víctima, arrancando grandes pedazos de carne. **2**

44 JURÁSICO MEDIO   HACE 180-154 MILLONES DE AÑOS

EUSTREPTOSPONDILO

CRÁNEO
Para ahorrar peso, el cráneo poseía grandes zonas huecas conocidas como *fenestrae* o «ventanas».

CUELLO Y LOMO
Los poderosos músculos del cuello y el lomo del animal habrían permitido al asesino mover la cabeza con fuerza para arrancar grandes bocados de carne.

PROTUBERANCIAS OCULARES
Los poderosos músculos del cuello y el lomo del animal habrían permitido al asesino mover la cabeza con fuerza para arrancar grandes bocados de carne.

GARRAS
El dinosaurio puede haberlas utilizado para acuchillar a sus víctimas hasta que éstas se derrumbaban por las heridas.

MANDÍBULAS
Las largas mandíbulas poseían dientes afilados y serrados. Dientes de repuesto crecían constantemente para reemplazar a los que se perdían durante los ataques.

EUSTREPTOSPONDILO 45

Con sus macizas mandíbulas, despiadadas garras y musculosas patas, este dinosaurio era un cazador brutalmente eficiente, capaz de matar a animales mucho más grandes que él. Tras una rápida persecución, el gran depredador se habría apoderado de su víctima, despedazándola en trozos del tamaño adecuado para su boca. Los científicos creen que probablemente fuera un cazador solitario. Incluso un ejemplar joven tenía el tamaño de un león, por lo que podría haberse enfrentado con facilidad a los lentos herbívoros.

El único esqueleto fósil que se ha encontrado apareció en el sedimento del fondo de un océano de hace millones de años. Los científicos no saben cómo llegó al mar el cuerpo de este animal terrestre, donde luego se fosilizó.

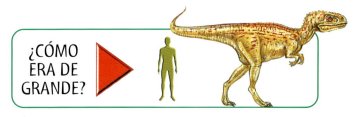

¿CÓMO ERA DE GRANDE?

DINODATOS

Longitud	Probablemente 7-9 m plenamente desarrollado
Peso	Hasta 500 k
Dieta	Dinosaurios herbívoros, vivos o muertos
Significado del nombre	«Columna vertebral bien curvada»

Los restos del *eustreptospondilo* se encontraron en un pozo de arcilla justo al norte de Oxford, en Inglaterra. A mediados del período Jurásico, la zona de Oxford se encontraba bajo el agua. En esta época, la única masa terrestre del planeta, llamada Pangea, estaba comenzando a separarse para formar los diferentes continentes.

¿SABÍAS QUE...?

● El fósil de *eustreptospondilo* tenía 5 m de largo, pero sus vértebras parecían no haber terminado de crecer, de modo que los científicos asumen que se trataba de un ejemplar joven. Por lo tanto, los adultos deben haber sido considerablemente mayores.

● Como los restos del esqueleto de *eustreptospondilo* fueron encontrados en la arcilla de un antiguo lecho marino, algunos expertos creen que puede haber sido un «vagabundo de las playas», que atrapaba *pterosaurios* (reptiles voladores) en la playa y se metía en aguas poco profundas para pescar peces, tortugas e incluso tiburones.

● Algunos científicos han sugerido que el *eustreptospondilo* desarrolló la capacidad de nadar distancias cortas entre pequeñas islas en busca de comida, nadando furiosamente con sus patas posteriores y posiblemente utilizando la cola para equilibrarse y cambiar de dirección.

1 En lo alto de un acantilado sobre el estuario de un río, un *eustreptospondilo* ve a un *cetiosaurio* de gran tamaño. El asesino se apresura a su encuentro, pero el borde del acantilado no es lo suficientemente resistente como para soportar el peso de los dos gigantes.

2 Mientras el carnívoro ataca a la pesada bestia, el acantilado se derrumba bajo sus pies, lanzando al depredador al vacío.

3 Con un fuerte ruido el depredador choca contra el agua. Una poderosa corriente lleva al dinosaurio que se ahoga hasta el océano. El cuerpo se posa sobre el fondo marino y queda cubierto de sedimentos; con el tiempo se convertirá en piedra.

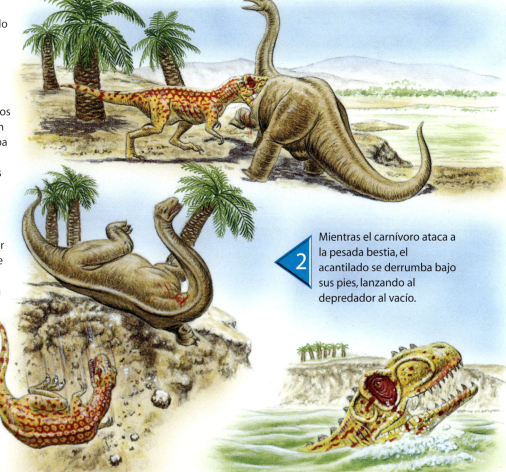

46 JURÁSICO MEDIO HACE 180-154 MILLONES DE AÑOS

MEGALOSAURIO

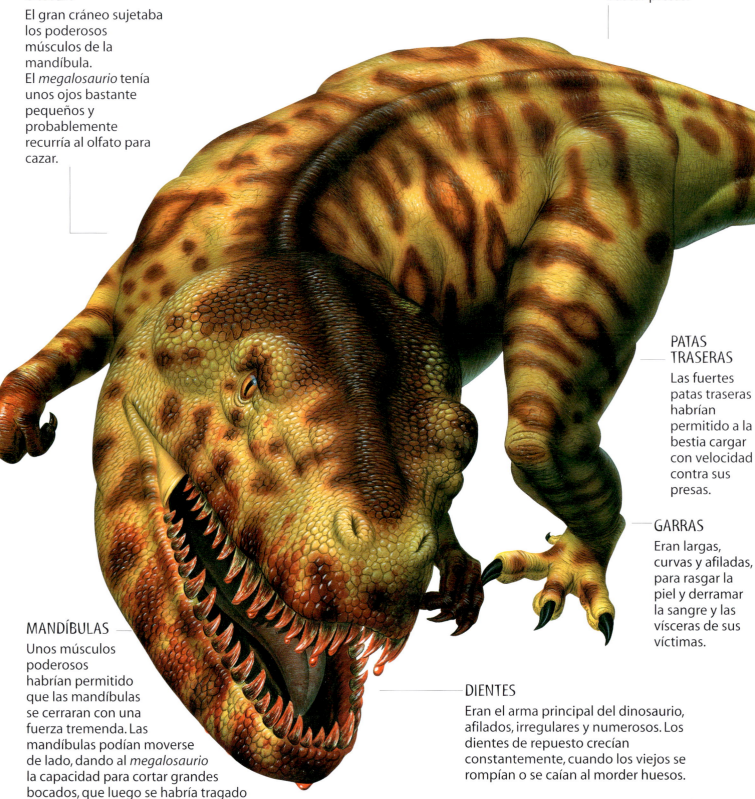

COLA
Es probable que el *megalosaurio* utilizara la cola para erguirse y buscar presas.

CABEZA
El gran cráneo sujetaba los poderosos músculos de la mandíbula. El *megalosaurio* tenía unos ojos bastante pequeños y probablemente recurría al olfato para cazar.

PATAS TRASERAS
Las fuertes patas traseras habrían permitido a la bestia cargar con velocidad contra sus presas.

GARRAS
Eran largas, curvas y afiladas, para rasgar la piel y derramar la sangre y las vísceras de sus víctimas.

MANDÍBULAS
Unos músculos poderosos habrían permitido que las mandíbulas se cerraran con una fuerza tremenda. Las mandíbulas podían moverse de lado, dando al *megalosaurio* la capacidad para cortar grandes bocados, que luego se habría tragado enteros.

DIENTES
Eran el arma principal del dinosaurio, afilados, irregulares y numerosos. Los dientes de repuesto crecían constantemente, cuando los viejos se rompían o se caían al morder huesos.

MEGALOSAURIO

El *megalosaurio* vivió hace unos 170 millones de años, cuando el paisaje estaba repleto de árboles gigantes y una gruesa capa de vegetación cubría el suelo. Este follaje era el escondite ideal desde el cual el *megalosaurio* podía lanzar sus ataques contra sus desprevenidas víctimas. Con unos dientes y unas mandíbulas lo suficientemente fuertes como para arrancar grandes pedazos de carne y llegar hasta el hueso, el *megalosaurio* habría sido capaz de matar dinosaurios mucho más grandes que él.

Fue el primer dinosaurio que se describió, en 1824. Hasta entonces muchas personas creían que sus fósiles eran los de un ¡gigante legendario!

¿CÓMO ERA DE GRANDE?

DINODATOS

Longitud	Unos 9 m
Altura	Unos 2 m hasta la cadera
Peso	Más de una tonelada y posiblemente hasta 4
Armas	Mandíbulas poderosas, dientes largos y puntiagudos y garras afiladas
Dieta	Principalmente dinosaurios, muertos y vivos
Significado del nombre	«Gran lagarto»

Se han encontrado restos fósiles de *megalosaurio* en diversos puntos de Inglaterra, así como en lugares de Gales, Francia y Portugal. Otros restos aparecidos en lugares tan lejanos como África y China pueden ser también de esta criatura; pero los expertos no pueden afirmarlo con seguridad.

¿SABÍAS QUE...?

● El fósil de *megalosaurio* descrito por William Buckland en 1824 fue descubierto por los trabajadores de una cantera cercana a Oxford (Inglaterra) unos años antes. El esqueleto, incompleto, incluía varias vértebras y fragmentos de la espalda, la pelvis, las mandíbulas y las patas posteriores.

● Durante años, siguiendo el nombre puesto por Buckland al dinosaurio, los «expertos» se referían a cualquier carnívoro encontrado en rocas del Jurásico o del Cretácico como *megalosaurio*. Algunos de estos casos de identidad errónea han persistido durante más de 100 años, creando gran confusión entre los dinocientíficos.

Un *megalosaurio* merodeando detecta el olor de carne fresca y se encuentra con un herbívoro gigante llamado *cetiosaurio* que tiene heridas sangrantes en las patas. El depredador se apresura a atacarlo, clavando profundamente sus largos dientes en el cuello de la víctima y arrancándole un bocado inmenso. Vencido por la sorpresa y la pérdida de sangre, el *cetiosaurio* se tumba sobre un costado, incapaz de impedir que el *megalosaurio* se lo coma vivo.

SHUNOSAURIO

JURÁSICO MEDIO — HACE 180-154 MILLONES DE AÑOS

CUELLO
El largo cuello facilitaba alcanzar las hojas, pero el *shunosaurio* no era lo bastante grande como para llegar a las ramas más elevadas de los árboles más altos.

COLA
Además de como arma, la larga cola hacía de contrapeso del largo cuello del animal.

CUERPO
El gran cuerpo con forma de tonel contenía el enorme estómago y los largos intestinos necesarios para digerir la fibrosa comida vegetal del dinosaurio.

CABEZA
La cabeza era pequeña comparada con el corpulento cuerpo, pero las mandíbulas eran lo bastante fuertes como para pastar el duro follaje de los árboles.

PATAS
Fuertes y robustas, como las de un elefante, las patas mantenían el cuerpo bien lejos del suelo.

SHUNOSAURIO 49

Este gran herbívoro de cuello largo tenía poco que temer de sus enemigos. Estaba armado con una letal maza con pinchos en el extremo de la cola, que habría destripado a un atacante con un solo golpe. Cualquier depredador que hubiera atacado a este dinosaurio o a sus crías hubiera corrido un gran riesgo.

El *shunosaurio* probablemente viajara en rebaños, alimentándose de colas de caballo, helechos y otras plantas del período Jurásico. Esta dieta era baja en nutrientes y de digestión lenta, de modo que el *shunosaurio* tenía que comer grandes cantidades de alimento.

El *shunosaurio* era un temprano antepasado de menor tamaño de los *saurópodos* gigantes: pesados herbívoros de cuello largo que se movían sobre patas parecidas a columnas. Son los animales más grandes que nunca hayan pisado la tierra.

¿CÓMO ERA DE GRANDE?

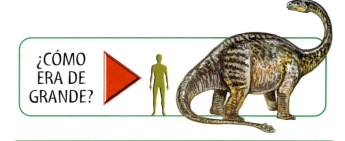

DINODATOS

Longitud	Hasta 11 m
Peso	Hasta 2'5 toneladas
Dieta	Follaje de helechos, cícadas, colas de caballo y coníferas
Defensas	Maza con pinchos en la cola
Reproducción	Habría puesto huevos
Significado del nombre	«Lagarto del Shu» (el antiguo nombre de la provincia de Sichuan, en China, donde fue encontrado)

Los restos fósiles fueron encontrados a comienzos de la década de 1980 en China, en la provincia de Sichuan, en las estribaciones montañosas del Tíbet. En el Jurásico Medio, cuando vivió el *shunosaurio*, sólo existía una masa de tierra, llamada Pangea, que había comenzado entonces a separarse en los continentes actuales.

¿SABÍAS QUE...?

● En China se han encontrado más de 20 esqueletos casi completos de *shunosaurio*. Esto lo convierte en uno de los *saurópodos* mejor estudiados.

● En los primeros restos encontrados faltaba la cola. Como los expertos no sabían nada de la maza del extremo, exhibieron el fósil sin ella. Así es como todavía aparece hoy en muchos libros.

● Algunos expertos creen que los *saurópodos* chasqueaban la cola como un látigo, tanto para hacer ruido y así «hablar» con otros miembros de su rebaño, como para defenderse. Esto habría convertido a la maza de la cola del *shunosaurio* en algo todavía más mortífero.

Un hambriento *megalosaurio* detecta a un joven *shunosaurio* que se había alejado de su madre. Saliendo de su escondite, carga contra la indefensa cría; pero su ataque alerta a un adulto, que suelta un latigazo al cazador con la porra con pinchos de su cola.

El poderoso *megalosaurio* queda aturdido y desorientado y se retira con rapidez. El enfadado progenitor lanza un desgarrador aullido contra el enemigo que huye. La cría ha tenido un mal susto y ahora se acurruca nerviosa bajo la protección de su madre.

50 JURÁSICO FINAL — HACE 154-144 MILLONES DE AÑOS

ALOSAURIO

DIENTES
Cada mandíbula estaba erizada con 30 dientes o más. Cada diente perdido durante una pelea violenta o capturando una presa era sustituido por otro.

COLA
La parte superior del *alosaurio* era muy pesada, de modo que sin una cola maciza para hacer de contrapeso se habría caído de frente.

COLUMNA VERTEBRAL
El nombre *alosaurio* significa «lagarto extraño», una referencia al raro diseño de los huesos de su columna vertebral.

CRÁNEO
El *alosaurio* poseía un saliente óseo por encima de cada ojo una protuberancia ósea que iba desde la frente hasta la punta del hocico. Se desconoce la función de ambas, pero es posible que fuera una señal de rango entre los dinosaurios.

PATAS
Las poderosas patas del dinosaurio, del tamaño de un tronco de árbol, eran capaces de lanzar sus 5 toneladas de peso en una rápida carrera hacia su presa.

GARRAS
Cada una de las «manos» del *alosaurio* contenía tres garras afiladas como cuchillas, igual que el *tiranosaurio rey*. Eran capaces de cortar la carne de sus víctimas.

ALOSAURIO 51

Este increíblemente poderoso animal, el «tatarabuelo» del *tiranosaurio rey*, también era una aterradora y eficiente máquina de matar, que extendía el miedo allí por donde pasaba. El *alosaurio* capturaría sus presas con sus musculosas extremidades anteriores, infligiéndoles terribles heridas con sus garras afiladas como cuchillos. Colmillos con forma de sable recorrían sus mandíbulas, con los cuales podía arrancar y tragarse con facilidad grandes pedazos de carne.

El *alosaurio* fue una bestia sedienta de sangre abundante y muy difundida. El más grande y feroz asesino sobre la Tierra del período Jurásico, con un reinado de terror que duró al menos 15 millones de años, hace unos 150-135 millones de años.

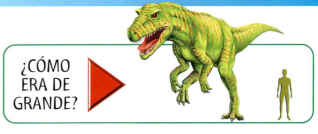

¿CÓMO ERA DE GRANDE?

DINODATOS

Longitud	Hasta 12 m
Peso	Hasta 5 toneladas
Altura	Hasta 5 m
Dientes	5-10 cm
Garras	Hasta 15 cm
Presas	Otros dinosaurios, también carroña
Significado del nombre	«Lagarto extraño»

El *alosaurio* estaba muy difundido. En Norteamérica se han encontrado miles de huesos suyos, además de huellas bien conservadas. Lejos de allí, los científicos han descubierto esqueletos en Portugal, Tanzania y Australia.

¿SABÍAS QUE...?

- Hay cuatro especies similares de *alosaurio*. El primero en ser descubierto fue el *Allosaurus fragilis*, en 1877. Las otras especies son el *A. amplexus*, el *A. atrox* y el *A. ferox*.

- Estudios recientes sugieren que, al contrario que los reptiles actuales, los grandes dinosaurios carnívoros, como el *alosaurio*, podían regular su temperatura corporal, como hacen los pájaros y los mamíferos actuales, aunque no con tanta eficacia.

- Una cantera de Utah (EE.UU.) ha proporcionado más de 40 esqueletos de *alosaurio*, que van desde adultos completamente desarrollados hasta jóvenes de 3 m de largo.

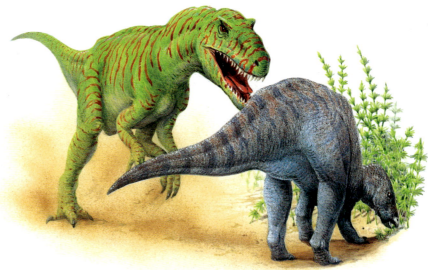

1 El *alosaurio* probablemente confiara en su soberbio sentido del olfato para localizar a sus presas. Los cráneos fosilizados tienen ventanas de la nariz que son tan grandes como una mano humana. Cuando estaba mucho más cerca habría utilizado la vista y el oído para detectar un blanco.

2 Saltando sobre la espalda de una víctima desde un escondrijo, el *alosaurio* debía de dejar sin sentido o de matar a su presa con la fuerza de este primer impacto. A las víctimas de mayor tamaño las sujetaba con sus poderosas extremidades anteriores, lo que le permitía lanzarles aplastantes mordiscos al cuello y la columna vertebral. Sus dientes serrados le permitirían cortar grandes pedazos de carne.
Tras haberse saciado con una de sus presas favoritas, en este caso un *camptosaurio*, el *alosaurio* podía descansar durante varios días antes de que el hambre le obligara a buscar a su siguiente víctima.

52 JURÁSICO FINAL   HACE 154-144 MILLONES DE AÑOS

APATOSAURIO

COLA
La punta de la flexible cola habría sonado como un disparo cuando el *apatosaurio* la hacía restallar.

COLUMNA VERTEBRAL
Unos ligamentos parecidos a cuerdas reforzaban la columna vertebral desde la cabeza hasta la punta de la cola.

DIENTES
Los dientes en forma de estaca rastrillaban el follaje, mientras que los dientes en forma de cincel cortaban los tallos. Los dientes eran reemplazados en cuanto se desgastaban.

CUERPO
El cuerpo contenía dentro del vientre un inmenso tanque de fermentación, donde las bacterias ayudaban a digerir la vegetación que comía cada día.

PATAS
Las inmensas pezuñas planas repartían el peso. Las huellas de pisadas de algunos *saurópodos*, encontradas fosilizadas en la roca, pueden contener casi 300 litros de agua.

APATOSAURIO

El *apatosaurio* era un *saurópodo,* unos dinosaurios herbívoros enormes de cuello y cola largos. Necesitaba comer alrededor de una tonelada de hojas con pinchos diariamente y probablemente se pasaba masticando la mayor parte de su tiempo.

Los fósiles revelan que este gigantesco dinosaurio tenía unas patas tan grandes como troncos de árbol y el tamaño de cuatro o cinco elefantes africanos. Pero, a pesar de sus dimensiones, el *apatosaurio* seguía teniendo que andarse con ojo con los depredadores, como el *alosaurio,* enfrentándose a ellos con latigazos de su poderosa cola.

¿CÓMO ERA DE GRANDE?

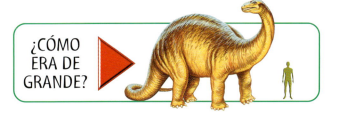

DINODATOS

Longitud	Hasta 21 m	
Altura	4'5 hasta la cruz; hasta 12 m cuando se erguía	
Peso	30 toneladas	
Tamaño de las pezuñas	1 m de largo	
Comida	Vegetación, sobre todo follaje de palmeras y piñas y agujas de coníferas	
Significado del nombre	«Falso lagarto» o «lagarto con trampa»	

Los primeros fósiles de *apatosaurio* fueron encontrados en los montes Morrison. Se trata de un vasto «bocadillo» geológico formado por capas de depósitos de ríos y lagos, que se extiende desde el sur de Montana hasta Wyoming, Utah y Colorado.

¿SABÍAS QUE...?

● En Texas hay grupos de huellas fosilizadas que demuestran que el *apatosaurio* probablemente se desplazaba en rebaños, con los adultos en el exterior para proteger a las crías del interior.

● Un *apatosaurio* adulto podía llevar hasta 45 k de piedras de gran tamaño en su molleja (preintestino) de un metro de anchura, para poder machacar todas las plantas que comía.

● Othniel Marsh fue uno de los científicos que estudiaron los hallazgos de fósiles norteamericanos en el siglo XIX. Bautizó al *apatosaurio* en 1877 y al *brontosaurio* en 1879, sin darse cuenta de que este último descubrimiento estaba basado en realidad en huesos de *apatosaurio*. En la actualidad ya no se utiliza el nombre de *brontosaurio*.

1 El largo cuello del *apatosaurio* le daba acceso a una buena provisión de comida, el follaje de la copa de los árboles. Algunos científicos consideran que se alzaba sobre sus patas posteriores para alcanzarlas.

En la parte frontal de sus mandíbulas, el *apatosaurio* tenía dos filas de dientes en forma de estaca, con bordes cincelados para cortar tallos. No tenía dientes masticadores, de modo que se tragaba la comida sin masticarla, confiando para ello en los ácidos y bacterias de su estómago, así como en la acción trituradora de las piedras que se tragaba para digerir la comida.

2

ARQUEOPTÉRIX

ALAS
Unas largas extremidades superiores soportaban las alas. No obstante, algunos científicos dudan de que la articulación de la muñeca fuera lo suficientemente flexible como para permitir un vuelo autopropulsado.

PLUMAS
La estructura de las plumas se parecía mucho a la de los pájaros modernos.

GARRAS
El *arqueoptérix* tenía tres garras en cada ala. Las utilizaba para trepar a los árboles.

PATAS
Tres dedos dirigidos hacia delante y uno apuntando hacia atrás le proporcionaban capacidad de agarre para percharse. Ningún otro dinosaurio tiene esta característica, que es exclusiva de los pájaros.

DIENTES
Cubiertas de afilados dientes puntiagudos, las mandíbulas se parecían más a las de un dinosaurio carnívoro.

COLA
Los pájaros modernos no tienen huesos en la cola, pero el *arqueoptérix* tenía una cola larga y huesuda, más típica de un reptil.

ARQUEOPTÉRIX 55

El *arqueoptérix* es el pájaro más antiguo que se conoce, encontrado en fósiles del período Jurásico, hace 150 millones de años. Poseía los dientes, garras y cola de un dinosaurio asesino... y el plumaje de un pájaro. Probablemente viviera en bosques abiertos, planeando entre los árboles con sus patas anteriores emplumadas. El *arqueoptérix* tenía el tamaño de una paloma, pero su mezcla de rasgos físicos sugiere que pudo ser un paso intermedio en la evolución desde los reptiles hasta los pájaros. Sus restos contienen las claves de la evolución del vuelo en las aves, pero nadie sabe con seguridad cómo empezó a volar.

¿CÓMO ERA DE GRANDE?

DINODATOS

Longitud	35 cm	
Peso	Estimado 300-400 g	
Dieta	Insectos y pequeños lagartos	
Significado del nombre	«Ala antigua»	

Todos los ejemplares de *arqueoptérix* descubiertos hasta el momento han aparecido en depósitos de caliza de Baviera, en el sur de Alemania. Es indudable que el pájaro también vivió en otros lugares, pero sus frágiles restos sólo se han encontrado en rocas de un grano muy fino.

¿SABÍAS QUE...?

- Hasta el momento se han encontrado ocho fósiles de *arqueoptérix*: una pluma y siete esqueletos.

- Los fósiles de *arqueoptérix* son de una calidad tan grande que algunos los han considerado falsificaciones. Sin embargo, estudios microscópicos han demostrado que todos son verdaderos.

- Un fósil de *arqueoptérix* excavado en 1958 permaneció en manos de su descubridor —Eduard Opistch— hasta su muerte en 1992. En la actualidad se desconoce cuál ha sido su destino.

- En 1998 se encontraron dos dinosaurios con plumas. No se trata de pájaros, pues carecen del dedo apuntando hacia atrás. El *caudiptérix* y el *protoarqueoptérix* son, de hecho, dinosaurios carnívoros.

Quizá el *arqueoptérix* comenzó trepando a los árboles para encontrar nuevas fuentes de comida y evitar a los depredadores terrestres. Tras algunos lanzamientos de prueba, es posible que consiguiera la capacidad de planear y seguidamente la de volar.

También es posible que partiera del suelo. Unos cautelosos aleteos le pudieron haber ayudado a saltar cada vez más alto, hasta que finalmente consiguió desarrollar el vuelo autopropulsado.

56 JURÁSICO FINAL   HACE 154-144 MILLONES DE AÑOS

BRAQUIOSAURIO

CUELLO
El cuello representaba más de la mitad de la altura del animal.

COLA
Era más pequeña que la de otros *saurópodos* (dinosaurios herbívoros de cuello y cola largos).

PATAS ANTERIORES
El hueso del muslo de las patas anteriores tenía 2 m de largo, lo que aumentaba el alcance de la bestia.

GARRAS
Un afilada garra en el primer dedo de las pezuñas anteriores pudo haber servido como elemento de defensa.

BOCA
Poderosas mandíbulas con afilados dientes en forma de estaca permitían a este gigantesco dinosaurio abrirse paso entre la vegetación dura.

BRAQUIOSAURIO

El suelo debe haber temblado mientras el *braquiosaurio* caminaba pesado por entre los bosques prehistóricos. Este dinosaurio era tan pesado como doce elefantes africanos adultos y su inmenso tamaño lo volvía poco atractivo para sus potenciales enemigos. Su enorme y largo cuello le permitía llegar a árboles con la altura de una casa de tres pisos para comer de las copas de los árboles. Necesitaba una inmensa cantidad diaria de comida sólo para mantenerse con vida. Si había hojas que no podía alcanzar sencillamente derribaba el árbol para conseguirlas.

Es posible que el *braquiosaurio* también utilizara el cuello como arma en las batallas rituales por el control entre machos dominantes rivales.

¿SABÍAS QUE...?

● Hay pruebas de dinosaurios incluso más grandes que el *braquiosaurio*. Uno de ellos, llamado *ultrasaurio*, sólo se conoce por una pata. Su tamaño sugiere que el animal tenía 27 m de largo.

● Algunos cazadores de fósiles creen que el *braquiosaurio* utilizaba la cola para dejar fuera de combate a los depredadores.

● Es probable que el *braquiosaurio* viviera en rebaños de hasta 20 individuos.

● El clima jurásico era cálido y húmedo, perfecto para la vegetación de la que se alimentaba el *braquiosaurio*.

● El *braquiosaurio* recibe su nombre, «lagarto brazo», de sus largas patas anteriores.

● Los expertos creen que los dinosaurios como el *braquiosaurio* llegaban a vivir hasta cien años.

¿CÓMO ERA DE GRANDE?

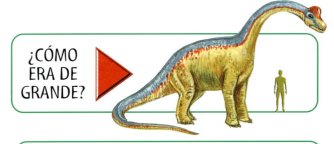

DINODATOS

Longitud	Más de 23 m desde la punta de la nariz hasta la punta de la cola	
Peso	50-80 toneladas	El *braquiosaurio* vivía en una masa de tierra llamada Gondwana. Desde entonces hasta ahora este supercontinente se ha resquebrajado, lo que explica por qué se han encontrado fósiles de *braquiosaurio* tanto en Colorado y Utah (EE.UU.) como en Tanzania, Argelia y Portugal.
Alcance	14 m por encima del suelo	
Dieta	Coníferas, palmeras y helechos	
Significado del nombre	«Lagarto brazo»	

Estirando bien la cabeza, un *braquiosaurio* adulto se alimenta con las hojas tiernas de una alta conífera. Al fondo dos machos se enfrentan por el derecho a dirigir a la manada y procrear con las hembras.

1

Es posible que el largo cuello le permitiera también alimentarse en el suelo, colándose por el estrecho espacio entre los árboles para encontrar vegetación. Una cría, segura a la sombra de su protectora madre, se alimenta satisfecha de las plantas más tiernas.

2

JURÁSICO FINAL   HACE 154-144 MILLONES DE AÑOS

CERATOSAURIO

LOMO
Un elevado arco en su lomo hacía que el *ceratosaurio* pareciera más grande de lo que era en realidad. Una línea de placas óseas que recorría su columna vertebral habría añadido peso al engaño. Algunos expertos creen que la función principal de estas placas era radiar calor para enfriar al animal cuando hacía demasiado.

CABEZA
El cuerno óseo del hocico del *ceratosaurio* probablemente tuviera varias funciones. El dinosaurio puede haberlo sacudido para atraer una pareja o para desalentar a machos rivales. Las grandes protuberancias óseas sobre los ojos habrían ayudado a protegerlos durante los combates.

DIENTES
Eran afilados y similares a hojas de cuchillo y de hasta 15 cm de longitud. Apuntaban hacia atrás, lo que permitía al depredador hundirse más en la carne. Los poderosos músculos de la mandíbula permitían al asesino arrancar grandes pedazos de carne de un sólo mordisco.

PATAS TRASERAS
El *ceratosaurio* era un carnívoro bípedo (caminaba sobre dos patas) que se movía sobre sus patas traseras. Éstas le habrían dado una elevada punta de velocidad cuando se lanzaba contra una presa que se moviera deprisa.

CERATOSAURIO

El *ceratosaurio* era un dinosaurio de aspecto extraño, con un cuerno óseo en el hocico, rebordes óseos sobre los ojos y placas como de dragón. Sus poderosas mandíbulas, largos colmillos y cortantes garras lo señalan como uno de los principales asesinos del período Jurásico.

Ágil cazador, el *ceratosaurio* era lo bastante veloz como para capturar animales rápidos, pero también puede haber acechado a sus presas escondido, arremetiendo contra ellas con su cabeza cornuda. Era lo bastante feroz como para alejar a otros animales de sus presas.

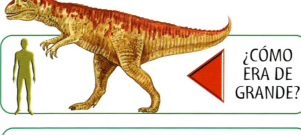

¿CÓMO ERA DE GRANDE?

DINODATOS

LONGITUD	4'5-6 m
ALTURA	2 m en la cadera; 3 m en la cabeza
PESO	Más de una tonelada
DIETA	Probablemente dinosaurios herbívoros, puede haber carroñeado cadáveres
SIGNIFICADO DEL NOMBRE	«Lagarto cornudo»
ESPERANZA DE VIDA MEDIA	Desconocida

En las canteras de las Montañas Rocosas de Utah y Colorado (EE.UU.) se han desenterrado cinco esqueletos de *ceratosaurio*. Otros dinosaurios que se piensa son *ceratosaurios* han aparecido en Tanzania, en el África oriental.

¿SABÍAS QUE...?

● Los primeros restos de *ceratosaurio* fueron encontrados en 1884 en una cantera de Colorado. Los cazadores de fósiles encontraron un esqueleto casi completo, además de otros más parciales. El dinosaurio fue estudiado por Othniel Marsh, uno de los principales expertos de la época en estos animales y fue él quien le dio el nombre.

● La mayor parte de los expertos consideran que el *ceratosaurio* era un depredador solitario que principalmente atacaba herbívoros de tamaño medio. No obstante, un rastro compuesto de varios grupos de huellas fosilizadas de *ceratosaurio* arroja algunas dudas sobre esta duradera teoría. Cazando en jauría, el *ceratosaurio* habría podido atacar y matar a presas mucho mayores.

1 La velocidad y la ferocidad eran esenciales para que el *ceratosaurio* venciera a herbívoros acorazados como este *estegosaurio* de dos toneladas. La cola, larga y poderosa, con la que el defensor lanzaba latigazos tenía unos pinchos mortales que podían hacer mucho daño.

2 El *ceratosaurio* carga contra su lento objetivo, arremetiendo con su cuerno contra el costado del animal y rasgando la carne de su presa con dientes y garras. Sangrando con abundancia, el *estegosaurio* lanza latigazos con la cola, pero el asesino ya está fuera de su alcance. Debilitada por la pérdida de sangre, la víctima se derrumba sobre el suelo y el vencedor se apresura a rematarla.

COMPSOGNATO

JURÁSICO FINAL — HACE 154-144 MILLONES DE AÑOS

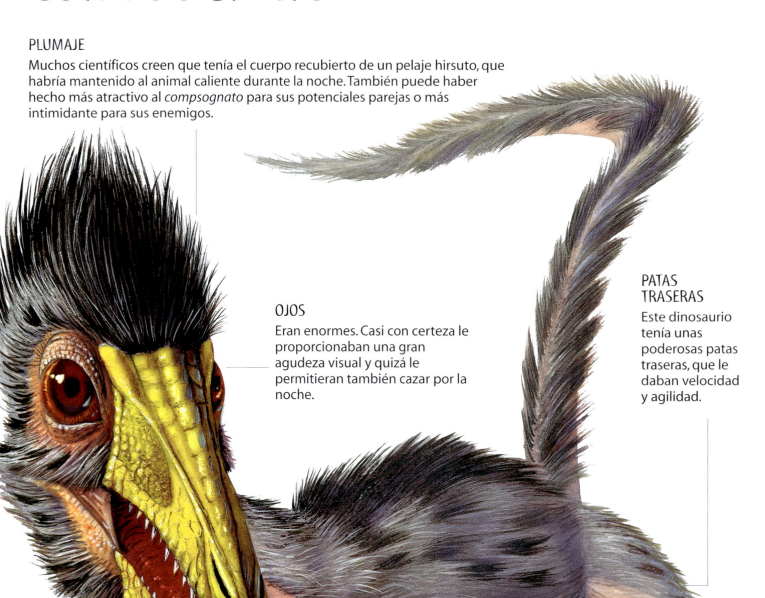

PLUMAJE
Muchos científicos creen que tenía el cuerpo recubierto de un pelaje hirsuto, que habría mantenido al animal caliente durante la noche. También puede haber hecho más atractivo al *compsognato* para sus potenciales parejas o más intimidante para sus enemigos.

OJOS
Eran enormes. Casi con certeza le proporcionaban una gran agudeza visual y quizá le permitieran también cazar por la noche.

PATAS TRASERAS
Este dinosaurio tenía unas poderosas patas traseras, que le daban velocidad y agilidad.

DIENTES
El pico como de pájaro del *compsognato* estaba dotado de afilados dientes serrados.

MANOS
Ahora se piensa que tenía tres dedos y no dos, como se creía antes. Dotadas de largas garras, eran magníficas para sujetar a las presas.

COMPSOGNATO 61

A pesar de que el *compsognato* era el más pequeño de todos los dinosaurios, un lagarto o una temprana versión de la musaraña habrían tenido que correr como el viento para escapar de sus briosas mandíbulas. Este pequeño y feroz dinosaurio tenía una visión increíblemente buena, unas poderosas patas posteriores que le daban agilidad y un pico parecido al de un pájaro.

Todos los fósiles de *compsognato* encontrados hasta el momento lo han sido cerca de las costas de antiguos lagos o mares de escasa profundidad. En lo que ahora es Europa el dinosaurio vivía en pequeñas islas con una vegetación de maleza. Los restos de esta criatura parecida a un pájaro han ayudado a los científicos a tener nuevas ideas sobre la relación entre los pájaros modernos y sus antepasados lejanos, los dinosaurios.

¿CÓMO ERA DE GRANDE?

DINODATOS

LONGITUD	De 70 cm a 1 m	
PESO	3-3'5 k, aproximadamente lo que una gallina o un pavo	
DIETA	Lagartos, mamíferos y probablemente insectos	
SIGNIFICADO DEL NOMBRE	«Mandíbula delicada»	

Se han encontrado restos de *compsognato* en Canjuer, en Var (sur de Francia), y en Sohnhofen, en Baviera (sur de Alemania). Animales relacionados con él son el *sinosaurioptérix* chino y algunos restos sin nombre de Brasil y Portugal.

¿SABÍAS QUE...?

● Se da la coincidencia de que los dos principales especímenes fosilizados de *compsognato* tienen la cola rota por exactamente el mismo sitio.

● Algunos científicos afirman haber encontrado huevos dentro de la cavidad corporal de un fósil de *compsognato*. En tiempos se pensó que los bultos eran restos de piel. Nadie sabe si la idea es correcta, sobre todo porque el espécimen fue identificado primero como perteneciente a una cría de dinosaurio.

● Los delicados detalles conservados en los fósiles de *compsognato* se deben en parte al hecho de que, cuando los animales murieron, los cuerpos se hundieron en los fondos sin oxígeno de los lagos. Esto impidió el rápido proceso de la descomposición, ayudando a que los huesos se convirtieran en roca.

● Las rocas europeas que contenían fósiles de *compsognato* también conservaban fósiles de *pterodáctilos* (reptiles voladores).

Los científicos pensaban antes que el *compsognato* nadaba entre las islas en busca de comida, metiendo la cabeza en el agua para cazar presas acuáticas. Se basaban en el hecho de que en un fósil parecía tener patas traseras en forma de aleta. En realidad, las aletas eran ¡madera fosilizada!

▼ 1

Hoy día estamos seguros de que este pequeño y ágil dinosaurio vivía en tierra firme. Aquí corretea por una bahía arenosa listo para atrapar un diminuto lagarto jurásico. ▼ 2

KENTROSAURIO

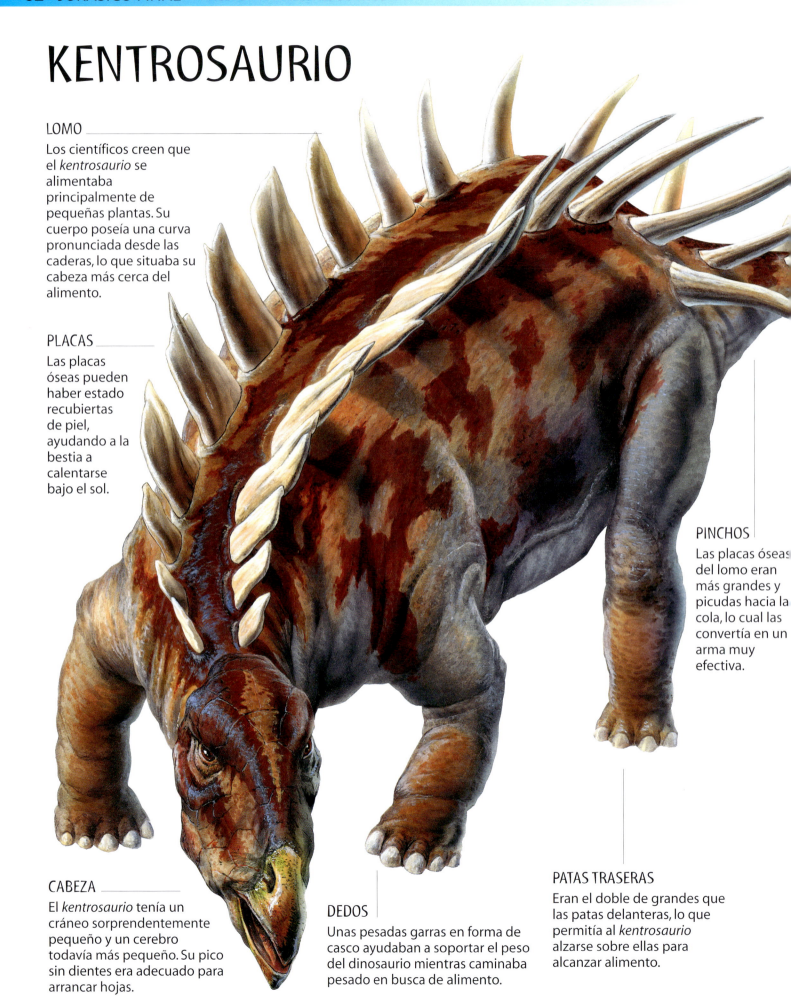

LOMO
Los científicos creen que el *kentrosaurio* se alimentaba principalmente de pequeñas plantas. Su cuerpo poseía una curva pronunciada desde las caderas, lo que situaba su cabeza más cerca del alimento.

PLACAS
Las placas óseas pueden haber estado recubiertas de piel, ayudando a la bestia a calentarse bajo el sol.

CABEZA
El *kentrosaurio* tenía un cráneo sorprendentemente pequeño y un cerebro todavía más pequeño. Su pico sin dientes era adecuado para arrancar hojas.

DEDOS
Unas pesadas garras en forma de casco ayudaban a soportar el peso del dinosaurio mientras caminaba pesado en busca de alimento.

PINCHOS
Las placas óseas del lomo eran más grandes y picudas hacia la cola, lo cual las convertía en un arma muy efectiva.

PATAS TRASERAS
Eran el doble de grandes que las patas delanteras, lo que permitía al *kentrosaurio* alzarse sobre ellas para alcanzar alimento.

KENTROSAURIO

Este inmenso dinosaurio herbívoro, de caminar lento y pesado, deambuló por África hace unos 150 millones de años, masticando una planta tras otra. Pero lo que le faltaba de velocidad y agilidad lo ganaba con sus mortíferos pinchos, que habrían infligido unas tremendas heridas a sus enemigos.

Las placas óseas a lo largo del lomo del dinosaurio probablemente estuvieran distribuidas en dos filas erguidas. Los científicos creen que pueden haber servido para absorber el calor del sol y ayudar a calentar al *kentrosaurio* después de una noche fría. Hacia la cola, las placas se volvían más grandes y estrechas, formando pares de letales pinchos recubiertos de duro cuerno.

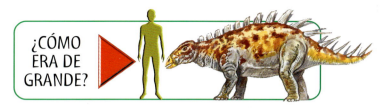

¿CÓMO ERA DE GRANDE?

DINODATOS

Longitud	Hasta 5'5 m
Peso	Hasta 2 toneladas
Dieta	Principalmente plantas de talla pequeña
Defensas	Pinchos
Significado del nombre	«Lagarto con pinchos»

Los fósiles de *kentrosaurio* sólo se han encontrado en la zona de Tendaguro (Tanzania), en el África oriental. Los primeros huesos los descubrió en 1907 un ingeniero alemán mientras buscaba piedras preciosas, en una época en la que Tanzania era una colonia alemana. Su hallazgo condujo a una gran cacería de fósiles de dinosaurio en la zona dos años después.

¿SABÍAS QUE...?

● Aunque el *kentrosaurio* pesaba casi dos toneladas, su cerebro tenía el tamaño de una ciruela pasa. A pesar de ello, el área del cerebro relacionada con el olfato era relativamente grande, de modo que es probable que el animal tuviera una capacidad olfativa elevada.

● El *kentrosaurio* tenía unos dientes pequeños y débiles, por lo que los expertos piensan que tragaba piedras para ayudar a machacar en su estómago las plantas que comía, igual que hacen hoy día los cocodrilos.

● Si el *kentrosaurio* tenía las placas recubiertas de piel, éstas podían haber enrojecido para advertir de que estaba disponible durante la temporada del apareamiento o como aviso para los depredadores.

● Entre 1909 y 1913, un equipo del Museo de Ciencias Naturales de Berlín encontró en Tendaguru más de 225 toneladas de fósiles de diferentes dinosaurios.

1 Con su rechoncho y pesado cuerpo, amén de sus andares lentos y pesados, el *kentrosaurio* habría parecido una presa fácil para los depredadores; pero éstos no tardaban en darse cuenta de que los mortíferos pinchos de su cola no eran sólo para alardear.

2 Un *alosaurio* joven intenta sorprender a un *kentrosaurio* adulto. Éste no tarda en detectar su olor y brama a modo de aviso. Sin embargo, el depredador se acerca de modo alocado y con una violenta embestida su presa le clava profundamente un pincho en el cuello.

64 JURÁSICO FINAL HACE 154-144 MILLONES DE AÑOS

ORNITOLESTES

OJO
Unas cuencas oculares de gran tamaño sugieren que el *ornitolestes* podía haber cazado tanto mediante la vista como mediante el olfato.

CUELLO
Era delgado y flexible y permitía que la cabeza se moviera en todas direcciones para atrapar criaturas de movimientos rápidos.

CRESTA
Algunos científicos creen que el *ornitolestes* tenía una pequeña cresta ósea en la nariz, como un cuerno de rinoceronte achaparrado.

DIENTES
Los afilados y puntiagudos dientes podían agarrar pequeñas presas mientras se debatían.

DEDOS
Es probable que el *ornitolestes* atrapara presas pequeñas con sus garras, sujetándolas con los largos dedos.

ORNITOLESTES 65

Elegante, rápido y ágil, el *ornitolestes* era un dinosaurio depredador que antaño vagabundeó por los bosques de Norteamérica. Tenía unos brazos fuertes, garras capaces de sujetar y largas zarpas, perfectas para agarrar a sus víctimas y arrancar carne. El *ornitolestes* probablemente estuviera especializado en perseguir presas de movimientos veloces. Sus largas patas traseras le permitían correr como un galgo y, equilibrado por su cola en forma de látigo, era sorprendentemente ágil. Podía saltar, girar y brincar para adelantarse a las maniobras de sus víctimas. Entra también en lo posible que anduviera en manadas con otros de su especie para cazar y matar dinosaurios herbívoros de mayor tamaño.

¿CÓMO ERA DE GRANDE?

DINODATOS

Longitud	2 m
Peso	En torno a 12'5 k
Dieta	Probablemente crías de dinosaurio, lagartos, pájaros primitivos y mamíferos; dinosaurios herbívoros más grandes que él
Armas	Mandíbulas y dientes poderosos; garras mortíferas
Significado del nombre	«Pájaro ladrón»

El esqueleto fósil más completo de *ornitolestes* fue encontrado en Wyoming (EE.UU.), en la vertiente oriental de las Montañas Rocosas. Durante el final del Jurásico, las Rocosas no existían y Norteamérica acaba de separarse de África.

Hay una sequía y la comida es escasa. Tres crías de *ornitolestes* chillan hambrientas mientras su madre aparece con un jugoso lagarto.

1

¿SABÍAS QUE...?

● El *ornitolestes* fue descubierto en 1900 por Henry Fairfield Osborn en la cantera Bone Cabin, donde los huesos de dinosaurio son tan abundantes que una vez hubo un pastor que se construyó con ellos ¡una cabaña!

● El *ornitolestes* recibió el nombre de «pájaro ladrón» porque Osborn se imaginó que cazaba *arqueoptérix*, una forma primitiva de pájaro. Sin embargo, no existen pruebas de que estos dos animales vivieran en la misma zona o siquiera en el mismo continente.

● Los pocos fósiles de *ornitolestes* que se han encontrado pueden sugerir que no era muy abundante; pero es más probable que sus delgados huesos fueran tragados por carroñeros.

Según escasea la comida, las crías van adelgazando y debilitándose, hasta que mueren. Los adultos están casi muertos de hambre, de modo que se comen a sus crías antes de abandonar el nido para siempre.

2

OFTALMOSAURIO

ALETA DORSAL
La aleta dorsal, triangular, era una extensión carnosa más que una verdadera aleta ósea como la de los peces.

COLA
Amplia y curva, se desplazaba de lado a lado para propulsar al animal a gran velocidad.

ESTRUCTURA CORPORAL
La criatura tenía una poderosa estructura corporal diseñada para deslizarse bajo el agua con facilidad. Era aerodinámica del hocico a la cola.

ALETAS
Las cuatro extremidades se modificaron para crear remos con los que nadar y frenar con rapidez.

DIENTES
Las grandes mandíbulas estaban repletas de dientes cónicos para agarrar a las presas mientras se debatían.

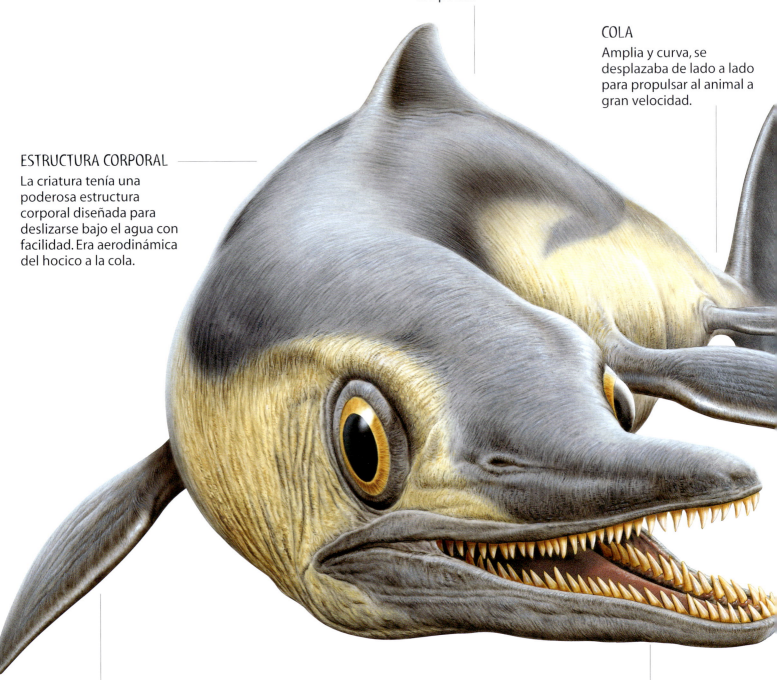

OFTALMOSAURIO

Este antiguo reptil parecido a un pez tenía unos ojos inmensos, del tamaño de un pomelo, lo que le proporcionaba una visión fantástica, ideal para cazar peces rápidos y escurridizos en los mares prehistóricos.

El *oftalmosaurio* estaba hecho para la velocidad y la resistencia. Sus delgadas aletas, cuerpo aerodinámico y masiva cola le permitían recorrer las aguas en busca de peces o calamares que agarraba con sus largas mandíbulas repletas de dientes.

Restos fósiles maravillosamente conservados de *oftalmosaurio* demuestran que éste y otros *ictiosaurios* (reptiles marinos) daban a luz a crías vivas bajo el agua, de forma muy parecida a los actuales delfines y ballenas. Algunos fósiles son hembras con crías nonatas dentro de ellas; otros son hembras que murieron al dar a luz.

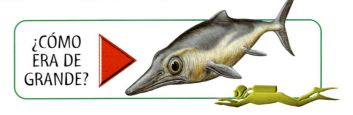

¿CÓMO ERA DE GRANDE?

DINODATOS

Longitud	3-4 m	
Peso	Probablemente hasta 500 k	
Ojos	10 cm de ancho	Se han encontrado restos fosilizados de *oftalmosaurio* —muchos de ellos completos— en yacimientos tan alejados entre sí como el norte de Europa y Sudamérica: en Inglaterra, Francia, Canadá, EE.UU. y Argentina.
Presas	Principalmente calamares y peces	
Significado del nombre	«Lagarto ojo»	

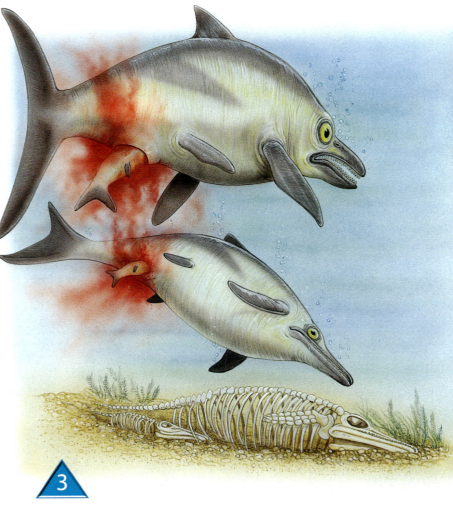

1 Una *oftalmosaurio* preñada va a la deriva por el mar temblando y con convulsiones mientras intenta expulsar a su cría. Pero hay un problema con el parto y cada vez se va debilitando más por la pérdida de sangre.

2 La hembra apenas tiene fuerzas para alcanzar la superficie para una última bocanada de aire antes de sucumbir al agotamiento. De forma inevitable, mientras su cuerpo sin vida se hunde, la cría atrapada en el canal de nacimiento muere también.

¿SABÍAS QUE...?

● El *oftalmosaurio* tenía más «dedos» en sus amplias aletas que la mayoría de sus parientes. Normalmente, los *ictiosaurios* tenían cinco dedos en cada aleta, pero este reptil tenía como mínimo ocho.

● Cuando se descubrieron los primeros fósiles de *ictiosaurio*, en Inglaterra en el siglo XVIII, la mayoría de la gente creyó que eran los restos de algún delfín o cocodrilo extinguido, que murieron en el gran diluvio que dio fama a Noé.

● El *ictiosaurio* más grande descubierto hasta ahora —en Nevada, en los EE.UU.— era una bestia enorme conocida como *shonisaurio*, que alcanzaba los 15 m de longitud. Este *ictiosaurio* primitivo vivió hace más de 200 millones de años, a finales del Triásico. Tenía una cola larga y apuntada y un par de inmensas aletas en forma de remo, cada una de 2 m de largo.

3 Mucho después de terminar reposando sobre el lecho marino, madre e hijo no son más que esqueletos que se van hundiendo en el barro para convertirse en fósiles.

68 JURÁSICO FINAL   HACE 154-144 MILLONES DE AÑOS

SEISMOSAURIO

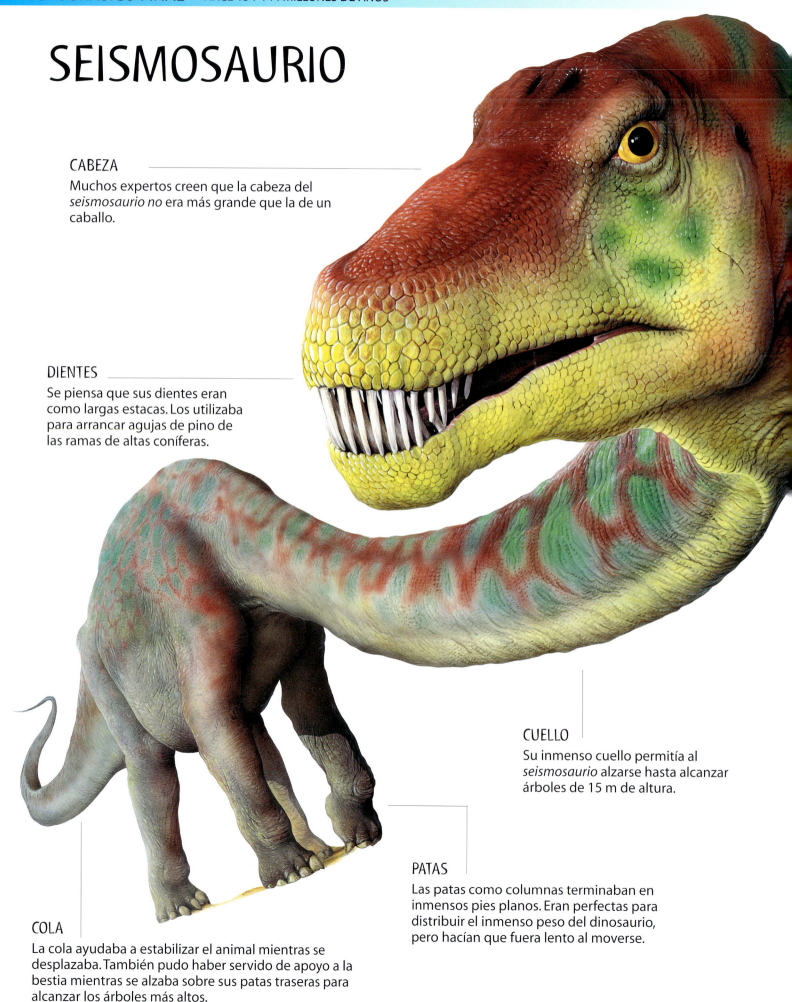

CABEZA
Muchos expertos creen que la cabeza del *seismosaurio no* era más grande que la de un caballo.

DIENTES
Se piensa que sus dientes eran como largas estacas. Los utilizaba para arrancar agujas de pino de las ramas de altas coníferas.

CUELLO
Su inmenso cuello permitía al *seismosaurio* alzarse hasta alcanzar árboles de 15 m de altura.

PATAS
Las patas como columnas terminaban en inmensos pies planos. Eran perfectas para distribuir el inmenso peso del dinosaurio, pero hacían que fuera lento al moverse.

COLA
La cola ayudaba a estabilizar el animal mientras se desplazaba. También pudo haber servido de apoyo a la bestia mientras se alzaba sobre sus patas traseras para alcanzar los árboles más altos.

SEISMOSAURIO

El *seismosaurio* es el vertebrado más grande que se conoce, con la mitad del tamaño de una ballena azul. Dos de estos gigantes puestos en fila habrían ocupado la longitud de un campo de fútbol. Más de la mitad de su longitud estaba formada por la cola, que tenía que ser larga para hacer de contrapeso de su inmenso y pesado cuello mientras andaba.

A pesar de su tamaño, el *seismosaurio* era un pacífico herbívoro. Seguramente tuvo pocos enemigos, pues su inmenso tamaño lo volvía difícil de atacar. No obstante, algunos científicos creen que se habría defendido de las manadas de depredadores con su cola a modo de látigo.

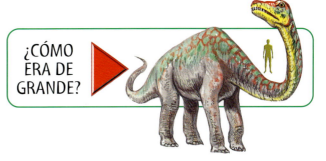

¿CÓMO ERA DE GRANDE?

DINODATOS

Longitud	Se calcula que 45 m	
Altura	15 m en la cabeza, 5 m en la cadera	
Peso	Hasta 100 toneladas	Hasta ahora sólo se ha encontrado un esqueleto de *seismosaurio*. Fue hallado en 1979 en el área de estudio Ojito Wilderness, a unos 100 km al norte de Albuquerque, en Nuevo México (EE. UU.). Hasta que se descubran más restos no se podrá calcular la distribución del animal.
Dieta	Hojas	
Significado del nombre	«Lagarto que hace temblar la tierra»	

¿SABÍAS QUE...?

● El único *seismosaurio* encontrado hasta ahora fue apodado «Sam» por los científicos expertos en dinosaurios. Algunos especialistas creen que Sam pudo haber muerto como resultado de que se le quedara atascado un enorme gastrolito (piedra) en la garganta o el estómago. Uno de los gastrolitos encontrados con los restos era del tamaño de un pomelo, mucho mayor que ninguno descubierto antes.

● Junto a los huesos se encontró un diente de depredador. Esto puede significar que el dinosaurio murió atacado por un carnívoro, pero es más probable que algún carroñero lo perdiera mientras comía del cadáver.

● No todos los científicos creen que el *seismosaurio* se alimentara de las copas de los árboles. Algunos sostienen que le habría resultado difícil levantar la cabeza por encima de los hombros.

Acribillado por las enfermedades, este *seismosaurio* adulto se derrumba y muere mientras cruza un río de fuerte corriente. Las aguas arrastran su gran cuerpo hasta un banco de arena, donde se queda varado. No tardan en aparecer reptiles voladores carroñeros, que van arrancando tiras de carne del cuerpo de la bestia.

El vientre queda desgarrado y su interior se desparrama por la arena. Aparecen más carnívoros para atacar su carne. Los tejidos que quedan se pudren, dejando sólo el esqueleto.

Algunos huesos son arrastrados por el agua, pero el resto resultan enterrados en la arena. Los minerales disueltos penetran en los huesos, preservándolos durante millones de años. Finalmente, el viento y la lluvia vuelven a dejar los huesos al descubierto, a la vista de los buscadores de fósiles.

70 JURÁSICO FINAL   HACE 154-144 MILLONES DE AÑOS

ESTEGOSAURIO

PLACAS DORSALES
Dos filas de intimidantes placas óseas recorrían el lomo desde la cabeza hasta la cola. Los científicos no están muy seguros sobre su función.

CUERPO
Se calcula que medía unos 6-7 m de longitud y pesaba en torno a las 2 toneladas, lo cual hace de él una verdadera monstruosidad de dinosaurio.

CABEZA Y MANDÍBULAS
La cabeza era diminuta en relación al cuerpo. Un pico desdentado en la parte frontal de las mandíbulas contenía dientes yugales.

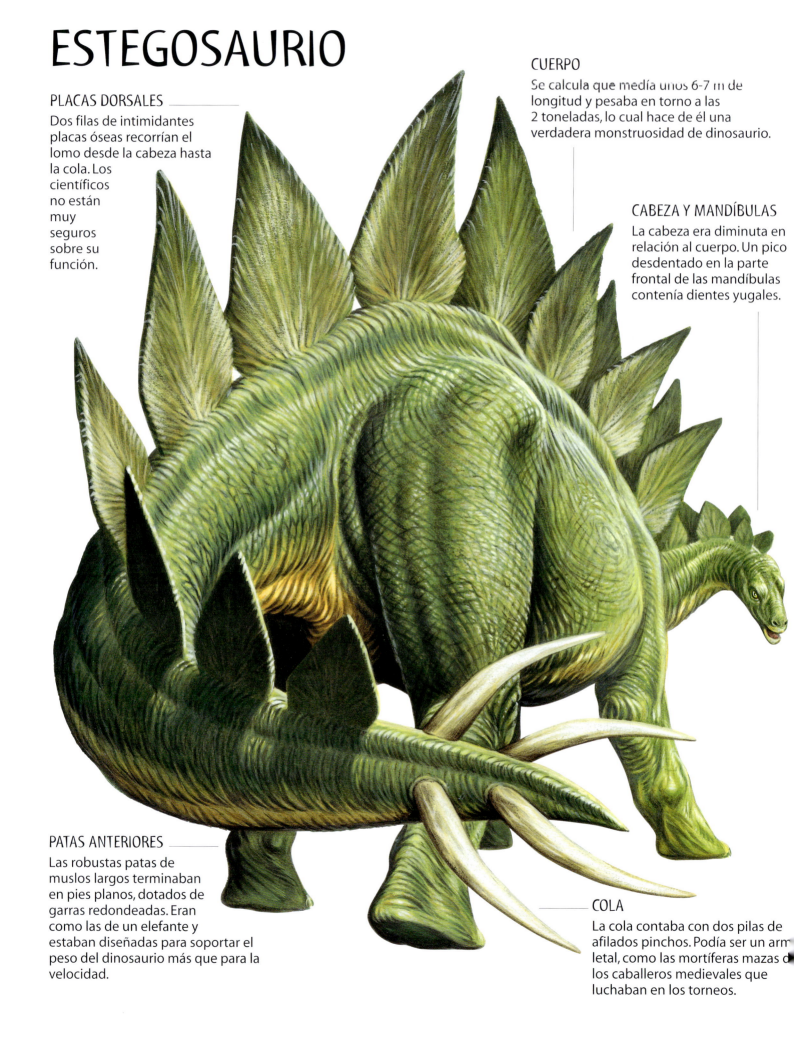

PATAS ANTERIORES
Las robustas patas de muslos largos terminaban en pies planos, dotados de garras redondeadas. Eran como las de un elefante y estaban diseñadas para soportar el peso del dinosaurio más que para la velocidad.

COLA
La cola contaba con dos pilas de afilados pinchos. Podía ser un arma letal, como las mortíferas mazas de los caballeros medievales que luchaban en los torneos.

ESTEGOSAURIO

Este herbívoro tenía un arma secreta cuando se trataba de luchar contra sus enemigos: una cola como un látigo dotada de unos poderosos pinchos. Con un cuerpo del tamaño de un camión, el *estegosaurio* era el mayor de un grupo de dinosaurios de ese nombre que existieron durante 70 millones de años.

El *estegosaurio* tenía un muro de grandes placas óseas en el lomo, que iban desde la cabeza hasta la cola. Los científicos no están seguros de para qué servían, pero pueden haber ayudado al animal a mantener estable la temperatura del cuerpo. Es probable que las placas estuvieran envueltas con vasos sanguíneos y, cuando quedaban apuntadas hacia el sol, absorbieran calor con rapidez.

¿CÓMO ERA DE GRANDE?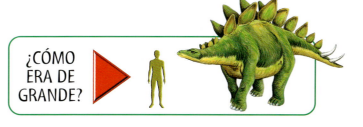

DINODATOS

Longitud	Hasta 9 m, con una media de 6-7 m
Peso	Hasta 2 toneladas
Dieta	Vegetación blanda
Placas	60 cm de altura en el lomo
Significado del nombre	«Lagarto con techo»

Se han encontrado fósiles de *estegosaurio* en lo que hoy día son los estados de Colorado, Oklahoma, Utah y Wyoming, en los EE.UU. Descansaban en la formación Morrison, una gran franja de roca sedimentaria del Medio Oeste. Aquí se han encontrado miles de huesos de dinosaurio durante los últimos cien años aproximadamente.

1 Todavía aturdido tras un pesado almuerzo de hojas, un *estegosaurio* se ve sorprendido por el ataque de un joven *alosaurio* que carga contra él. Como es lento, el *estegosaurio* no puede huir corriendo. Debe quedarse y luchar.

2 Cuando el *alosaurio* salta con las garras dispuestas, el *estegosaurio* da un latigazo con la cola. Sus pinchos sorprenden a su enemigo con la guardia baja.

¿SABÍAS QUE…?

● Con una longitud de 3 cm, el cerebro de un *estegosaurio* probablemente no pesaba más que la milésima parte que el cuerpo.

● Los restos fósiles de otro *estegosaurio* fueron encontrados en la década de 1960 en el norte de Siberia, dentro del círculo polar ártico, donde en la actualidad las temperaturas son inferiores a bajo cero durante gran parte del año. No obstante, el *estegosaurio* probablemente no se resfrió, porque hace millones de años en el ártico la temperatura era templada.

● Los científicos solían creer que las placas del *estegosaurio* reposaban planas sobre su lomo, entrecruzándose unas con otras, como si fueran tejas.

● Se han descubierto otros fósiles de *estegosaurio* en China, el sur de India y Europa occidental.

3 Un pincho se ha clavado en la pata del *alosaurio*. La profunda herida se puede infectar e impedir que el dinosaurio cace. En ocasiones puede incluso hacer que se ponga malo y muera de la enfermedad.

72 EL PERÍODO CRETÁCICO TEMPRANO

EL PERÍODO CRETÁCICO TEMPRANO

El comienzo del período Cretácico, que duró desde hace 146 hasta 127 millones de años, vio cómo aparecían las primeras plantas con flores. Con esta nueva vegetación llegaron nuevos tipos de dinosaurios.

Durante este período de la historia de la Tierra aparecieron las primeras plantas con semillas. Esto significa que hubo una vegetación lujuriante para dinosaurios herbívoros como el *iguanodonte*. Este dinosaurio de gran tamaño poseía unos dientes especiales para moler y un gran estómago para ayudarle a digerir la materia vegetal; pero también poseía pinchos en los pulgares para defenderse de los depredadores.

Algunos de los carnívoros más grandes que hayan vivido nunca lo hicieron durante el comienzo del Cretácico. El *acrocantosaurio* medía unos 12 m de largo y el *giganotosaurio* unos masivos 14 m de longitud, lo cual le convertía en el mayor de todos los carnívoros de la historia. Algunos dinosaurios herbívoros «generaron» una protección particular contra estos inmensos asesinos. Por ejemplo, el *amargasaurio* tenía unos pinchos óseos en el lomo para impedir que sus atacantes le mordieran. Otro dinosaurio, el *hipsilofodonte,* desarrolló unos ojos inmensos para poder ver el peligro y esconderse de los grandes cazadores.

Los ríos y mares de comienzos del período Cretácico estaban llenos de criaturas marinas de las que se alimentaban los dinosaurios. Un dinosaurio cretácico, el *barionix*, incluso tenía una gran garra en cada pulgar para arponear peces.

74 CRETÁCICO TEMPRANO   HACE 144-99 MILLONES DE AÑOS

ACROCANTOSAURIO

COLA
Al igual que otros dinosaurios bípedos, este animal utilizaba su larga cola para hacer de contrapeso mientras corría.

PINCHOS
Los pinchos tenían hasta 45 cm de altura. Pueden haber servido para defenderse, pero algunos expertos creen que eran parte de una «vela» utilizada para controlar la temperatura.

OJOS
Sus grandes ojos habrían sido capaces de detectar a una presa a distancia. Los ojos estaban coronados por unos duros rebordes, que probablemente le ofrecieran alguna protección contra las garras de otros asesinos.

GARRAS
Los dedos terminaban en unas mortíferas garras ganchudas. Sus «manos» podían desgarrar la carne o agarrar con firmeza a un animal mientras las poderosas patas y pezuñas hacían su trabajo.

DIENTES
Las mandíbulas del cazador contenían 68 delgados dientes similares a hojas de cuchillo. Los utilizaba para desgarrar la carne de sus presas.

NARIZ
El *acrocantosaurio* poseía un sentido de olfato muy desarrollado. Habría sido capaz de atacar a sus presas guiado por el olor.

ACROCANTOSAURIO 75

El poderoso *acrocantosaurio* deambuló antaño por las praderas de Norteamérica. Siendo uno de los más grandes carnívoros de su época, el *acrocantosaurio* podía haber derribado incluso a algún herbívoro gigante. Sus inmensos dientes afilados como cuchillos y sus largas garras estaban pensados para matar sin piedad y con rapidez.

Huellas descubiertas en EE.UU. demuestran que los *acrocantosaurios* cazaban igual que los tigres modernos. Se abalanzaba a toda velocidad contra su presa para luego saltar sobre ella y matarla a dentelladas.

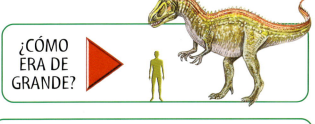

¿CÓMO ERA DE GRANDE?

DINODATOS

Longitud	9-12 m	En su momento de mayor extensión, es probable que este carnívoro vagara por la llanura costera que una vez hubo en los EE.UU. desde Texas hasta Maryland. Se han encontrado restos de *acrocantosaurio* en Oklahoma, Texas y Utah, en el Medio Oeste y el sur de la parte central de Norteamérica.
Altura	En torno a 4 m hasta la cabeza	
Cráneo	1'4 m	
Peso	2 toneladas o más	
Presas	Dinosaurios herbívoros	
Método de ataque	Múltiples mordiscos para matar por el sobresalto y la pérdida de sangre	
Significado del nombre	«Lagarto de espinas altas»	

¿SABÍAS QUE...?

● Las marcas de dientes en un esqueleto de *acrocantosaurio* encontrado en Oklahoma pueden haber sido dejadas por otro *acrocantosaurio*, lo cual sugiere que había una feroz rivalidad entre los individuos de la especie.

● El cráneo más grande que se conoce de un dinosaurio carnívoro es el del *gigantosaurio*, que tiene 1'8 m. El *carcarodontosaurio* africano tenía un cráneo de 1'6 m de longitud, mientras que el del *tiranosaurio* era de 1'5 m y el del *acrocantosaurio*, 1'4 m.

● Es probable que cuando las presas escaseaban y eran difíciles de cazar, el *acrocantosaurio* se dedicara al carroñeo de los cuerpos de sus antiguas presas, igual que hacen mamíferos depredadores actuales, como leones y leopardos.

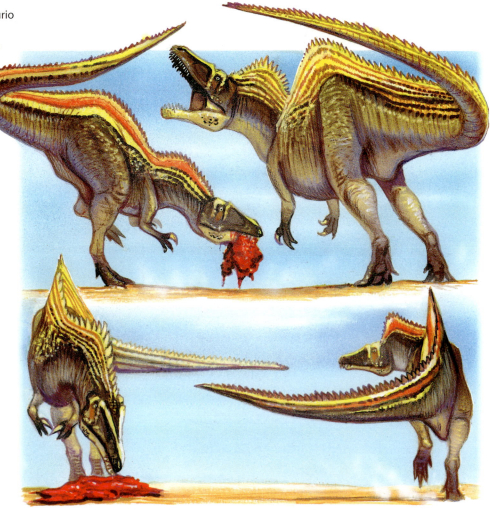

1 Un *acrocantosaurio* macho está deseando aparearse, pero la gran hembra podría comérselo para desayunar. Intenta conseguir su permiso dejando caer a sus pies un trozo de carne.

2 La sanguinolenta carne huele deliciosa para la hambrienta hembra. El regalo funciona y se aparean. Pero es posible que la próxima vez sea el macho el que termine siendo el almuerzo de la hembra.

AMARGASAURIO

CRETÁCICO TEMPRANO — HACE 144-99 MILLONES DE AÑOS

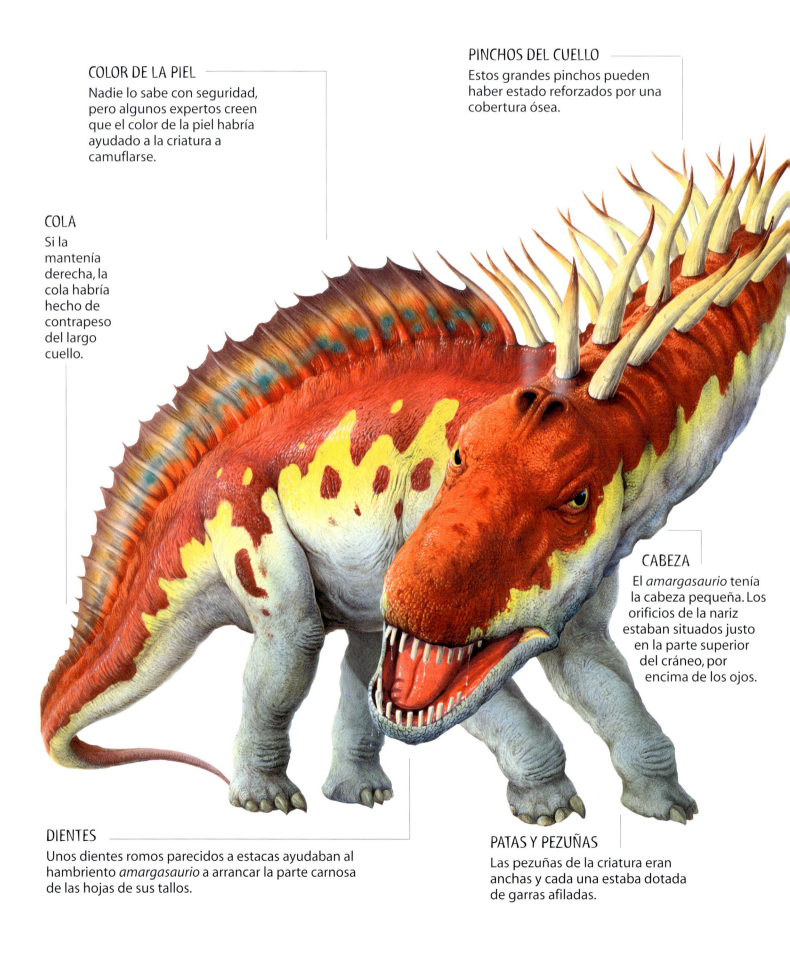

COLOR DE LA PIEL
Nadie lo sabe con seguridad, pero algunos expertos creen que el color de la piel habría ayudado a la criatura a camuflarse.

PINCHOS DEL CUELLO
Estos grandes pinchos pueden haber estado reforzados por una cobertura ósea.

COLA
Si la mantenía derecha, la cola habría hecho de contrapeso del largo cuello.

CABEZA
El *amargasaurio* tenía la cabeza pequeña. Los orificios de la nariz estaban situados justo en la parte superior del cráneo, por encima de los ojos.

DIENTES
Unos dientes romos parecidos a estacas ayudaban al hambriento *amargasaurio* a arrancar la parte carnosa de las hojas de sus tallos.

PATAS Y PEZUÑAS
Las pezuñas de la criatura eran anchas y cada una estaba dotada de garras afiladas.

AMARGASAURIO 77

El *amargasaurio* es uno de los dinosaurios más extraños descubiertos nunca, con una intrigante «crin» de pinchos óseos por todo el cuello y el lomo. La doble fila de pinchos habría convertido a este dinosaurio en un blanco difícil para los dinosaurios hambrientos. Algunos expertos creen que los pinchos de su lomo podían estar recubiertos de piel para convertirlos en una impresionante señal.

Con el doble de longitud que un elefante africano, este espinoso herbívoro vagó antaño por las llanuras de Argentina.

¿CÓMO ERA DE GRANDE?

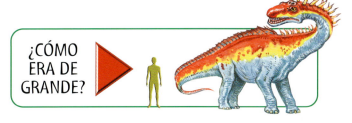

DINODATOS

Longitud	Unos 10 m	Los fósiles de *amargasaurio* fueron descubiertos en la zona del cañón de La Amarga por Guillermo Rougier, un estudiante del famoso cazador de dinosaurios argentino José Bonaparte. El esqueleto apareció casi completo, sólo faltaban la parte frontal del cráneo y parte de la cola. El dinosaurio fue bautizado *amargasaurio* por Bonaparte y sus colegas en 1991.
Altura	Unos 2 m en la cadera	
Defensas	Su gran tamaño y posiblemente unos pinchos óseos recubiertos	
Peso	Unas 5 toneladas	
Dieta	Grandes cantidades de plantas como coníferas, ginkgos, helechos y cícadas	
Significado del nombre	«Lagarto de La Amarga»	

¿SABÍAS QUE...?

● Había varias familias diferentes de *saurópodos*, los inmensos dinosaurios herbívoros de cuello largo. El *amargasaurio* pertenece a la familia de los *diplodócidos*, todos los cuales eran sorprendentemente ligeros para su tamaño. Esto se debía a que sus vértebras eran parcialmente huecas y pesaban menos que si hubieran sido de hueso sólido.

● Un dinosaurio africano llamado *dicreosaurio*, también miembro de la familia de los *diplodócidos*, tenía asimismo unos inmensos pinchos curvos en el lomo, pero vivió mucho tiempo antes que el *amargasaurio*, en el período Jurásico.

 Una manada de *amargasaurios* se alimenta satisfecha cuando un inmenso *gigantosaurio* de afilados dientes se abalanza sobre el grupo.

Los aterrados animales se alejan tan rápido como pueden. Una de las crías se cobija bajo el vientre de un adulto, protegido por sus grandes patas, pero otra no puede mantener el paso. Para el poderoso depredador resulta fácil apoderarse del pequeño dinosaurio con sus terribles mandíbulas.

78 CRETÁCICO TEMPRANO — HACE 144-99 MILLONES DE AÑOS

BARIONIX

CRESTA
El *barionix* tenía una extraña cresta de pequeño tamaño en la parte superior de la cabeza, casi entre los ojos.

VENTANAS DE LA NARIZ
Se encontraban en la parte superior de su hocico plano.

PIEL
No se puede afirmar con seguridad si su piel era escamosa o lisa.

DIENTES
Los afilados dientes cónicos eran perfectos para atrapar presas escurridizas. La mandíbula inferior tenía 32 dientes en cada lado, el doble que la mayoría de los dinosaurios carnívoros.

PULGAR
Una inmensa garra en el primer dedo de cada pezuña probablemente sirviera como herramienta de pesca y como arma.

MANDÍBULA INFERIOR
Larga y delgada, tenía una forma como de «S», similar a la de los cocodrilos actuales.

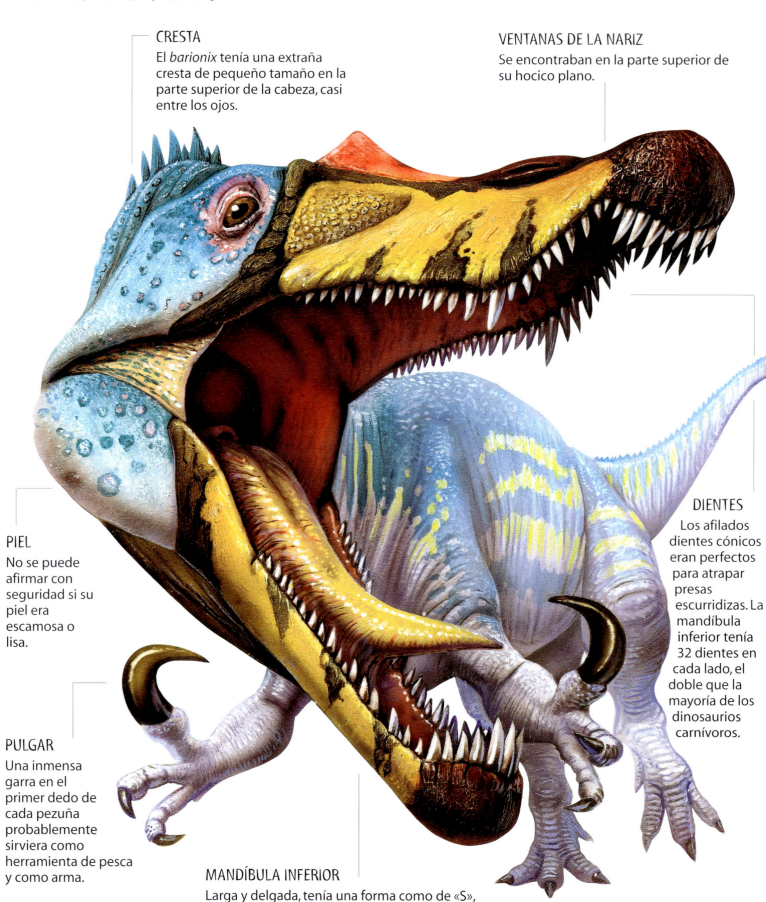

BARIONIX

El hallazgo fortuito de una inmensa garra condujo a uno de los más importantes descubrimientos de dinosaurios del siglo XX, el esqueleto fósil de un dinosaurio carnívoro realmente extraño. Sus poderosas garras-pulgar le merecieron el nombre de «garras» cuando se encontraron su restos en 1983.

Los científicos creen que el *barionix* era un pescador excepcional. Escamas medio digeridas de peces antiguos fueron descubiertas cerca de sus restos. Es probable que utilizara sus pulgares-garra para arponear peces en los ríos. El *barionix* tenía un largo y estrecho hocico, como el de los cocodrilos, de modo que puede haber utilizado sus afilados dientes para atrapar peces en el agua.

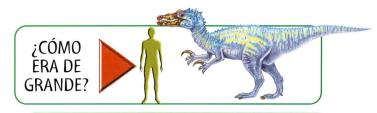

¿CÓMO ERA DE GRANDE?

DINODATOS

Longitud	9 m
Altura	2'5 m en la cadera
Peso	2-3 toneladas
Tamaño de la garra de la mano	Un núcleo de 28 cm, podía haber sido más grande si estaba recubierta de hueso
Presa	Pescado; otros dinosaurios
Significado del nombre	«Garra poderosa»

Los restos fósiles de *barionix* fueron encontrados en el sur de Inglaterra en una formación rocosa llamada Wealden Clay (señalada en rojo). Todavía tienen que verificarse unos posibles restos en España y África.

¿SABÍAS QUE...?

● El *barionix* puede haber tenido la sangre caliente y podía perseguir durante bastante tiempo a una presa en tierra firme.

● En la época del *barionix*, Inglaterra no era la templada y arbolada tierra que es actualmente. Europa occidental era entonces una llanura tropical repleta de bosques pantanosos. Abundaban las plantas como las colas de caballo, las cícadas, los helechos y las coníferas.

● Los científicos expertos en dinosaurios Angela Milner y Alan Charig, del Museo Británico de Ciencias Naturales de Londres, bautizaron oficialmente al *barionix* en noviembre de 1986.

LA PESCA DEL DÍA

Caminando sobre sus patas traseras sobre el lecho de un río antiguo, el *barionix* rebusca en el agua en busca de presas. Al ver un cardumen de peces, el dinosaurio ataca con sus inmensas garras-pulgar. Al final saca del agua una de ellas, que chorrea sangre, mientras, atravesada por ella, se debate la primera presa del día. Es casi seguro que el *barionix* utilizaba también la boca. Con un veloz mordisco de sus dentudas mandíbulas podía haber atrapado un puñado de peces en los rápidos.

80 CRETÁCICO TEMPRANO   HACE 144-99 MILLONES DE AÑOS

CARCARODONTOSAURIO

CRÁNEO
La forma de pico del cráneo puede haber servido para penetrar con facilidad en los cadáveres descompuestos.

COLA
Los científicos creen que el dinosaurio mantenía la cola estirada mientras corría para hacer de contrapeso de la gran cabeza.

DIENTES
Filas de muescas en los dientes ayudaban al dinosaurio a sujetar a un almuerzo escurridizo.

GARRAS
Las poderosas garras habrían sujetado a la presa mientras las mandíbulas realizaban su trabajo.

CUERPO
Se calcula que medía 13'5 m de longitud, lo que hace que el *carcarodontosaurio* sea todavía más grande que el *tiranosaurio rey*.

CARCARODONTOSAURIO

Uno de los carnívoros más feroces que haya habido nunca sobre el planeta, este inmenso dinosaurio poseía unos dientes inmensos e irregulares que cortaban la carne de su víctima con facilidad. Era más grande que tres coches familiares y pesaba más que cien personas juntas. Su inmenso tamaño era una ventaja impresionante contra otros dinosaurios.

Un depredador tan grande como este dinosaurio necesitaba mucha carne. Además de atacar y matar a sus presas, probablemente se alimentara también de cualquier criatura muerta que encontrara.

Algunos expertos creen que estos dinosaurios pueden haber cuidado a sus crías igual que hacen hoy los pájaros.

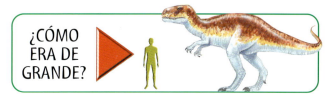

¿CÓMO ERA DE GRANDE?

DINODATOS

Longitud	Hasta 13'5 m
Peso	Hasta 8 toneladas
Cráneo	1'6 m de longitud
Armas	Unas mandíbulas inmensamente poderosas, dientes de 12'5 m de longitud y garras afiladas
Dieta	Otros dinosaurios, vivos y muertos, peces
Significado del nombre	«Lagarto con dientes de tiburón»

En la década de 1920 se descubrieron en el norte de África dientes y huesos dispersos pertenecientes al *carcarodontosaurio*; pero no fue hasta 1995 cuando se encontraron los restos fosilizados casi completos de un ejemplar, en el desierto del Sahara, en la región Kem Kem de Marruecos.

¿SABÍAS QUE...?

- El cráneo del *carcarodontosaurio* demuestra que el cerebro de esta poderosa criatura sólo tenía la mitad de tamaño que el del *tiranosaurio rey* y sólo la octava parte del de un ser humano.

- En la misma expedición en que se encontró el cráneo de un *carcarodontosaurio* se halló también un dinosaurio nuevo llamado *deltadromeo*, que significa «corredor del delta».

- La mayoría de los expertos creen que otro masivo dinosaurio depredador, el *gigantosaurio*, encontrado en Argentina, está estrechamente relacionado con el *carcarodontosaurio*. Piensan que las dos bestias pueden haber evolucionado a partir de un antepasado común.

Mientras la madre está lejos cazando, tres crías de *carcarodontosaurio* se esconden pacíficamente en un matorral de helechos. Cuando la oyen regresar se apresuran a salir de su escondite y a pedir comida ruidosamente.

La madre se ha tragado pedazos de la presa, que ahora escupe en el suelo para sus crías, del mismo modo que los pájaros escupen insectos. Los pedazos de carne están parcialmente digeridos, de modo que son más sencillos de comer para las crías.

DEINONICO

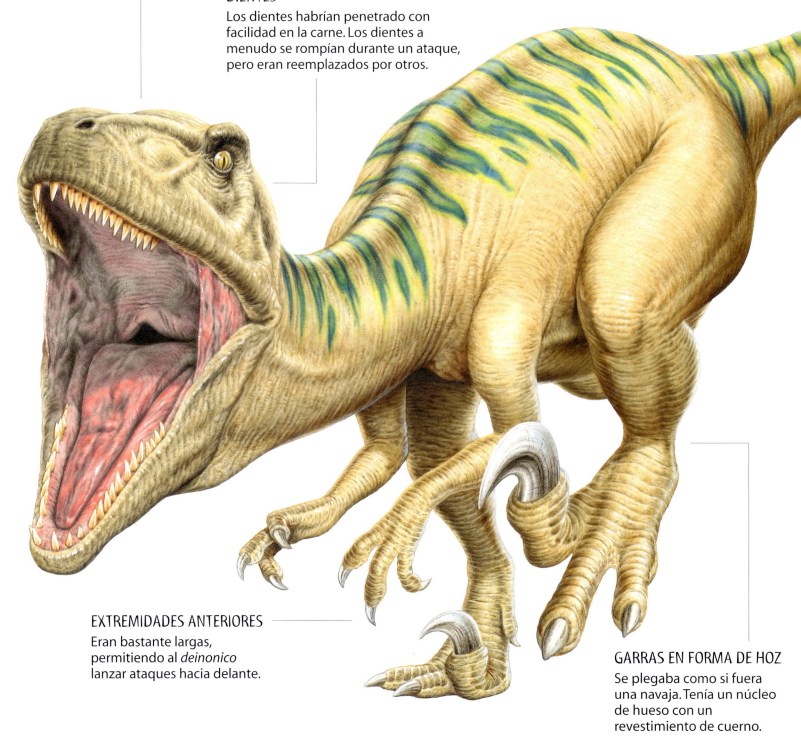

CABEZA
La gran cabeza era relativamente ligera debido a los huecos del cráneo, conocidos como *fenestrae*. Unas grandes cuencas oculares sugieren que la bestia tenía buena vista.

DIENTES
Los dientes habrían penetrado con facilidad en la carne. Los dientes a menudo se rompían durante un ataque, pero eran reemplazados por otros.

EXTREMIDADES ANTERIORES
Eran bastante largas, permitiendo al *deinonico* lanzar ataques hacia delante.

GARRAS EN FORMA DE HOZ
Se plegaba como si fuera una navaja. Tenía un núcleo de hueso con un revestimiento de cuerno.

DEINONICO

Equipado con filas de dientes de borde dentado y unas mortíferas garras curvas, este dinosaurio asesino era uno de los más eficientes cazadores de su época. El *deinonico* seguramente cazara en grupo para rastrear y atacar a presas más grandes que él. Sus salvajes armas podían infligir heridas terribles a sus víctimas.

Los restos de *deinonico* fueron descubiertos en 1964 por el experto en fósiles John Ostrom. En esa época la mayor parte de los científicos creía que los dinosaurios eran gigantones con cerebros de mosquito. Ostrom dijo que el gran cráneo y las musculadas patas del *deinonico* demostraban que la criatura era un asesino inteligente y eficaz.

¿CÓMO ERA DE GRANDE?

DINODATOS

LONGITUD	3-3'3 m	
ALTURA	Cerca de 1'8 m	
PESO	70-75 k	
DIETA	Probablemente dinosaurios herbívoros, vivos o muertos	Se han desenterrado huesos de *deinonico* en los estados norteamericanos de Wyoming, Oklahoma, Montana, Utah y Maryland. John Ostrom fue el primero en describir sus restos en la década de 1960, pero no fue el primero en encontrarlos. Ese honor recae en Barnum Brown en la década de 1930, aunque nunca llegó a bautizarlos.
ARMAS	Dientes afilados y curvos de borde serrado; garras anteriores y mortíferas garras retráctiles posteriores	
SIGNIFICADO DEL NOMBRE	«Garra terrible»	

¿SABÍAS QUE...?

● El *deinonico* estaba estrechamente relacionado con el *velociraptor*, el salvaje dinosaurio que aparece en *Parque Jurásico* (1993). En realidad el *velociraptor* medía sólo 1'8 m de largo, incluida la cola. Los depredadores de la película estaban basados en el *deinonico;* no obstante, ninguna de estas bestias vivió en el período Jurásico.

● Los científicos consideran que un *deinonico* adulto que lanzara un golpe con su mortífera garra retráctil causaría una herida letal de 1 m de largo en su víctima.

● En algunas zonas de Wyoming y Montana, más del 40 por ciento de los fósiles encontrados incluyen dientes dispersos de *deinonico*.

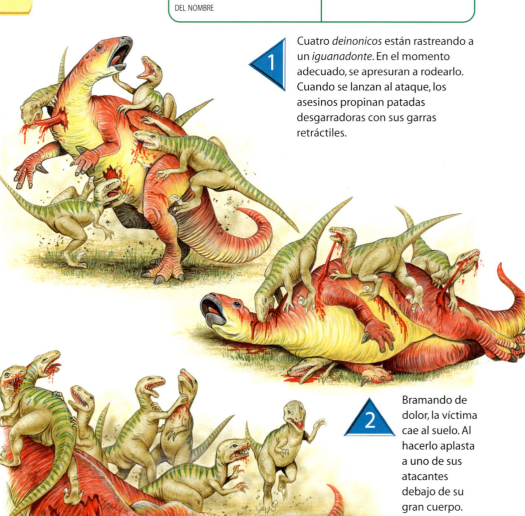

1 Cuatro *deinonicos* están rastreando a un *iguanadonte*. En el momento adecuado, se apresuran a rodearlo. Cuando se lanzan al ataque, los asesinos propinan patadas desgarradoras con sus garras retráctiles.

2 Bramando de dolor, la víctima cae al suelo. Al hacerlo aplasta a uno de sus atacantes debajo de su gran cuerpo.

3 Los asesinos comienzan a devorar al gran herbívoro, antes incluso de que haya exhalado su último aliento. Otra manada de *deinonicos* llega y los dos grupos empiezan a pelear para hacerse con el cadáver aún caliente.

84 CRETÁCICO TEMPRANO HACE 144-99 MILLONES DE AÑOS

GIGANOTOSAURIO

CRÁNEO
El cráneo era largo y estrecho. Tenía varios agujeros grandes, o *fenestrae*, para reducir su peso. Los rebordes óseos en torno a los ojos habrían reducido la visión delantera del animal.

COLA
La larga cola ayudaba a hacer de contrapeso del *giganotosaurio* mientras se movía. Probablemente se mantenía estirada detrás del dinosaurio.

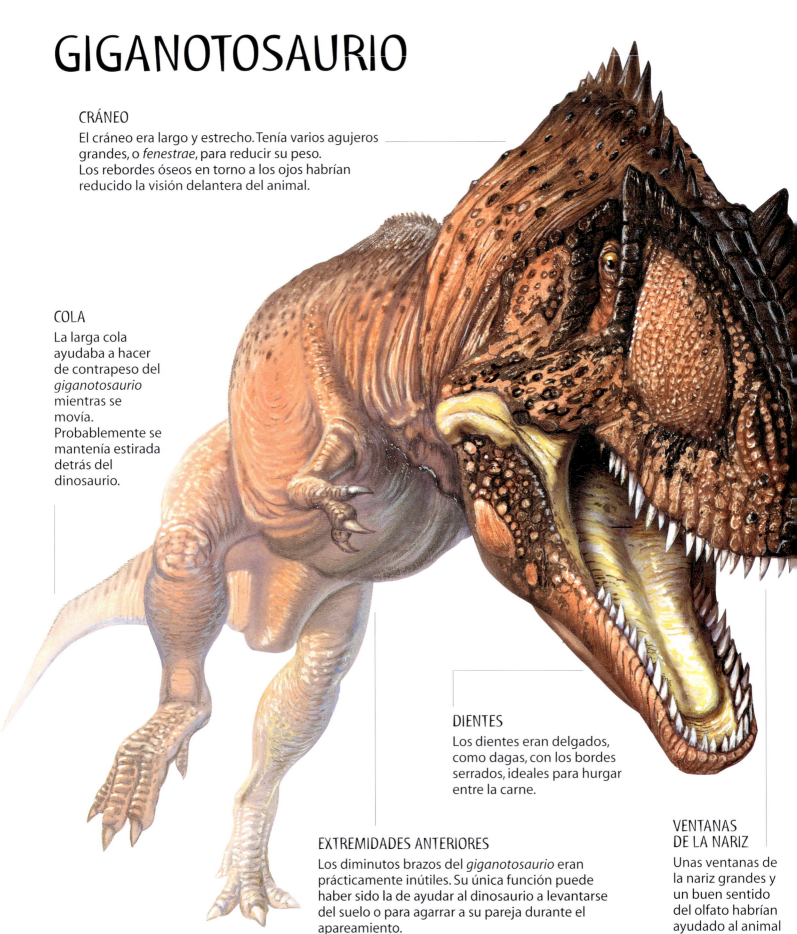

DIENTES
Los dientes eran delgados, como dagas, con los bordes serrados, ideales para hurgar entre la carne.

EXTREMIDADES ANTERIORES
Los diminutos brazos del *giganotosaurio* eran prácticamente inútiles. Su única función puede haber sido la de ayudar al dinosaurio a levantarse del suelo o para agarrar a su pareja durante el apareamiento.

VENTANAS DE LA NARIZ
Unas ventanas de la nariz grandes y un buen sentido del olfato habrían ayudado al animal a encontrar presas vivas y cadáveres de dinosaurio.

GIGANOTOSAURIO

El *giganotosaurio* fue el más grande de los dinosaurios carnívoros que haya cazado nunca sobre la Tierra. Era más grande incluso que el poderoso *tiranosaurio rey*. Con sus mandíbulas como tijeras y sus dientes irregulares, habría atravesado la carne como un cuchillo la mantequilla. Sus mandíbulas eran lo bastante grandes como para tragarse una persona adulta ¡entera! Como si su tamaño no bastara para hacerlo lo bastante aterrador, el *giganotosaurio* puede haber cazado en manada para derribar a los enormes dinosaurios herbívoros.

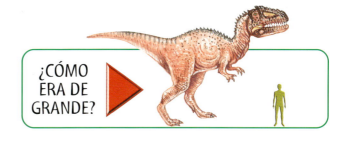

¿CÓMO ERA DE GRANDE?

DINODATOS

Longitud	14 m	Es probable que el *giganotosaurio* hubiera sido muy abundante en Sudamérica, pero hasta el momento sus fósiles sólo se han encontrado en las ciudades patagónicas de El Chocón y Plaza Huincul, en Argentina. Actualmente, la Patagonia es seca y azotada por el viento, pero a mediados del período Cretácico era húmeda y estaba repleta de plantas; un territorio perfecto para los herbívoros de los que se alimentaba el *giganotosaurio*.
Altura	4'5 m en la cadera; 7 m en la cabeza	
Peso	Hasta 8 toneladas	
Dieta	Otros dinosaurios	
Significado del nombre	«Lagarto gigante del sur»	

¿SABÍAS QUE...?

● El *giganotosaurio* sólo es uno de varios sorprendentes dinosaurios encontrados en Sudamérica en los últimos años. Entre los demás se encuentran el inmenso herbívoro *argentinosaurio*, el cazador de extraños cuernos *carnotauro* y un enorme asesino, descubierto en 1999, que puede acabar siendo de mayor tamaño que el *giganotosaurio*.

● Un descubrimiento múltiple de fósiles realizado en Canadá sugiere que el *tiranosaurio rey* puede haber cazado en manada, igual que puede haberlo hecho el *giganotosaurio*.

● Se cree que el *giganotosaurio* está estrechamente emparentado con otro depredador gigante, el *carcarodontosaurio*, que vivió en la misma época en lo que ahora es África. Los científicos creen que esto demuestra la existencia de conexiones terrestres entre África y Sudamérica a mediados del período Cretácico.

1 Tras haber visto a una cría de *argentinosaurio* que se ha quedado alejada del rebaño, el *giganotosaurio* se lanza y la mata de un solo mordisco en el cuello. El rebaño observa, sin poder hacer nada, cómo el asesino comienza su comida.

2 En otra ocasión, el olor de un dinosaurio muerto atrae al gran carnívoro hacia el cadáver. Tras alejar a los pequeños carroñeros, se pone a comer.

HIPSILOFODONTE

CRETÁCICO TEMPRANO — HACE 144-99 MILLONES DE AÑOS

CUERPO
El *hipsilofodonte* tenía un cuerpo pequeño y ligero para ser un dinosaurio herbívoro. Esto le permitía alejarse corriendo de los problemas.

BRAZOS
Las «manos» con cinco dedos del *hipsilofodonte* habrían soportado su peso cuando se inclinaba hacia delante para alimentarse en el suelo.

OJOS
Eran grandes, para detectar el peligro. Habrían visto bien en la penumbra del amanecer y el anochecer.

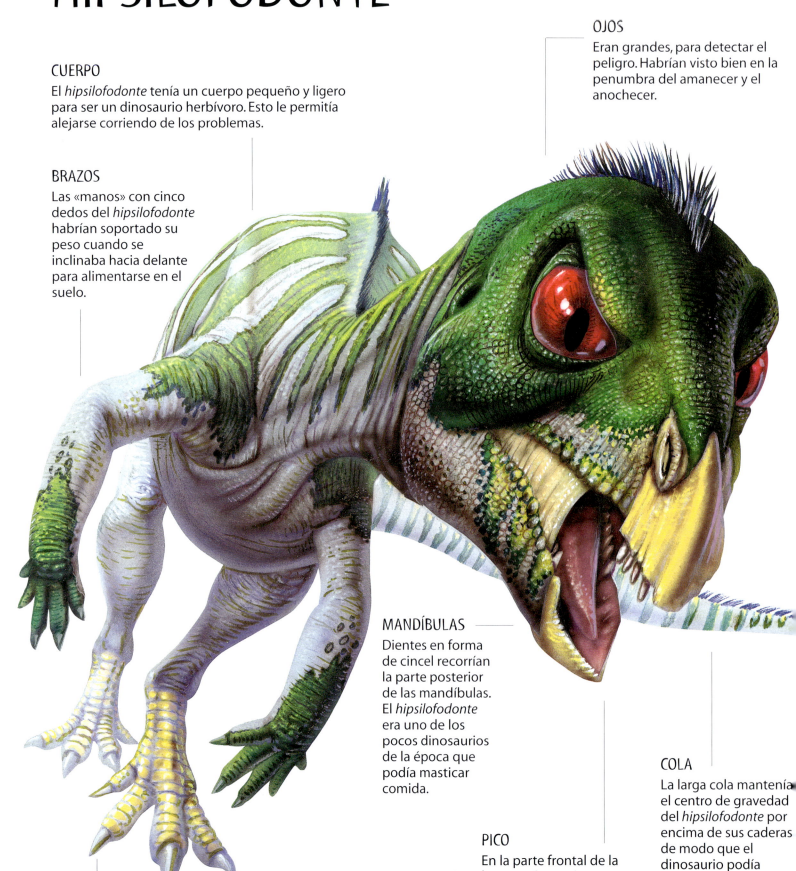

MANDÍBULAS
Dientes en forma de cincel recorrían la parte posterior de las mandíbulas. El *hipsilofodonte* era uno de los pocos dinosaurios de la época que podía masticar comida.

PICO
En la parte frontal de la boca tenía un pico recubierto de cuerno para mordisquear brotes y hojas.

COLA
La larga cola mantenía el centro de gravedad del *hipsilofodonte* por encima de sus caderas de modo que el dinosaurio podía correr con el lomo casi horizontal.

PATAS
El *hipsilofodonte* tenía las largas espinillas y los cortos y musculados muslos de un corredor.

HIPSILOFODONTE 87

No todos los dinosaurios herbívoros eran grandes y pesados. El *hipsilofodonte* era tan pequeño y atlético que podía correr más que la mayor parte de sus enemigos. Fue uno de los primeros dinosaurios en ser identificados y se lo conoce gracias a especímenes casi perfectamente conservados. Más de 20 esqueletos aparecieron juntos en la isla de Wight, en el sur de Inglaterra, lo que sugiere que este animal vivía en manadas. No se sabe cómo murieron, pero probablemente se ahogaron en una riada o en arenas movedizas.

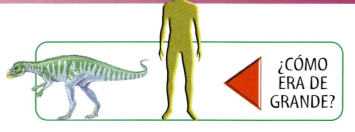

¿CÓMO ERA DE GRANDE?

DINODATOS

Longitud	2 m
Altura	70 cm en la cadera; 80 cm en la cabeza
Peso	Se calcula en unos 50 k
Dieta	Plantas de talla pequeña
Significado del nombre	«Dientes de cresta alta»

Se han encontrado restos de *hipsilofodontes* en Inglaterra, España y Dakota del Sur (EE.UU.). Si en el futuro se encuentran más fósiles, su distribución puede resultar haber sido mayor.

¿SABÍAS QUE...?

● La primera vez que se descubrió el *hipsilofodonte* los expertos creyeron, erróneamente, que era un *iguanadonte* joven. Pasaron 20 años hasta que el eminente científico Thomas Huxley se dio cuenta de que era un tipo nuevo de dinosaurio.

● Los fósiles de *hipsilofodonte* encontrados en Inglaterra, España y EE.UU. seguramente fueran de especies diferentes, porque el mar separó Europa de América hace 125 millones de años. Como sucede con todos los nombres de dinosaurios de una sola palabra, el nombre *hipsilofodonte* se refiere al género, un grupo de especies estrechamente emparentadas.

● El *hipsilofodonte* tenía parientes por todo el mundo. Se han descubierto dinosaurios de la familia *Hypsilophodontidae* en todos los continentes. Entre ellos se encuentran el *atlascopcosaurio*, el *fulguroterio* y el *laelliynosaurio*, todos los cuales aparecieron en Australia.

1 Un *barionix* sale de estampida de detrás de unos árboles para atacar a una manada de *hipsilofodontes*, pero éstos lo ven de inmediato.

2 Los pequeños herbívoros se dispersan. Son demasiado rápidos y ágiles para el inmenso carnívoro, que no tarda en abandonar la caza.

IGUANODONTE

CRETÁCICO TEMPRANO — HACE 144-99 MILLONES DE AÑOS

MANDÍBULAS
El pico, afilado y sin dientes, era utilizado para coger suculentas ramitas y hojas.

DIENTES
El *iguanodonte* trituraba la materia vegetal con los molares de la parte posterior de la mandíbula. Cuando éstos se rompían crecían otros desde debajo.

COLA
La larga y pesada cola era útil como contrapeso cuando el *iguanodonte* caminaba sobre dos patas. También servía como apoyo cuando el dinosaurio se alzaba sobre sus patas traseras para alcanzar la comida de las ramas más altas.

CUERPO
El cuerpo era grande, con un estómago enorme y unos intestinos largos. Los necesitaba para digerir materia vegetal.

MANOS
Manos dotadas de cinco dedos, se doblaban como patas delanteras cuando la bestia andaba a cuatro patas. El pulgar era una garra enorme, que probablemente utilizaba para defenderse.

IGUANODONTE

A muchos dinosaurios carnívoros les hubiera gustado comerse un *iguanodonte*; pero con los inmensos pinchos de sus pulgares para defenderse, este gran herbívoro no era sencillo de derrotar. Este exitoso dinosaurio tenía un pico óseo, un grupo de dientes especializados en triturar y unos intestinos largos para ayudar a la digestión. Fue el primer animal de su tamaño en tener un aparato digestivo tan avanzado y no tardó en superar en número a los herbívoros más primitivos.

Siendo uno de los primeros dinosaurios en ser descubiertos, el *iguanodonte* fue bautizado antes de que la palabra «dinosaurio» se hubiera inventado. Durante su época, el *iguanodonte* estaba extendido por todo el planeta; un éxito demostrado por la amplia distribución de sus restos fósiles.

¿CÓMO ERA DE GRANDE?

DINODATOS

Longitud	10 m
Altura	3 m en la cadera; 5 m en la cabeza
Peso	4'5 toneladas
Dieta	Plantas
Significado del nombre	«Diente de iguana»

Se han encontrado fósiles de *iguanodonte* en Europa, Mongolia, Norteamérica y África. En su momento, las masas continentales estaban en sitios diferentes (desde entonces se han desplazado), de modo que el *iguanodonte* pudo difundirse mucho.

¿SABÍAS QUE...?

● Dos de los 39 ejemplares de *iguanodonte* descubiertos en Bernissart, Bélgica, tenían artritis en los tobillos. El punto en el que los huesos de las pezuñas se unen con los de las patas estaban tan deformados en ambos casos que parecían champiñones aplastados.

● Ya se han descrito dos especies de *iguanodonte*. La más pequeña de las dos, el *Iguanodon atherfieldensis*, sólo tenía 7 m de largo. Recientemente se ha descubierto una tercera especie en Norteamérica y una cuarta en Mongolia.

1 Al principio de la mañana, antes de que haya tenido tiempo de calentarse gracias al sol, el *iguanodonte* es todavía muy lento. Un madrugador *espinosaurio* se aprovecha de su somnolencia para atacarlo.

2 Cogido completamente por sorpresa, el *iguanodonte* se defiende con sus patas anteriores y tiene la suerte de que uno de sus pulgares se meta en el ojo de su atacante. El *espinosaurio* retrocede medio ciego por el gran pincho.

CRONOSAURIO

CRETÁCICO TEMPRANO — HACE 144-99 MILLONES DE AÑOS

CABEZA
La inmensa cabeza suponía hasta una tercera parte de la longitud del cuerpo. Las mandíbulas estaban repletas de músculos para aplastar los huesos de las presas como si fueran cáscaras de huevo.

COLA
La cola era ancha y estaba repleta de músculos. Actuaba tanto como de timón como de remo.

DIENTES FRONTALES
Los dientes tenían hasta 25 cm de largo. Una vez atrapada por ellos, una víctima tenía pocas posibilidades de escapar.

ALETAS
Propulsaban al animal por el agua a gran velocidad. El gran reptil podía girar y retorcerse con una sorprendente agilidad para ser una bestia tan grande.

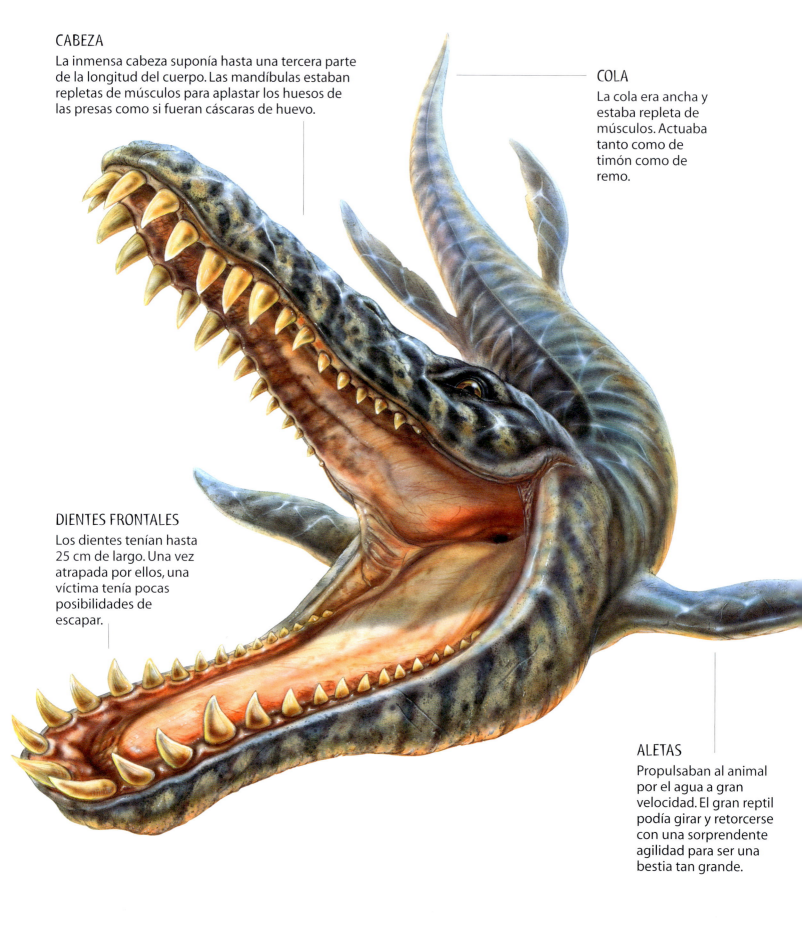

CRONOSAURIO

Los mares de la prehistoria estaban repletos de inmensos reptiles que mordían todo lo que se movía. Uno de los más aterradores era el poderoso *cronosaurio*. Este reptil gigante aterrorizaba los océanos. Su masivo cráneo contaba con unas inmensas mandíbulas repletas de dientes terroríficos; unas armas esenciales para matar reptiles y peces. Los restos fósiles nos pueden contar qué aspecto tenía el *cronosaurio*, pero no sabemos si salía a la orilla para depositar sus huevos o daba a luz crías vivas bajo el agua.

¿CÓMO ERA DE GRANDE?

DINODATOS

Longitud	Probablemente 7-9 m
Peso	Posiblemente hasta 20 toneladas
Presas	Peces, moluscos, y reptiles de todos los tamaños, como tiburones, tortugas y *plesiosaurios*
Significado del nombre	«Lagarto titán»

Restos fosilizados de *cronosaurio*, encontrados por primera vez en 1899, sólo se han hallado en yacimientos del estado de Queensland, en Australia. Se trata de restos de animales que vivieron en mares interiores poco profundos. Unos fósiles descubiertos en Colombia (Sudamérica) en 1992 también pueden ser de esta bestia.

¿SABÍAS QUE...?

● El esqueleto más conocido de un *cronosaurio*, el de la Universidad de Harvard (EE.UU.), es conocido como el *yesosaurio* por algunos científicos, que no consideran adecuada la gran cantidad de yeso que se utilizó en su reconstrucción.

● En la mitología griega, Cronos era el rey de los titanes, que eran los dioses originales. Se casó con su hermana y luego devoró a sus propios hijos cuando se le profetizó que uno de ellos lo derrocaría. Sin embargo, uno de sus hijos escapó y pudo regresar después para derrotarlo. Zeus se convertiría después en el jefe de todos los dioses.

● Los restos de *cronosaurio* encontrados por la expedición de Harvard en 1931-1932 fueron sacados de la roca con dinamita por el ayudante del director de la misión; un hombre conocido como «el maníaco», por el entusiasmo con el que utilizaba este explosivo.

 1 Algunos científicos creen que el *cronosaurio* se arrastraba hasta la playa para depositar sus huevos. Quizá los enterrara en la arena, como hacen las tortugas actuales.

Otra posibilidad es que el *cronosaurio* diera a luz a crías vivas debajo del agua. Se han encontrado fósiles de otros reptiles marinos, llamados *ictiosaurios*, que daban a luz así. **2**

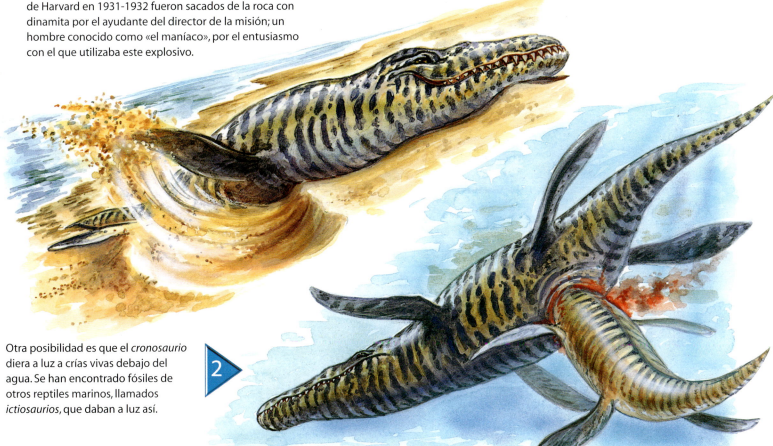

CRETÁCICO TEMPRANO HACE 144-99 MILLONES DE AÑOS

URANOSAURIO

VELA
Los largos huesos de la columna vertebral pueden haber soportado una «vela» para calentar y enfriar la sangre del animal.

COLA
La cola habría actuado como contrapeso si el animal se levantaba para alimentarse de las hojas más altas de los árboles.

MANDÍBULAS
El largo hocico estaba equipado con filas de dientes trituradores.

PICO
El borde afilado del pico estaba perfectamente diseñado para rasgar bocados de follaje.

PEZUÑAS
Unos mortíferos pinchos en los pulgares eran unas armas efectivas. El más pequeño de los cuatro dedos era lo bastante móvil como para ayudar a la hora de reunir comida.

PATAS TRASERAS
Las macizas patas traseras eran lo bastante fuertes como para soportar el peso del animal si éste se alzaba sobre ellas para coger hojas.

URANOSAURIO

Este grande y pesado dinosaurio herbívoro poseía unas poderosas mandíbulas, perfectas para arrancar y triturar hojas. Los restos fósiles demuestran que el *uranosaurio* tenía unas vértebras extralargas en el lomo. Algunos expertos creen que los huesos soportaban una vela alta que el reptil utilizaba para mantener una temperatura confortable. Al comienzo de la mañana, el animal podía calentarse colocando la vela frente al sol. La vela también podía tener un dibujo vistoso y ser lucida para atraer a potenciales compañeros de apareamiento.

El *uranosaurio* estaba armado con un par de mortíferos pinchos para defenderse de los depredadores carnívoros.

¿CÓMO ERA DE GRANDE?

DINODATOS

Longitud	Hasta 7 m	
Peso	Hasta 2 toneladas	
Dieta	Principalmente hojas y brotes	
Defensas	Fuertes pinchos en las patas anteriores	
Significado del nombre	«Lagarto valiente»	

Los restos de *uranosaurio* se han encontrado en las arenas del desierto del Sahara, en África. En la época en la que vivió este dinosaurio, hace 100 millones de años, la región era casi tan cálida como en la actualidad.

¿SABÍAS QUE...?

● *Uranosaurio* viene de la palabra *urano*. Así es como llaman las tribus nómadas del desierto del Sahara a los lagartos monitor de la zona.

● El cráneo del *uranosaurio* posee un par de bultos sobre la nariz que no poseen ninguna función evidente. Es posible que se trate de rasgos sexuales encontrados sólo en los machos y que todavía no se haya encontrado un cráneo de hembra.

● El *uranosaurio* vivió antes de que aparecieran las modernas plantas con flores, de modo que probablemente se alimentaría de plantas con follaje como las colas de caballo, ginkgos, cícadas, helechos y coníferas jóvenes.

Una vela brillante y con dibujos podía ser muy útil para un dinosaurio. Como si fuera un camaleón, el *uranosaurio* puede haber variado el diseño de la vela para disuadir a sus adversarios o impresionar a una pareja. También puede haber controlado su temperatura.

1

Algunos investigadores creen que las vértebras sujetaban una gran joroba. Ésta puede haber sido un depósito de grasa que ayudara al reptil a sobrevivir durante los períodos de escasez de comida.

2

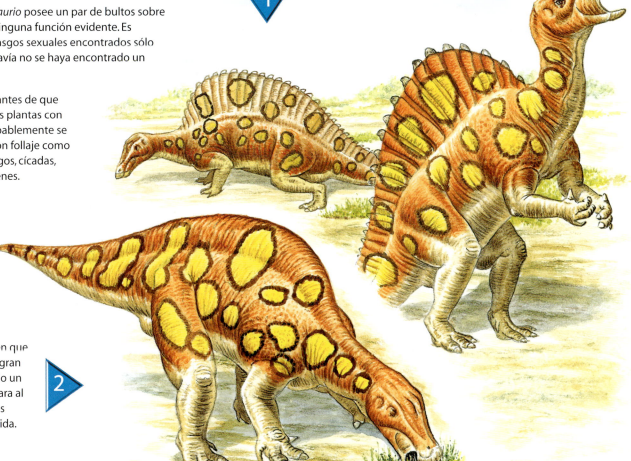

PSITACOSAURIO

CRETÁCICO TEMPRANO — HACE 144-99 MILLONES DE AÑOS

COLOR
Algunos expertos creen que el *psitacosaurio* confiaba en un ingenioso camuflaje para esconderse de los hambrientos dinosaurios carnívoros.

COLA
La bestia puede haberla utilizado como percha para equilibrarse cuando se alzaba sobre sus patas traseras.

PATAS ANTERIORES
Son lo bastante largas como para poder llevarse la comida a la boca con ellas.

PICO
Estaba formado de cuerno recubierto de hueso. La punta era un hueso rostral, un rasgo único de los dinosaurios cornudos.

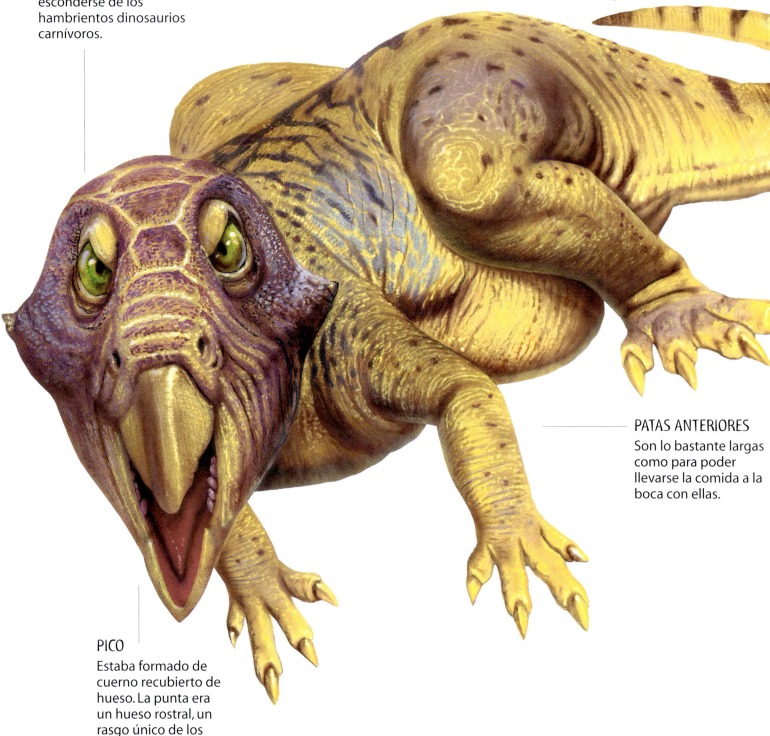

PSITACOSAURIO 95

Este terrorífico pero inofensivo animal vivió en gran número por todo el este de Asia. Tenía un afilado pico parecido al de un loro para desgarrar hojas y unos largos brazos con los que bajar las ramas. Debió de pasar la mayor parte de su horas de actividad masticando plantas, pues habría necesitado grandes cantidades para conseguir suficiente energía.

Los expertos creen que pudo haberse reunido en inmensos rebaños para disuadir a sus atacantes.

¿CÓMO ERA DE GRANDE?

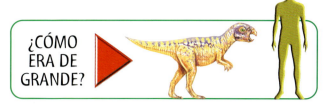

DINODATOS

Tamaño	Longitud en torno a los 2 m; altura en la cruz, 1 m; peso, 50 k
Dieta	Duras plantas de talla pequeña
Defensas	Un afilado y poderoso pico y posiblemente las típicas de una manada
Significado del nombre	«Lagarto loro»

El *psitacosaurio* fue un dinosaurio increíblemente exitoso, que forma hasta el 90 por ciento del registro fósil de algunas regiones de Mongolia. Sus restos fósiles también se han encontrado en varios lugares de China, así como en Tailandia y Rusia.

¿SABÍAS QUE...?

● El primer fósil de *psitacosaurio* fue encontrado en 1922 en la tercera expedición del Museo Norteamericano de Ciencias Naturales a Mongolia, siendo bautizado el año siguiente por el experto norteamericano Fairfield Osborn.

● Fue descubierto junto a los restos de otro dinosaurio, que Osborn pensó al principio que era bastante diferente. Finalmente, este segundo grupo de restos ha sido reclasificado como otro *psitacosaurio*.

● Algunos fósiles de *psitacosaurio* contienen guijarros suavemente pulidos, que demuestran que el dinosaurio se los tragaba deliberadamente para ayudarle a hacer la digestión. Del mismo modo, pájaros como las palomas y los periquitos actuales tragan arena para triturar la comida.

1 Tres adultos se dan un atracón bajo el cálido sol de Mongolia. Uno de los dinosaurios se levanta sobre sus patas traseras, baja una rama con los brazos y arranca mordisco tras mordisco de gruesas hojas. Otra de las bestias coge algunas piñas caídas y las parte para comerse su sabroso interior.

2 Habiendo terminado su banquete, el tercero de los *psitacosaurios* se agacha para tragarse varios guijarros que le ayuden a triturar la dura comida en el estómago.

PTERODAUSTRO

CRETÁCICO TEMPRANO — HACE 144-99 MILLONES DE AÑOS

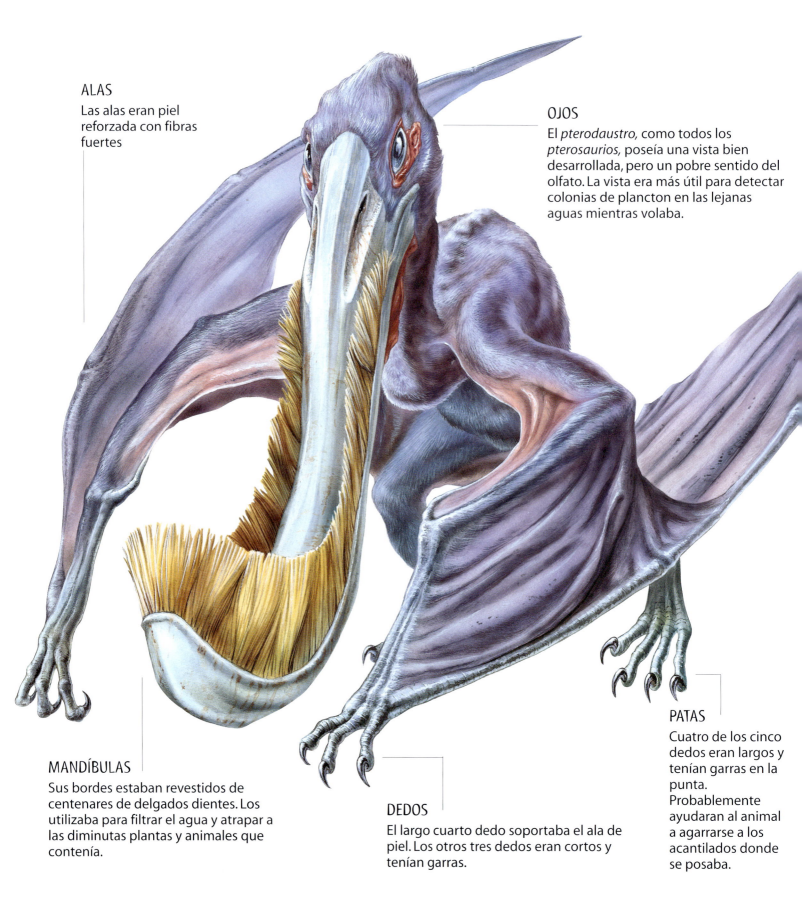

ALAS
Las alas eran piel reforzada con fibras fuertes

OJOS
El *pterodaustro*, como todos los *pterosaurios*, poseía una vista bien desarrollada, pero un pobre sentido del olfato. La vista era más útil para detectar colonias de plancton en las lejanas aguas mientras volaba.

MANDÍBULAS
Sus bordes estaban revestidos de centenares de delgados dientes. Los utilizaba para filtrar el agua y atrapar a las diminutas plantas y animales que contenía.

DEDOS
El largo cuarto dedo soportaba el ala de piel. Los otros tres dedos eran cortos y tenían garras.

PATAS
Cuatro de los cinco dedos eran largos y tenían garras en la punta. Probablemente ayudaran al animal a agarrarse a los acantilados donde se posaba.

PTERODAUSTRO

Las largas mandíbulas hacia arriba de esta criatura, uno de los más extraños reptiles voladores, estaban cubiertas por más de 500 delgados dientes curvos que eran ideales para filtrar comida del agua.

El *pterodaustro* patrulló los cielos de Sudamérica mientras inmensos dinosaurios deambulaban la tierra de debajo. Sus alas estaban formadas de una dura piel con la consistencia del cuero sujeta por el largo cuarto dedo.

Su sorprendente pico le permitía recoger grandes cantidades de plancton, las diminutas plantas y animales que, como ahora, llenaban los mares y lagos de la época.

¿CÓMO ERA DE GRANDE?

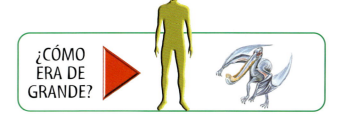

DINODATOS

Envergadura	Hasta 1'5 m	El *pterodaustro* fue el primer reptil volador prehistórico descubierto en Sudamérica. El experto en fósiles José Bonaparte encontró unos pocos huesos de *pterosaurio* en rocas de Argentina en 1970 y, posteriormente, un esqueleto completo pero aplastado. Restos similares han aparecido en Chile y en Francia huellas como las del *pterodaustro,* de modo que el reptil puede haber estado más extendido.
Longitud del cráneo	Unos 25 cm	
Dieta	Principalmente plancton de plantas y animales	
Significado del nombre	«Ala del sur»	

¿SABÍAS QUE...?

● Es posible que las alas de *pterodaustro* estuvieran infestadas de parásitos, que habrían chupado la sangre de los diminutos vasos sanguíneos que recorrían la fina membrana alar. El *pterodaustro* tendría que haberse pasado horas desparasitándose a sí mismo para librarse de ellos y mantener sus alas en perfectas condiciones de vuelo.

● José Bonaparte, el descubridor del *pterodaustro,* ha sido llamado el maestro del Mesozoico, debido al gran número de descubrimientos relativos a esta era geológica que ha realizado en Sudamérica.

● Cuando el zoólogo italiano Cosimo Collini vio el primer fósil de *pterodáctilo,* descubierto en el siglo XVIII, pensó que probablemente perteneciera a un animal marino; no obstante, expertos posteriores creyeron que pertenecía a un tipo primitivo de murciélago o lagarto planeador.

EL MOMENTO DE ALIMENTARSE

Un grupo de *pterodaustros* se está alimentando en las poco profundas aguas de un lago. Nubes de barro pasan por entre las patas de los reptiles mientras éstos patean para remover a las pequeñas criaturas que viven en el lecho del lago. Meten las mandíbulas inferiores en el agua y recogen la espesa mezcla.

CRETÁCICO TEMPRANO — HACE 144-99 MILLONES DE AÑOS

ESPINOSAURIO

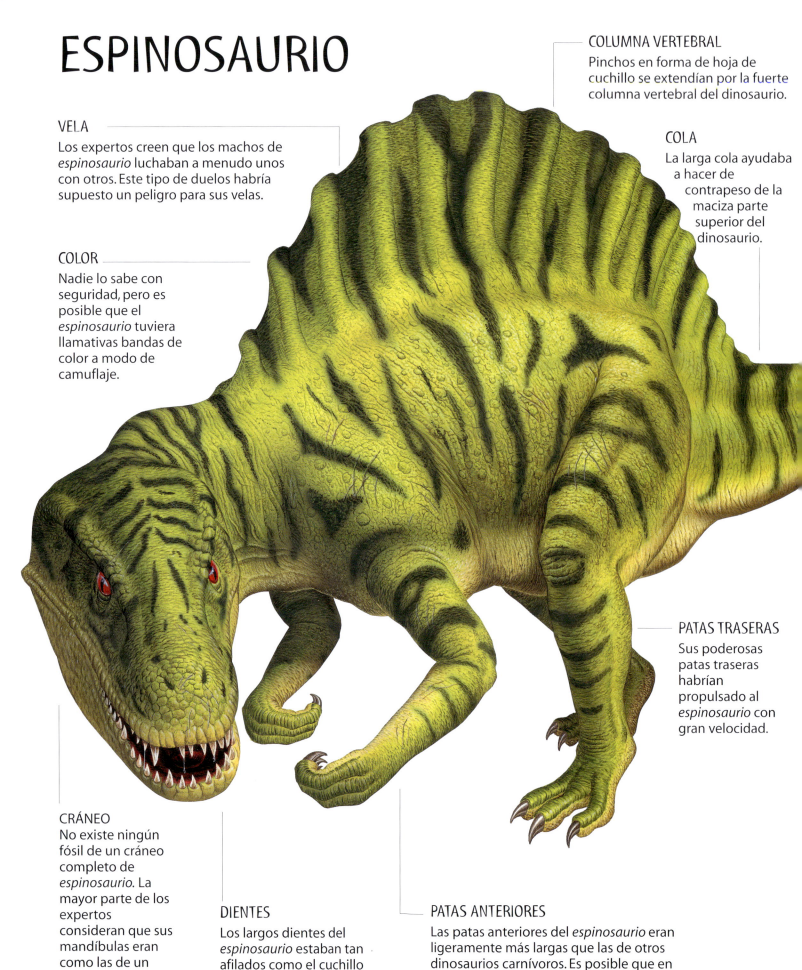

VELA
Los expertos creen que los machos de *espinosaurio* luchaban a menudo unos con otros. Este tipo de duelos habría supuesto un peligro para sus velas.

COLOR
Nadie lo sabe con seguridad, pero es posible que el *espinosaurio* tuviera llamativas bandas de color a modo de camuflaje.

COLUMNA VERTEBRAL
Pinchos en forma de hoja de cuchillo se extendían por la fuerte columna vertebral del dinosaurio.

COLA
La larga cola ayudaba a hacer de contrapeso de la maciza parte superior del dinosaurio.

PATAS TRASERAS
Sus poderosas patas traseras habrían propulsado al *espinosaurio* con gran velocidad.

CRÁNEO
No existe ningún fósil de un cráneo completo de *espinosaurio*. La mayor parte de los expertos consideran que sus mandíbulas eran como las de un cocodrilo.

DIENTES
Los largos dientes del *espinosaurio* estaban tan afilados como el cuchillo de un carnicero.

PATAS ANTERIORES
Las patas anteriores del *espinosaurio* eran ligeramente más largas que las de otros dinosaurios carnívoros. Es posible que en ocasiones la criatura caminara a cuatro patas.

ESPINOSAURIO

Uno de los dinosaurios carnívoros más grandes, el *espinosaurio*, era un poderoso depredador. Despedazaba a sus víctimas con sus inmensas mandíbulas como de cocodrilo y sus hileras de dientes afilados como agujas. Puede haber encontrado comida atacando a dinosaurios herbívoros, carroñeando o incluso comiéndose a los de su propia especie.

Los largos pinchos del lomo probablemente estuvieran recubiertos de piel, dándole al dinosaurio una vela de aspecto extraño. Ésta puede haber tenido muchos vasos sanguíneos que podrían haber ayudado al *espinosaurio* a entrar en actividad.

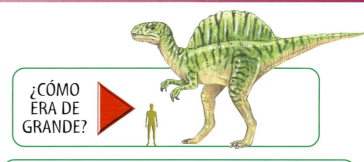

¿CÓMO ERA DE GRANDE?

DINODATOS

Longitud	Hasta 15 m
Peso	Hasta 4 toneladas
Pinchos	Hasta 1'8 m de largo
Armas	Largos dientes afilados y probablemente también garras
Dieta	Otros dinosaurios, vivos o muertos y probablemente también huevos de dinosaurios
Significado del nombre	«Lagarto espina»

Se han descubierto restos de *espinosaurio* por todo el norte de África, en las zonas que hoy conocemos como Egipto, Marruecos, Túnez y Níger. A medidos del Cretácico, cuando vivió el *espinosaurio*, eran llanuras inundables recubiertas de exuberantes bosques.

¿SABÍAS QUE...?

● En 1998 se encontraron en el desierto del Sahara los fósiles de otro dinosaurio estrechamente emparentado con el *espinosaurio*. Llamado *sucomimo*, esta criatura tenía mandíbulas largas y estrechas; pero, al contrario que el *espinosaurio*, en el lomo tenía una fila de pequeños pinchos en vez de una vela.

● Algunos expertos en dinosaurios piensan que la columna vertebral del *espinosaurio* soportaba una protuberancia de grasa, similar a la de los camellos actuales, en vez de una vela. La protuberancia habría ayudado a proteger al dinosaurio del calor de su tierra natal del norte de África, además de haber servido como vital reserva de energía en los tiempos en los que la comida era escasa.

Un *uranosaurio*, que era un herbívoro, no era contrincante para un *espinosaurio*. El pacífico herbívoro estaba casi indefenso contra las poderosas mandíbulas y afilados dientes del hambriento cazador.

1

2 Si el *espinosaurio* se encontraba por azar con un dinosaurio muerto, es probable que no hubiera perdido tiempo. Sus largas mandíbulas eran perfectas para escarbar en un cadáver.

3 Un *espinosaurio* hambriento no se hubiera sentido en absoluto culpable por robar en un nido lleno de huevos de *espinosaurio*. En varios bocados la bestia se hubiera apoderado de todas las crías y huevos que le hubieran cabido en el estómago.

CRETÁCICO TEMPRANO — HACE 144-99 MILLONES DE AÑOS

SUCOMIMO

CUERPO
El *sucomimo* probablemente cazara como un cocodrilo, pero su tipo de cuerpo se asemejaba más al de un cazador terrestre como el *tiranosaurio rey*.

COLA
La larga y fuerte cola era lo bastante poderosa como para propulsar al depredador por el agua en persecución de su presa.

VENTANAS DE LA NARIZ
Se encontraban en la parte superior del hocico, como las de un cocodrilo, lo que permitía al asesino permanecer oculto metido en el agua.

PATAS ANTERIORES
Las patas anteriores eran cortas, pero estaban terriblemente bien armadas. Cada dedo terminaba en una inmensa y curvada garra.

DIENTES
Los dientes del *sucomimo* eran perfectos para atrapar peces. Estaban muy apretados, creando una malla de la que ni los peces más escurridizos podían escaparse.

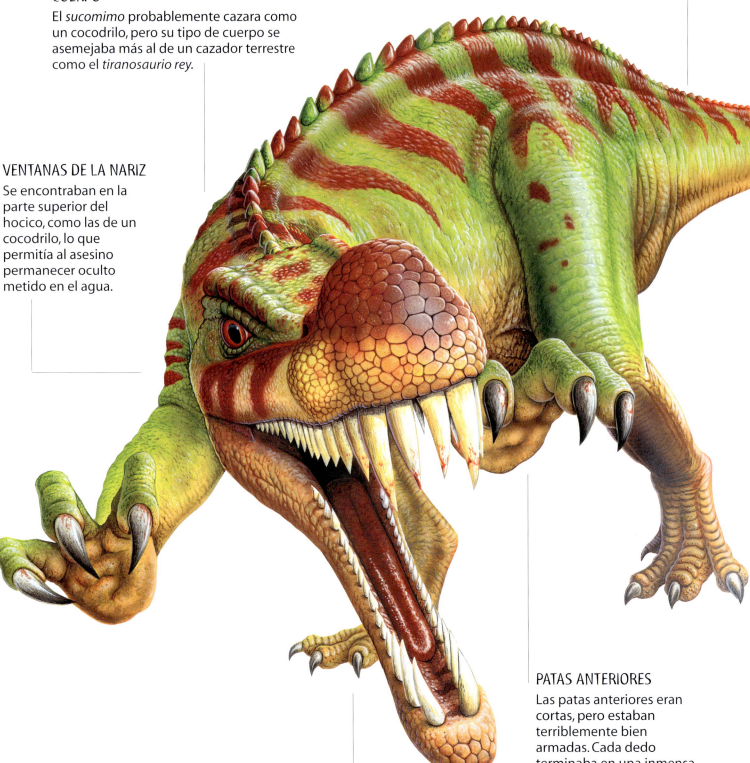

SUCOMIMO

Hace unos 100 millones de años, un dinosaurio asesino, armado con dientes como ganchos y unas garras aterradoras, sembró el pánico en las aguas de África, cazando al acecho a otros dinosaurios y a peces inmensos.

Es probable que el *sucomimo* caminara en el agua con sus patas traseras y empalara peces gigantes con las inmensas garras de sus dedos. También puede que se escondiera entre los juncos a la espera de que un dinosaurio se agachara para beber. De un único mordisco, sus poderosas mandíbulas habrían aplastado la carne y los huesos de su víctima.

El único ejemplar conocido no estaba plenamente desarrollado. De haber vivido, podría haber sido uno de los más grandes dinosaurios asesinos de todos los tiempos.

¿CÓMO ERA DE GRANDE?

DINODATOS

Tamaño	11 m de largo; 4 m de alto hasta la cadera	Los científicos encontraron el único ejemplar conocido de *sucomimo* en el sur del desierto del Sahara. El asesino probablemente pasara la mayor parte de su tiempo nadando o caminando por los ríos y ciénagas que hace 90 millones de años recubrían esta zona. No obstante, el *sucomimo* pudo haber estado muy extendido por toda África.
Dieta	Probablemente peces grandes y dinosaurios, vivos y muertos	
Significado del nombre	«Imitador del cocodrilo»	

Caminando por el agua, un gran *sucomimo* observa un cardumen de peces gordos y jugosos. Con un rápido latigazo de su mortífera garra, atrapa un pez y lo parte en dos.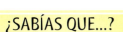

¿SABÍAS QUE...?

● El *sucomimo* era miembro de la familia de los *espinosáuridos*, que es uno de los grupos más exitosos de todos los depredadores terrestres, a los cuales podemos encontrar en África, Europa y Norteamérica.

● Los expertos en dinosaurios que encontraron el *sucomimo* pasaron más de dos meses buscando fósiles soportando el tremendo calor del desierto. Pero mereció la pena. Además del *sucomimo,* encontraron los restos de cocodrilos de 15 m de largo, peces gigantes e inmensos reptiles voladores.

● Los *sucomimos* tenían pinchos en el lomo que algunos expertos creen que estaban cubiertos de carne y formaban una «vela». Esta vela puede haber tenido colores brillantes para lucirlos durante el apareamiento o quizá para absorber los primeros rayos del sol por la mañana, de modo que la bestia de sangre caliente se hubiera calentado con rapidez para cazar a los todavía atontados herbívoros.

 Entonces aparece un macho joven, dispuesto a unirse al banquete. Furioso, el reptil más grande lanza un golpe contra la garganta de su rival. El joven sale corriendo mientras sangra su herida.

UTAHRAPTOR

CRETÁCICO TEMPRANO — HACE 144-99 MILLONES DE AÑOS

GARRA-HOZ
La marca característica de este dinosaurio era la garra asesina en forma de hoz que tenía en el segundo de los cuatro dedos de cada pezuña. Por lo general las mantenía levantadas, pero para matar las bajaba.

PATAS POSTERIORES
Las patas le proporcionaban la velocidad y la energía que necesitaba para soltar tajos con sus largas garras asesinas.

OJOS
Los grandes ojos ayudaban al *utahraptor* a acechar a su presa.

GARRAS DE LAS MANOS
Las tres largas garras en el extremo de cada dedo de las patas anteriores eran anchas, planas y afiladas, y podían infligir heridas cortantes, así como asegurar el agarre.

DIENTES
Las filas de dientes de bordes serrados estaban pensadas para cortar la carne. Dientes nuevos crecían para reemplazar a cualquiera que se hubiera roto durante el ataque.

CABEZA
La gran cabeza del *utahraptor* contenía el cráneo de mayor tamaño en proporción al cuerpo de cualquiera de los dinosaurios conocidos. Se trataba de un cazador muy inteligente.

UTAHRAPTOR

Uno de los más feroces dinosaurios carnívoros, esta bestia grande y de enormes garras era lo bastante rápida como para atrapar y devorar presas tanto grandes como pequeñas. El *utahraptor* corría como un velocista sobre sus grandes y fuertes patas traseras antes de saltar sobre su víctima. Entonces le lanzaría un tajo con sus fuertes garras retráctiles posteriores. Una poderosa mandíbula de dientes serrados le permitía arrancar pedazos de carne de sus víctimas. Los expertos creen que el *utahraptor* puede haber cazado en manada, utilizando su gran velocidad y astucia para atrapar a los aterrorizados animales.

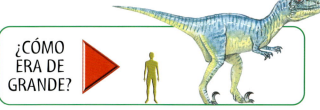

¿CÓMO ERA DE GRANDE?

DINODATOS

Longitud	5-7 m	Los científicos han encontrado todos los fósiles conocidos de *utahraptor* dentro y en los alrededores del parque nacional de Arches, en el este de Utah (EE.UU.). Ahora un desierto salvaje, hace 125 millones de años, cuando vivía el *utahraptor,* el área era una fértil sabana. La bestia probablemente cazara en una región que hoy día ocupan los estados de Arizona, Colorado y Utah.
Peso	500-1.000 k	
Presas	Dinosaurios herbívoros	
Armas	Garras para acuchillar de 25-35 cm	
Significado del nombre	«Ladrón de Utah»	

¿SABÍAS QUE...?

● Los primeros fósiles de *utahraptor* fueron desenterrados en 1991. Los sorprendidos científicos encontraron unos huesos y garras inmensos en una cantera cerca de Moab, en el este de Utah.

● El *utahraptor* iguala el tamaño del gigantesco *velociraptor* que aparece en la película *Parque Jurásico*. En el momento del estreno de la película, justo un año antes de que se descubriera al *utahraptor,* los científicos se habían burlado del inmenso dinosaurio que aparecía en la pantalla, diciendo que tenía el doble de tamaño que cualquier miembro conocido de la familia de los *dromeosáuridos*.

● En 1995, los científicos descubrieron en Madagascar el fósil de un pájaro primitivo con una garra retráctil en el segundo dedo de cada pezuña, igual que las del *utahraptor*. Este hallazgo refuerza la teoría de algunos expertos de que los pájaros descienden de los dinosaurios.

El final del animal es rápido, pero salvaje. Lanzando tajos con sus inmensas garras posteriores, los depredadores rajan el vientre del animal. Entonces se reúnen en torno a la bestia para darse un festín de carne fresca y sanguinolenta.

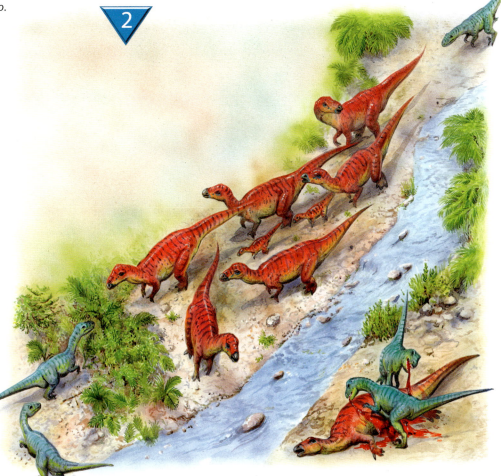

Una manada de *utahraptores* ha seguido durante días a una manada de *iguanodontes,* que pasta tranquila, buscando uno que esté debilitado por la edad o una enfermedad. Cuando deciden cuál será su objetivo, los asesinos rodean a la víctima en secreto. De forma repentina se lanzan al ataque contra la pobre bestia desde cuatro lados.

104 EL PERÍODO CRETÁCICO FINAL

EL PERÍODO CRETÁCICO FINAL

La segunda mitad del período Cretácico duró unos 65 millones de años y fue la gran era de los dinosaurios. Al final de este período, una gran extinción acabó para siempre con los dinosaurios.

Antes del período Cretácico, la Tierra tenía un aspecto bastante diferente al actual, pero esto no tardó en comenzar a cambiar. A finales del período Cretácico el clima comenzó a enfriarse y empezaron a formarse muchas de las grandes cadenas montañosas del mundo. Comenzaron a aparecer muchos tipos de insectos que hoy reconoceríamos, como las hormigas, las mariposas y las abejas.

También reconoceríamos a algunos de los grandes reptiles de la época. El inmenso *deinosuco* es sin duda un cocodrilo, aunque fuera el doble de grande que los actuales. Otros reptiles perdieron parte de su aspecto de dinosaurios. Los *mosasaurios*, por ejemplo, tenían grandes cabezas de dinosaurio y cuerpos parecidos al de los peces. No todos los reptiles cambiaron tanto. Después de todo, estamos en la era de dinosaurios como el *tiranosaurio rey*, el aterrador asesino de afilados dientes como puñales.

Los dinosaurios dominaron el mundo de finales del Cretácico, pero su era fue casi el final. Hace unos 65 millones de años hubo una extinción en masa y millones de criaturas murieron. Entre ellas estaban los dinosaurios. Habían habitado la Tierra durante unos 165 millones de años, pero su momento había terminado.

CARNOTAURO

OJOS
Los ojos del dinosaurio miraban hacia delante para darle a la criatura una «visión binocular», que le ayudaba a juzgar las distancias; una habilidad muy útil para un cazador activo.

CUERNOS
Estaban formados por gruesas capas de cuerno y hueso sólido. Sólo el hueso fosiliza.

PIEL
La gruesa piel de la criatura estaba recubierta con filas de tachones y escamas, probablemente para protegerse de los rivales.

COLA
La fuerte cola habría hecho de contrapeso de la pesada parte frontal del cuerpo del dinosaurio mientras éste corría.

MANDÍBULAS
Las mandíbulas del *carnotauro* contaban con dientes delgados y curvos de 4 cm de largo. Para los expertos en fósiles, la mandíbula inferior parece demasiado estrecha y débil como para pertenecer a un dinosaurio carnívoro.

PATAS TRASERAS
Las poderosas patas traseras habrían desplazado al asesino con velocidad.

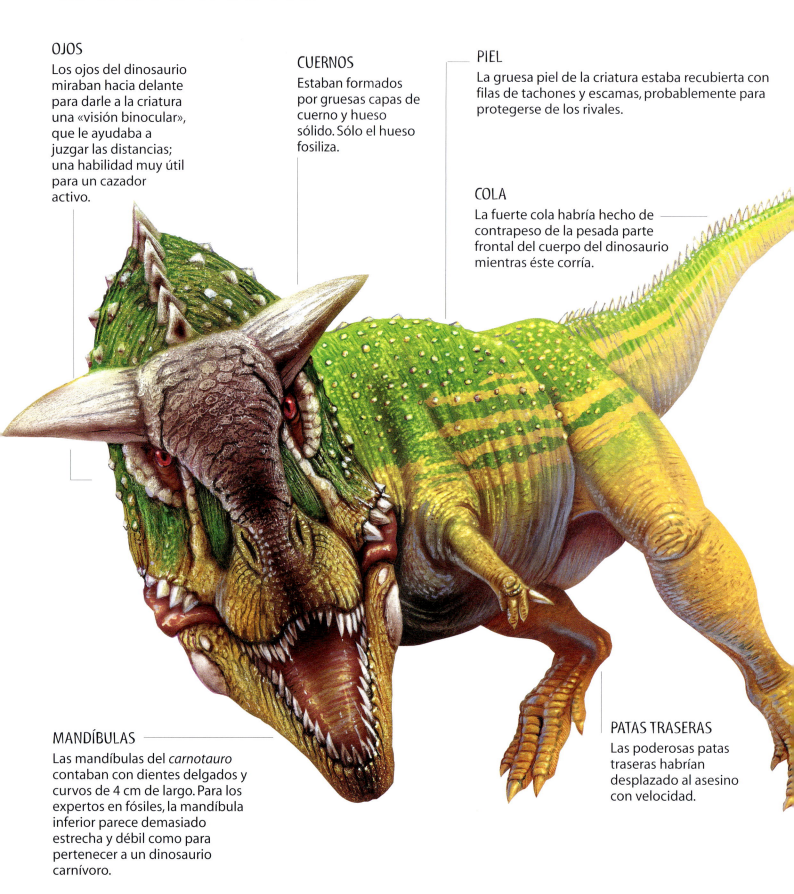

CARNOTAURO 107

El *carnotauro* era un asesino cornudo que antaño merodeó por las llanuras de Sudamérica. Con sus agudos ojos y mortíferos dientes y garras estaba bien equipado para cazar a sus víctimas. La gruesa piel del animal estaba recubierta de duras escamas y tachuelas, que pueden haberle ayudado a protegerse de sus rivales.

Los rasgos más sorprendentes del *carnotauro* eran su cabeza de aspecto sólido y sus cuernos como de vaca. Estos últimos pueden haber sido utilizados por los machos en luchas a cabezazos.

Nadie sabe cómo se reproducía este dinosaurio. Quizá dejaba que sus crías salieran del huevo solas o quizá las cuidaba con atención.

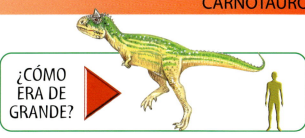

DINODATOS

Longitud	Hasta 7'5 m	
Peso	Cerca de una tonelada	
Dieta	Dinosaurios más pequeños, vivos o muertos	
Armas	Dientes y garras afilados	
Significado del nombre	«Toro carnívoro»	

En 1985, un equipo dirigido por el conocido experto argentino en dinosaurios José Bonaparte descubrió un esqueleto casi completo de *carnotauro* en la Patagonia argentina (Sudamérica). Los restos del *carnotauro* estaban tan bien conservados que había impresiones de la piel en partes del cuerpo. Desde entonces los cazadores de fósiles han encontrado un segundo ejemplar de *carnotauro* bien conservado en la misma región.

¿SABÍAS QUE...?

● Se cree que el *carnotauro* pertenece a la familia *Abelisauridae* de los dinosaurios. Estos grandes carnívoros se desplazaban todos sobre sus patas traseras y poseían unas grandes y poderosas cabezas. Varios de ellos tenían cuernos. Todos los *abelisaurios* han aparecido hasta el momento en Sudamérica, África e India. Cuando los dinosaurios vivían, India estaba situada al sur del ecuador.

● Además de sus demás extraños rasgos, que tanto han desconcertado a los expertos, las vértebras de algunos *carnotauros* poseen unas extrañas protuberancias en forma de ala que no aparecen en ningún otro dinosaurio. Los expertos en fósiles no saben cuál puede haber sido su función.

● Los *carnotauros* aparecen en la película *El mundo perdido. Parque jurásico II* (1997). En esta película de ciencia ficción, el dinosaurio es capaz de conseguir unos extraordinarios cambios de color, como si fuera un camaleón.

 Un *carnotauro* macho amontona tierra para formar un montículo de escasa altura. Un hembra con la que se apareó hace pocos días no tarda en llegar para depositar los huevos en el nido. Luego siguen su ejemplo otras, que añaden los suyos al montón; mientras tanto, el macho va cubriendo cada puesta con helechos para mantenerlos calientes.

El macho no deja de vigilar su preciosa nidada, añadiendo más helechos a la puesta de sol, cuando la temperatura del aire empieza a descender. Una vez que su prole ha nacido, continúa guardándolos. Al principio, los jóvenes dinosaurios asesinos se quedan detrás mientras su padre va de caza. El gran macho arrastra su presa hasta el nido para que los hambrientos jóvenes se alimenten.

Cuando las chillonas crías se han comido su parte, siguen a su padre mientras éste los guía hasta el agua para beber. Cuando sean más grandes le acompañarán en sus salidas de caza, para ver cómo lo hace y aprender a conseguir comida por ellos mismos.

DEINOQUEIRO

CRETÁCICO FINAL — HACE 99-65 MILLONES DE AÑOS

ZARPA
Las inmensas garras del *deinoqueiro* pueden haber tenido varias funciones, como armas o como herramientas. Algunos expertos creen que el *deinoqueiro* abría con ellas termiteros para comerse los insectos que vivían dentro, igual que hace el oso hormiguero actualmente.

ANTEBRAZOS
Unos largos y poderosos antebrazos pueden haber permitido al *deinoqueiro* agarrar las ramas de los árboles y alimentarse con sus hojas.

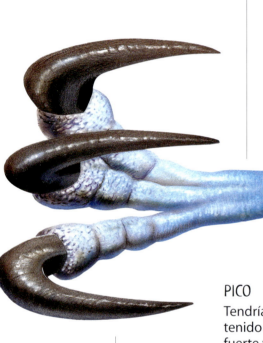

PICO
Tendría que haber tenido un pico fuerte y afilado, ideal para limpiar de hojas las ramas de los árboles… o desgarrar carne.

GARRAS
El *deinoqueiro* podía haber acuchillado a su presa, causándole un daño mortal con un simple tajo de sus zarpas. Las aterradoras garras, cortando el aire como si fueran guadañas, habrían sido unas armas formidables.

GARRAS
Las inmensas patas probablemente tuvieran tres dedos separados. Las afiladas garras de los dedos pueden haber sido armas adicionales para rajar.

EXTREMIDADES
El *deinoqueiro* habría caminado erguido, de modo que para sostener su peso, las patas tenían que ser enormes, con músculos poderosos y huesos como columnas.

COLA
La larga y pesada cola habría servido para hacer de contrapeso de la cabeza, cuello y extremidades anteriores cuando la bestia corría por el suelo.

DEINOQUEIRO 109

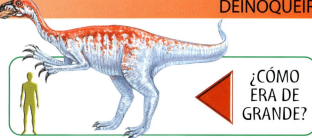

¿CÓMO ERA DE GRANDE?

Todo lo que se ha encontrado de este descomunal dinosaurio son dos brazos con unas inmensas garras, de modo que los científicos sólo pueden especular sobre cuál era el aspecto del resto del cuerpo.

Algunos expertos creen que el *deinoqueiro* se alimentaba de las hojas de los árboles, utilizando sus poderosos antebrazos para arrancar las ramas. Otros creen que se alimentaba de carne, viva o muerta, utilizando sus garras como cuchillos para cortar grandes pedazos de carne.

DINODATOS

Longitud	Posiblemente 6-10 m
Peso	Posiblemente 7-10 toneladas
Dieta	Posiblemente vegetación, como hojas; puede haber comido animales, vivos o muertos
Significado del nombre	«Mano terrible»

Los brazos del *Deinocheirus mirificus* fueron encontrados en Ömnögovi, en el sur de Mongolia. Esta región es una auténtica mina de fósiles, como el *gallimimo*, un dinosaurio parecido a un avestruz que se cree que estaba emparentado con el *deinoqueiro*. Los cazadores de fósiles también han desenterrado aquí los brazos con inmensas garras de un dinosaurio llamado *therizinosaurio*, del que también faltaba el cuerpo.

¿SABÍAS QUE...?

● La piel del *deinoqueiro* puede haber estado recubierta de escamas, como la de un lagarto. El dinosaurio puede haber tenido un color que le permitiera camuflarse de sus enemigos o bien tan brillante como para atraer hembras para aparearse o disuadir a sus enemigos.

● La principal amenaza del *deinoqueiro* habría sido el dinosaurio carnívoro *tarbosaurio*, un pariente asiático del *tiranosaurio rey*.

● Algunos expertos creen que el *deinoqueiro* de hecho vivía en los árboles, como el perezoso sudamericano. Algunos investigadores han reconstruido incluso el dinosaurio como un gigantesco trepador de árboles gracias a sus fornidos brazos. Sin embargo, el *deinoqueiro* habría necesitado un árbol gigante que soportara su peso. Una comparación más adecuada habría sido el perezoso gigante, un herbívoro que no trepaba y vivió hace un millón de años aproximadamente.

Un terrible *segnosaurio* salta desde su escondrijo y sorprende al *deinoqueiro* mientras éste se alimenta. El herbívoro permanece firme y, con un solo golpe, hace que el atacante se tambalee mientras expulsa sangre por la mortal herida de la cabeza.

Tras agarrar una rama con sus grandes dedos, el *deinoqueiro* tira de ella hacia abajo mientras comienza a alimentarse de las suculentas hojas jóvenes.

110 CRETÁCICO FINAL   HACE 99-65 MILLONES DE AÑOS

DEINOSUCO

MANDÍBULAS
Anchas, largas y movidas por unos músculos que se unían muy atrás en el cráneo, le permitían abrir la boca muchísimo.

ESCAMAS
Unas pesadas escamas protectoras sobre unas placas óseas le proporcionaban una coraza en el lomo y la cola.

COLA
Para nadar furtivamente en el agua, el *deinosuco* movía lentamente la cola de lado a lado, en busca de su siguiente presa.

CUERPO
El *deinosuco* no sólo era terriblemente largo, sino también corpulento, con una cabeza pesada y un cuello muy reforzado.

DIENTES
Las mandíbulas estaban armadas con filas de afilados dientes, capaces de atravesar la carne de los dinosaurios.

EXTREMIDADES
Probablemente fueran cortas y fuertes, para empujar hacia delante al animal cuando atacaba.

DEINOSUCO

El *deinosuco* era un cocodrilo con unas mandíbulas inmensas; el de mayor tamaño que nunca acechara en las marismas del mundo. Esta gigantesca máquina de matar prehistórica acechaba en las marismas y ciénagas de Norteamérica hace más de 65 millones de años. Con unas mandíbulas tan largas como el cuerpo de un hombre, podría haberse enfrentado con facilidad a dinosaurios de varias toneladas de peso. Resulta sencillo imaginarse a esta bestia aterradora arrastrando a un dinosaurio de gran tamaño hacia el agua para ahogarlo y luego arrancarle grandes bocados de carne y hueso.

Hasta el momento, sólo se han descubierto partes de esta bestia. Los científicos han calculado su tamaño a partir de un cráneo completo descubierto en Texas.

¿CÓMO ERA DE GRANDE?

DINODATOS

Longitud	12-15 m, incluidas las mandíbulas, de 1'8 m
Peso	5 toneladas
Presas	Animales grandes, incluidos dinosaurios
Significado del nombre	«Cocodrilo terrible»

El *deinosuco* vivió a finales del período Cretácico, en las marismas y pantanos que cubrían gran parte de lo que hoy es Norteamérica. Los cazadores de fósiles han encontrado restos parciales de este poderoso cocodrilo prehistórico en Montana y Texas.

Escondido bajo la superficie del agua, el *deinosuco* salta hacia un gran dinosaurio de pico de pato que se alimenta a la orilla del agua. En el momento en que el pico de pato siente el peligro, el cocodrilo gigante sale como una explosión del agua, cierra sus terribles mandíbulas en torno al cuello del dinosaurio y arrastra a su víctima hacia el agua. Tras debatirse sumergido, el pico de pato se ahoga y el cocodrilo puede comenzar su sangriento festín.

¿SABÍAS QUE...?

● El *deinosuco* pertenecía a un linaje de reptiles de tipo cocodrilo que pueden haber compartido el mismo tipo básico de cuerpo desde el final del Jurásico (hace unos 150 millones de años) hasta la época actual.

● Al igual que muchos cocodrilos actuales, el *deinosuco* probablemente se tragara piedras como lastre para contrarrestar la flotabilidad de su cuerpo y ayudarle a permanecer sumergido cuando acechaba a una presa.

● El *deinosuco* se conoce a veces con el nombre alternativo de *fobosuco* o «cocodrilo aterrador».

● Basándose en cuidadosos estudios de sus escamas —contando sus líneas de crecimiento, como los anillos de los árboles—, los expertos consideran que el *deinosuco* tardaba 35 años en alcanzar la edad adulta.

EDMONTONIA

CABEZA
Unas macizas placas de hueso recubrían el cráneo para darle una protección extra, formando un casco natural. Los pequeños ojos estaban protegidos por protuberancias óseas encima de ellos.

CORAZA
La piel de la cabeza, cuello, lomo, patas y cola era gruesa y correosa. Estaba incrustada de placas óseas, tachuelas y pinchos, que le ofrecían protección contra sus enemigos; pero también permitían que la piel se doblara mientras el *edmontonia* se movía. Sólo el vientre carecía de coraza corporal.

COLA
Al igual que el cuerpo, la cola está tachonada como defensa.

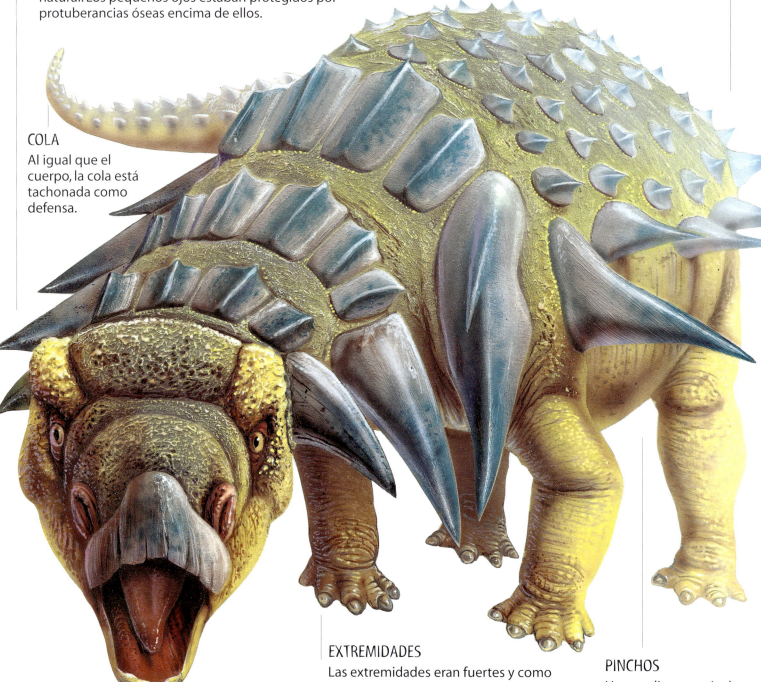

MANDÍBULAS
El dinosaurio tenía unos pocos y sencillos dientes en forma de hoja para morder plantas blandas con la parte posterior de las mandíbulas; la parte anterior de las dos mandíbulas formaba un pico desdentado recubierto de cuerno.

EXTREMIDADES
Las extremidades eran fuertes y como columnas, para soportar el gran peso del cuerpo. Las patas anteriores eran más cortas que las posteriores, de modo que el *edmontonia* caminaba con las caderas por encima de los hombros y con la cabeza cerca del suelo. Esto le ayudaba a alimentarse de vegetación de talla pequeña.

PINCHOS
Unos peligrosos pinchos de punta afilada protegían el cuello y los costados del *edmontonia* de los ataques laterales de los depredadores.

EDMONTONIA

Mientras la era de los dinosaurios iba llegando a su fin, Norteamérica se convirtió en el terreno de juego de varios dinosaurios herbívoros con una pesada coraza. Entre ellos estaba el *edmontonia*. Construido como si fuera un tanque y con unos intestinos largos para procesar inmensas cantidades de follaje, el *edmontonia* debe de haberse movido con mucha lentitud; pero tenía poco que temer de los depredadores, porque su colosal tamaño e impresionante coraza corporal eran suficientes para disuadir a la mayor parte de los atacantes. Un lomo tachonado convertía a este dinosaurio en una fortaleza inexpugnable. Cualquier depredador lo bastante insensato como para intentar arrancar un pedazo de *edmontonia* corría el riesgo de partirse un diente o de empalarse en un pincho.

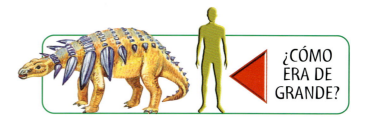

¿CÓMO ERA DE GRANDE?

DINODATOS

Longitud	Unos 7 m
Altura	Unos 1'5 m
Peso	Casi 3 toneladas
Dieta	Helechos y otras plantas
Significado del nombre	«De Edmonton», del nombre de una formación rocosa del Canadá.

Los fósiles de *edmontonia* han aparecido en yacimientos de la región del río Red Deer, en Alberta (Canadá). Otros fósiles encontrados en Montana, Dakota del Sur y Texas (EE.UU.), pueden pertenecer a *edmontonia*, pero por ahora los científicos no pueden decirlo con seguridad.

¿SABÍAS QUE...?

● Los restos de *edmontonia* fueron encontrados por George Paterson, un conductor de la expedición de la Geological Survey of Canada a Alberta.

● El *edmontonia* fue uno de los últimos dinosaurios que vivieron sobre la Tierra. Sobrevivió hasta hace unos 65 millones de años, la fecha que señaló el final de los dinosaurios.

● El *edmontonia* puede haber tenido grandes bolsas en las mejillas para almacenar masas de comida convertida en pulpa, que digeriría después.

● En 1977, los científicos encontraron el primer dinosaurio fósil australiano. *Minmi* era un anquilosaurio (dinosaurio acorazado) y, por lo tanto, primo del *edmontonia*. Igual de emocionante fue el primer dinosaurio encontrado en la Antártida en 1988; de nuevo se trató de un anquilosaurio.

El *albertosaurio* es como una versión reducida, pero igual de despiadada, del *tiranosaurio rey*. Mientras corre contra el *edmontonia* con las mandíbulas abiertas, el corpulento herbívoro tiene aspecto relajado. Es demasiado lento para correr, de modo que tiene que quedarse a esperar el ataque.

1

El *albertosaurio* se acerca para matarlo y el *edmontonia* se agacha para proteger su blando vientre, pero en el último momento, justo cuando parece que el final estaba llegando, se levanta para empalar a su enemigo con un largo pincho lateral.

2

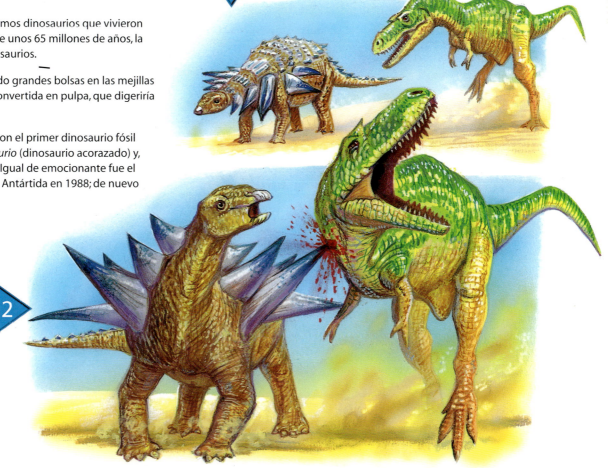

114 CRETÁCICO FINAL   HACE 99-65 MILLONES DE AÑOS

EUPLOCÉFALO

CUERNOS
Unos cortos cuernos detrás de la cabeza y a lo largo del lomo repelían los mordiscos y garras de los depredadores.

COLA
Unos tendones óseos reforzaban el final de la cola, absorbiendo los golpes que daba la robusta maza de la punta.

CABEZA
Unas pesadas placas de hueso fusionado formaban una dura carcasa en torno a la cabeza del dinosaurio... incluso los ojos tenían unas contraventanas óseas.

PATAS
Eran robustas, cortas y ligeramente más largas en la parte trasera, lo que inclinaba la nariz del dinosaurio al suelo, hacia las plantas de talla pequeña que eran su alimento.

MANDÍBULAS
El *euplocéfalo* comía hojas y liquen con su pico desdentado y los masticaba con los pequeños dientes irregulares de la parte posterior de las mandíbulas.

PIEL
Gruesas placas de hueso dispuestas sobre una piel correosa recubrían todo el cuerpo del dinosaurio, excepto el vientre. Entre ellas había nódulos óseos más pequeños, que continuaban entre las patas y la cola.

PEZUÑAS
Anchas, planas y con uñas óseas, soportaban el peso del cuerpo acorazado del dinosaurio mientras éste caminaba.

EUPLOCÉFALO

Este dinosaurio herbívoro acorazado contaba con un arma terrible, una inmensa bola de hueso en la cola, que podía machacar huesos con un solo y poderoso golpe bien dirigido, dejando tullido de por vida a su atacante.

Gruesas placas de hueso recubrían la cabeza del *euplocéfalo*, mientras que bandas de pinchos y nódulos óseos protegían el resto del cuerpo, dándole aspecto de tanque. Incluso los párpados era óseos y cuando había peligro se cerraban para proteger a los vulnerables ojos.

A pesar de su pesada y maciza coraza, el *euplocéfalo* era bastante ágil y hubiera sido capaz de lanzarse a un trote o de esquivar y girar para evitar a un depredador como el *tiranosaurio rey*.

¿CÓMO ERA DE GRANDE?

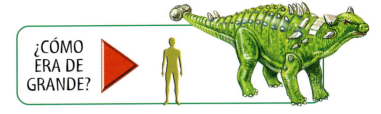

DINODATOS

Longitud	6 m	A finales del Cretácico, el *euplocéfalo* era uno de los dinosaurios acorazados más abundantes del oeste de Norteamérica. Lawrence Lambe descubrió los primeros fósiles en 1902, en Alberta (Canadá). Desde entonces se han encontrado más de 40 ejemplares más.
Peso	Unas 2 toneladas	
Dieta	Plantas de talla pequeña	
Defensas	Maza con cola y coraza de placas	
Significado del nombre	«Cabeza bien acorazada»	

Se da la vuelta con rapidez para ofrecerle la espalda al asesino y se agacha sobre el suelo para proteger su blando vientre, dando latigazos adelante y atrás con la cola, que tiene la punta recubierta de hueso. El depredador da vueltas en torno a su supuesta víctima, con la esperanza de poner boca arriba al *euplocéfalo*, pero éste sigue defendiéndose. Finalmente se lanza al ataque frustrado y el *euplocéfalo* le alcanza con un buen golpe en el hocico. Su atacante retrocede, sangrando mucho.

2

Mientras el *euplocéfalo* come las hojas de un bosque de helechos, su sensible olfato detecta el peligro. Se da la vuelta para ver a su mayor enemigo, un *Tiranosaurio* que sale de entre los árboles.

1

¿SABÍAS QUE...?

● Al principio, Lawrence Lambe llamó a este dinosaurio *estereocéfalo* o «cabeza gemela»; pero cuando se dio cuenta de que el nombre ya había sido utilizado para un insecto, lo bautizó *euplocéfalo*.

● La robusta cola en forma de maza del *euplocéfalo* pesaba hasta 30 k, lo mismo que 60 botes grandes de mermelada.

● Es muy probable que el *euplocéfalo* tuviera una cámara de fermentación en el estómago, igual que las vacas actuales, para ayudarle a digerir las duras fibras vegetales. Y, al igual que una vaca, seguramente dejara escapar grandes cantidades de gases.

● Las fuertes patas del *euplocéfalo* estaban colocadas bajo su cuerpo, de una forma más parecida a la de un mamífero que a la de un reptil.

GALLIMIMO

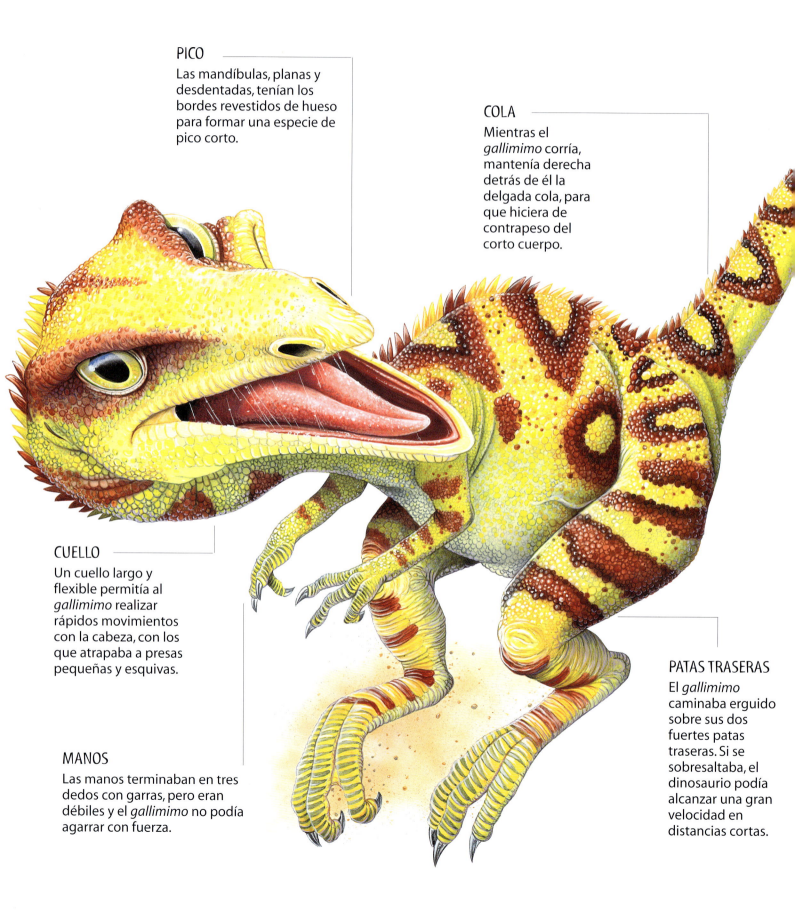

PICO
Las mandíbulas, planas y desdentadas, tenían los bordes revestidos de hueso para formar una especie de pico corto.

COLA
Mientras el *gallimimo* corría, mantenía derecha detrás de él la delgada cola, para que hiciera de contrapeso del corto cuerpo.

CUELLO
Un cuello largo y flexible permitía al *gallimimo* realizar rápidos movimientos con la cabeza, con los que atrapaba a presas pequeñas y esquivas.

MANOS
Las manos terminaban en tres dedos con garras, pero eran débiles y el *gallimimo* no podía agarrar con fuerza.

PATAS TRASERAS
El *gallimimo* caminaba erguido sobre sus dos fuertes patas traseras. Si se sobresaltaba, el dinosaurio podía alcanzar una gran velocidad en distancias cortas.

GALLIMIMO

Ágil y de patas largas, el *gallimimo* era un dinosaurio que corría con la velocidad de un atleta olímpico. Pocos depredadores podrían haber atrapado a esta bestia con aspecto de pájaro cuando salía corriendo. El *gallimimo* era medio pájaro, medio lagarto, con una cola larga y rígida, patas como las de un avestruz y un pico desdentado. Trotando sobre sus patas posteriores, atrapaba pequeñas criaturas como lagartos y quizá incluso huevos enterrados de otros dinosaurios, en una incesante búsqueda de comida.

¿CÓMO ERA DE GRANDE?

DINODATOS

Longitud	5'6 m
Altura	3 m en la cabeza; 2 m en la cadera
Peso	250 k
Velocidad	Hasta 100 km/h
Dieta	Plantas, insectos, huevos y pequeños vertebrados como lagartos
Significado del nombre	«Remedo de pájaro»

El *gallimimo* fue descubierto por un equipo de científicos rusos en 1972 en Bayshin Tsav, en el sureste de Mongolia. Después de este primer hallazgo, en yacimientos cercanos se han encontrado otros esqueletos parciales.

¿SABÍAS QUE...?

● A pesar de que antes era poco conocido, el *gallimimo* se hizo famoso en 1993, cuando apareció como un rebaño en estampida en la película *Parque Jurásico*.

● El *gallimimo* era uno de los más abundantes miembros de un grupo de dinosaurios llamados *ornitomimosaurios*, que significa «lagartos que parecen pájaros». Los primeros *ornitomimosaurios* tenían dientes, pero a finales del período Cretácico sólo quedaban las formas desdentadas.

● Cuando vivía el *gallimimo*, el nivel del mar en el mundo era mucho más alto que en la actualidad y China, Mongolia y la mitad oriental de Rusia formaban una isla gigante.

1 Alejado de la manada, un *gallimimo* adulto descubre el nido de un dinosaurio *saicania*. Los huevos son una excelente fuente de proteínas para el carroñero. Rebuscando en el suelo con sus patas anteriores, el *gallimimo* deja al descubierto el nido y coge un huevo con la boca.

2 Rompiendo cada huevo con el pico, el *gallimimo* se traga el pegajoso contenido; pero no tarda en detectar movimiento en la lejanía.

3 Un depredador más grande se dirige hacia el saqueado nido. Incapaz de correr el riesgo de un enfrentamiento, el *gallimimo* agarra un último huevo con el pico y se marcha a toda velocidad con grandes zancadas.

HESPERORNIS

CRETÁCICO FINAL   HACE 99-65 MILLONES DE AÑOS

OJOS
Pueden haber estado adaptados para una buena visión acuática, dando al pájaro una pobre visión fuera de ella.

PLUMAS
¿Quién sabe de qué color serían? La mayor parte de los pájaros tienen un plumaje graso impermeable; pero no los cormoranes, para facilitar la inmersión, de modo que quizá tampoco el *hesperornis*.

ALAS
El pájaro habría utilizado sus cortas alas como timones para realizar cambios repentinos y veloces de dirección cuando perseguía a una presa.

PICO
Era largo y delgado, lo que daba al *hesperornis* un punto más de alcance para atrapar peces y calamares.

DIENTES
Al contrario que los pájaros modernos, el *hesperornis* tenía dientes, muchos. Una vez atrapado en sus fauces, un pez no habría tenido escapatoria.

LENGUA
Una larga y estrecha lengua habría ayudado al pájaro a tragarse cabeza abajo a los peces mientras se retorcían.

PEZUÑAS
La mayoría de expertos coinciden en que el *hesperornis* tenía pezuñas palmeadas, como los modernos pájaros que bucean. Las afiladas garras le habrían proporcionado un buen agarre en las costas resbaladizas.

COLA
La corta cola habría ayudado al pájaro a retorcerse y girar bajo el agua con gran precisión.

HESPERORNIS

Cerca del final de la era de los dinosaurios, los poco profundos mares interiores de Norteamérica fueron testigos de la aparición de un nuevo terror. Esta vez el cazador no era un reptil, sino un gigantesco pájaro comedor de peces, que se sentía tan a gusto dentro del agua como sus presas.

El *hesperornis* era un depredador que no volaba; era parecido al cormorán moderno, excepto en que era tan grande como un hombre.

Patrullaba las aguas costeras en busca de peces y calamares, atrapándolos con un pico perfilado con afilados dientes. Su cuerpo en forma de torpedo y sus poderosas patas lo convertían en un experto nadador, que podía atrapar a cualquier presa, excepto a las más rápidas.

¿CÓMO ERA DE GRANDE?

DINODATOS

Longitud	1'5 m
Presas	Pescado, calamares y otros mamíferos marinos
Armas	Un sanguinario y largo pico dotado de dientes afilados como agujas
Significado del nomrbe	«Majestuoso pájaro occidental»

Se han encontrado huesos fosilizados de *hesperornis* desde Arkansas hasta el Ártico canadiense y son relativamente abundantes. Esto se debe a que el *hesperornis* tenía unos huesos relativamente densos, como otros pájaros que bucean. La mayor parte de los pájaros tienen huesos parcialmente huecos, para ser tan ligeros como sea posible para poder volar. Estos huesos raras veces sobreviven como fósiles.

¿SABÍAS QUE...?

● Algunos pájaros buceadores modernos son capaces de pasarse hasta ocho minutos bajo el agua y alcanzar profundidades de hasta 75 m. Es muy probable que el *hesperornis,* mucho más grande y poderoso, sobrepasara estas marcas.

● Los científicos creen que el *hesperornis* se pasaba la mayor parte de su vida en el mar. En tierra habría sido vulnerable a los depredadores, al anadear sin poder volar. Es probable que sólo se dirigiera a la costa para criar.

● El ornitólogo (experto en pájaros) norteamericano Pierce Brodkorb cree que desde el momento en que apareció la primera de ellas sobre la Tierra, ha habido entre 1'5 y 2 millones de especies de aves. En la actualidad hay unas 9.000 especies.

Un día tranquilo, un *hesperornis* nada tranquilo en busca de peces o calamares. El pájaro se ve momentáneamente distraído por un *pteranodonte,* gran reptil volador especializado en atrapar peces en la superficie, pero éste no tarda en perderse en la lejanía. **1**

De repente, el *hesperornis* ve un sabroso calamar a gran profundidad. El pajaro se sumerge en busca de la criatura, impulsándose dentro del agua con grandes patadas. Abriendo del todo el pico, el pez se apodera del calamar y luego sale disparado hacia la superficie para tragarse a su presa. **2**

LAMBEOSAURIO

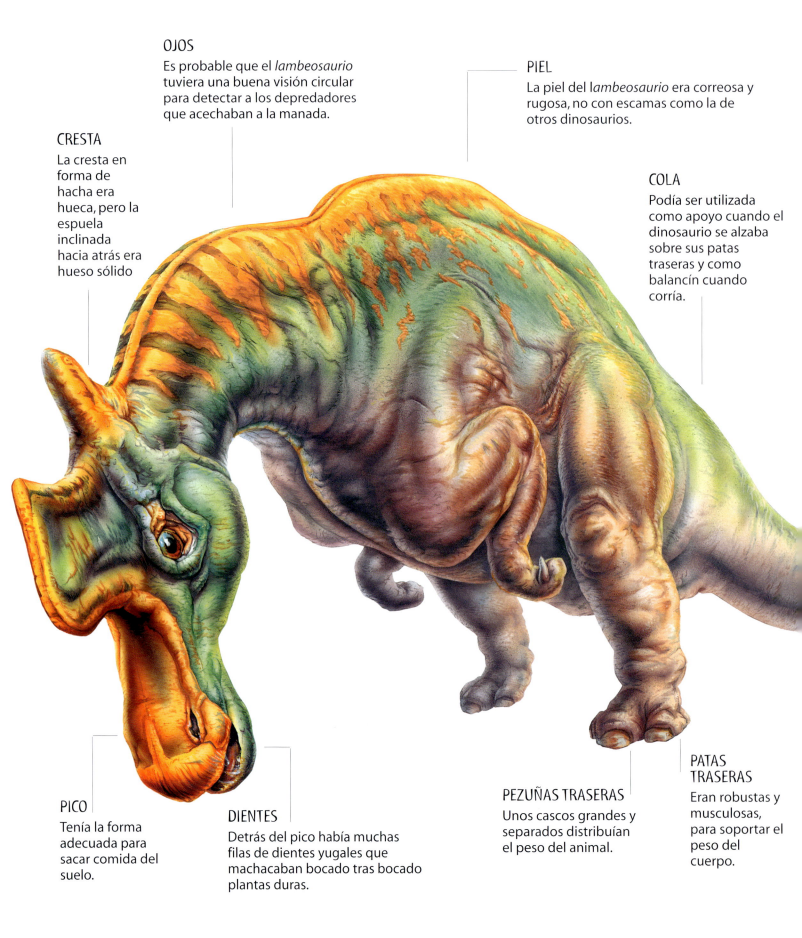

OJOS
Es probable que el *lambeosaurio* tuviera una buena visión circular para detectar a los depredadores que acechaban a la manada.

PIEL
La piel del *lambeosaurio* era correosa y rugosa, no con escamas como la de otros dinosaurios.

CRESTA
La cresta en forma de hacha era hueca, pero la espuela inclinada hacia atrás era hueso sólido

COLA
Podía ser utilizada como apoyo cuando el dinosaurio se alzaba sobre sus patas traseras y como balancín cuando corría.

PICO
Tenía la forma adecuada para sacar comida del suelo.

DIENTES
Detrás del pico había muchas filas de dientes yugales que machacaban bocado tras bocado plantas duras.

PEZUÑAS TRASERAS
Unos cascos grandes y separados distribuían el peso del animal.

PATAS TRASERAS
Eran robustas y musculosas, para soportar el peso del cuerpo.

LAMBEOSAURIO 121

El *lambeosaurio* fue uno de los últimos dinosaurios y vagó por Norteamérica en vastos rebaños hace unos 70 millones de años. Era un fornido dinosaurio con pico de pato que generalmente caminaba a cuatro patas, pero que podía haber salido corriendo a toda velocidad sobre sus patas posteriores para escapar de un rival o un enemigo.

El *lambeosaurio* tenía una cabeza particular, pues de la parte superior de su cráneo sobresalían dos estructuras que formaban una cresta en forma de hacha. El propósito de ésta no está claro, pero los científicos creen que puede haber servido como cámara de resonancia para que el dinosaurio pudiera realizar llamadas muy sonoras.

¿CÓMO ERA DE GRANDE?

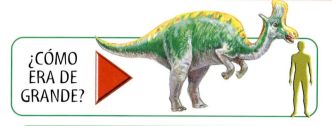

DINODATOS

LONGITUD	9-15 m, dependiendo de la especie	
PESO	Hasta 7 toneladas	
DIETA	Plantas	
SIGNIFICADO DEL NOMBRE	«Lagarto de Lambe», de Charles Lambe, uno de los primeros cazadores canadienses de dinosaurios.	Se han encontrado tres tipos diferentes de especies de *lambeosaurio,* cada uno con una cresta distinta y en diferentes lugares: Alberta (Canadá), Baja California (México) y Montana (EE.UU.).

¿SABÍAS QUE...?

● El *lambeosaurio* vivió junto a al menos otros nueve tipos de dinosaurios de pico de pato de tamaño similar. Había bastante comida para todos, pues la aparición de las plantas con flores en el Cretácico aumentó notablemente la cantidad de vegetación de la Tierra.

● Los restos fósiles del *lambeosaurio,* de diferentes tamaños, demuestran que la cresta del dinosaurio crecía según el animal se iba haciendo más viejo.

● Las duras ramitas y hojas que comía el *lambeosaurio* eran molidas lentamente con sus dientes yugales. Cuando un grupo de dientes se desgastaba, era reemplazado por otro. Los dientes de los elefantes son parecidos. El elefante africano puede reemplazar sus dientes una docena de veces. Cuando desaparece su último grupo, se muere de hambre. Quizá le sucediera lo mismo a los pico de pato como el *lambeosaurio.*

Una horda de *lambeosaurios* intenta cruzar un río profundo y de fuerte corriente. Aunque los dinosaurios están acostumbrados a atravesar cursos de agua, no nadan muy bien contra una corriente tan fuerte, sobre todo si el río está recibiendo una riada.

La mayoría consigue cruzar, pero no todos. Algunos de los viejos y los jóvenes son demasiado débiles y son arrastrados corriente abajo, ahogándose. Otros resultan atrapados por unos antepasados de los cocodrilos actuales, que estaban al acecho y se habían reunido en este punto para darse un festín.

LIBONECTES

CUELLO
El largo cuello estaba formado por 62 huesos y representaba casi la mitad de la longitud total del reptil. Gran parte del cuello era muy flexible, pero en la base era más rígido. Esto probablemente ayudara al *libonectes* a mantener su forma cuando se movía deprisa.

PIEL
Habría sido lisa, como la de la parte inferior de un barco, para ayudar a la bestia a deslizarse por el mar con más facilidad.

CUERPO
El reptil tragaba rocas, muy probablemente para ayudarle a estabilizar su cuerpo dentro del agua.

OJOS
Sus grandes ojos le habrían dado al *libonectes* una buena visión para detectar presas y juzgar las distancias.

ALETAS
Las cuatro musculosas aletas impulsaban al reptil con rapidez dentro del agua. También pueden haber servido como timones para dirigir el cuerpo.

DIENTES
Cada mandíbula tenía 36 dientes, largos, afilados y curvados hacia afuera. Los dientes se habrían encajado como los barrotes de una jaula para atrapar dentro a los peces.

LIBONECTES

Esta bestia de aspecto sorprendente, con su largo cuello y mueca dentada nadó antaño por los mares prehistóricos. Cualquier presa al alcance de sus letales mandíbulas tenía pocas esperanzas de escapar.

El *libonectes* era miembro de la familia de los *elasmosaurios*. Son reptiles marinos con cuellos muy largos, poderosas aletas en forma de remo y cuerpos aerodinámicos. El *libonectes* estaba perfectamente adaptado a la vida en el océano y habría sido capaz de nadar a gran velocidad en persecución de los peces y calamares que seguramente constituían gran parte de su dieta. Sus filas de dientes interconectados habrían atrapado con facilidad a pequeñas criaturas marinas.

¿CÓMO ERA DE GRANDE?

DINODATOS

Longitud	7-14 m
Peso	5-8 toneladas
Presas	Principalmente peces y calamares
Estilo de vida	Desconocido
Significado del nombre	«Submarinista del suroeste»

Se han encontrado restos fósiles de *libonectes* en Texas y Kansas, en los Estados Unidos. El reptil nadaba en los mares tropicales que allí existían hace 75 millones de años. Se han encontrado restos de otros miembros de la familia de los *elasmosaurios* por todo el mundo.

¿SABÍAS QUE…?

● Hace tiempo se pensaba que los *elasmosaurios* ponían sus huevos en la playa, después de haberse impulsado fuera del agua como las tortugas. Pero recientes investigaciones demuestran que la forma y peso de su cuerpo hacía esa maniobra imposible. Quizá dieran a luz a crías vivas, como hacen los delfines y otros mamíferos marinos actuales.

● El *libonectes* era muy selectivo con las piedras que se tragaba, llegando en ocasiones a nadar 300 km para encontrar el tipo que prefería; por lo general, una forma extradura de roca ígnea.

● Sabemos que los *elasmosaurios* eran presa de asesinos como el *mosasaurio*, porque se han encontrado cráneos de *elasmosaurios* aplastados y con marcas de dientes de estos grandes y feroces depredadores.

Los expertos creyeron en tiempos que el *libonectes* sacaba su largo cuerpo fuera del agua para caer desde lo alto sobre los peces y los calamares. No obstante, después de estudiar los huesos del cuello, los científicos especializados en fósiles creen ahora que eso es imposible.

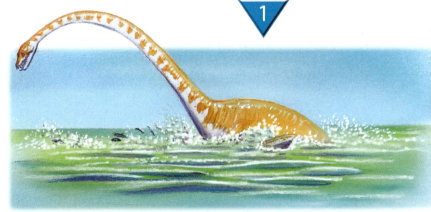

1

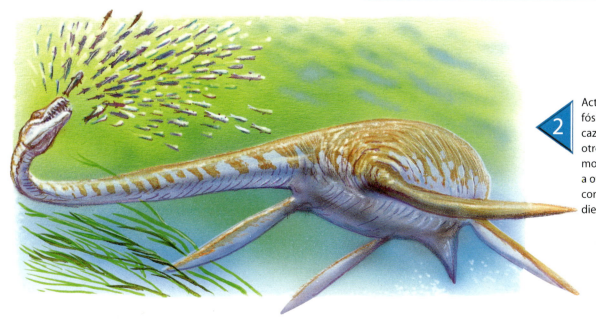

2 Actualmente, los expertos en fósiles piensan que el reptil cazaba cardúmenes de peces y otros animales dentro del agua, moviendo la cabeza de un lado a otro para atrapar a sus presas con sus mandíbulas repletas de dientes.

124 CRETÁCICO FINAL   HACE 99-65 MILLONES DE AÑOS

MAIASAURIO

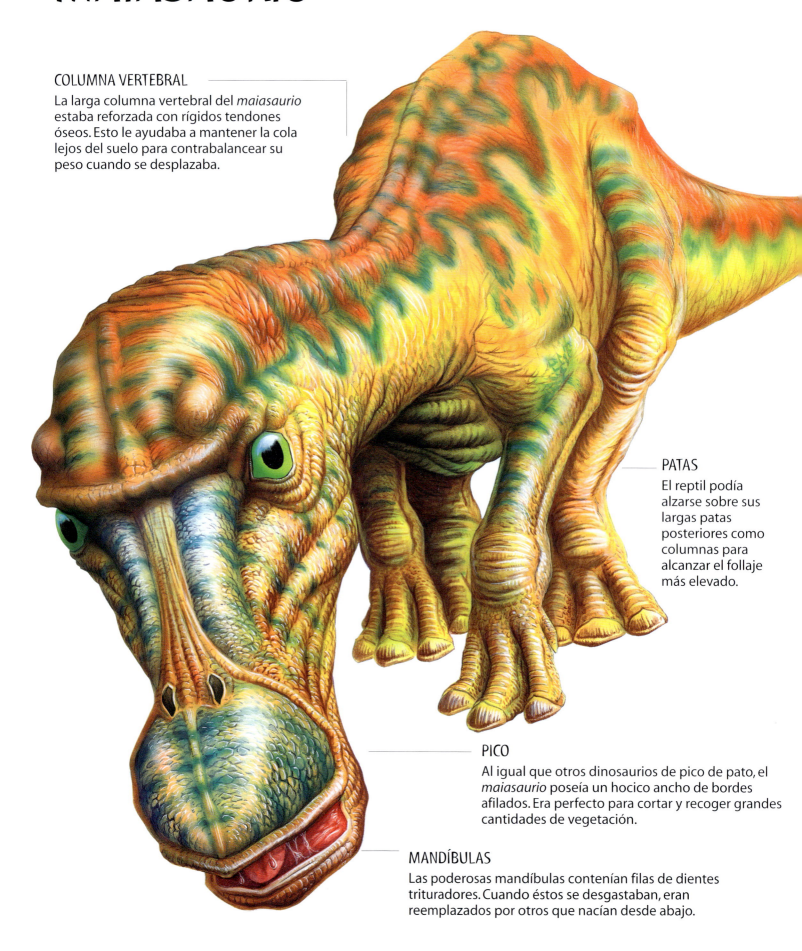

COLUMNA VERTEBRAL
La larga columna vertebral del *maiasaurio* estaba reforzada con rígidos tendones óseos. Esto le ayudaba a mantener la cola lejos del suelo para contrabalancear su peso cuando se desplazaba.

PATAS
El reptil podía alzarse sobre sus largas patas posteriores como columnas para alcanzar el follaje más elevado.

PICO
Al igual que otros dinosaurios de pico de pato, el *maiasaurio* poseía un hocico ancho de bordes afilados. Era perfecto para cortar y recoger grandes cantidades de vegetación.

MANDÍBULAS
Las poderosas mandíbulas contenían filas de dientes trituradores. Cuando éstos se desgastaban, eran reemplazados por otros que nacían desde abajo.

MAIASAURIO

Hace ochenta millones de años, enormes rebaños de grandes dinosaurios de pico de pato vagaban por las llanuras de Norteamérica y se reunían en grandes colonias para procrear y poner sus huevos. Los expertos se vieron obligados a cambiar su modo de pensar sobre los dinosaurios cuando descubrieron que el *maiasaurio* construía nidos donde alimentaba y protegía a sus crías, igual que los pájaros modernos.

Se han encontrado grandes cantidades de fósiles de *maiasaurio*. Sólo en un yacimiento se encontraron los restos de 10.000 de estos herbívoros, muertos por la erupción de un volcán.

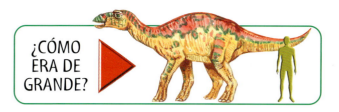

¿CÓMO ERA DE GRANDE?

DINODATOS

Tamaño	Hasta 9 m de longitud; con un peso de hasta 3 toneladas.
Dieta	Hojas y tallos de plantas como helechos y cícadas
Huevos	Los depositan en nidos formando colonias
Significado del nombre	«Lagarto buena madre»

Los restos de *maiasaurio* han aparecido en la parte occidental de Montana, cerca de las Montañas Rocosas. Cuando hace 80 millones de años vivía el *maiasaurio*, esta región era una fértil llanura costera al borde de un inmenso océano que antaño cubrió lo que ahora son las praderas norteamericanas.

¿SABÍAS QUE...?

● Los huevos de *maiasaurio* sólo tenían 20 cm de altura, pero en el nido las crías alcanzaban un tamaño de un metro. Las crías de estos herbívoros nómadas no habrían permanecido en el nido más de un mes aproximadamente, pues la manada se habría terminado comiendo toda la vegetación local. Para haber podido crecer tanto y tan rápido, es probable que fueran de «sangre caliente» —capaces de generar su propio calor corporal—, como los mamíferos y los pájaros, y no de «sangre fría», como los modernos reptiles, que crecen con lentitud.

● El cráneo de *maiasaurio* poseía un reborde óseo que puede haber soportado una cresta coloreada. De ser así, el macho puede haberla utilizado para lucirse durante el cortejo, como la cresta de un gallo.

● En una sola fosa común, los científicos encontraron 4.500 fragmentos de hueso de *maiasaurio*, y minuciosamente los recompusieron todos.

Mientras patrulla los bordes de una atareada colonia de anidamiento de *maiasaurios*, un pequeño *trodonte* no deja de vigilar los nidos que puedan haber quedado sin protección por parte de sus progenitores. Se da cuenta de que un grupo de adultos se ha desplazado para recoger comida para sus crías. **1**

Aprovechando la oportunidad, el ladrón se lanza, agarra una cría y corre para devorar con tranquilidad a la indefensa criatura. **2**

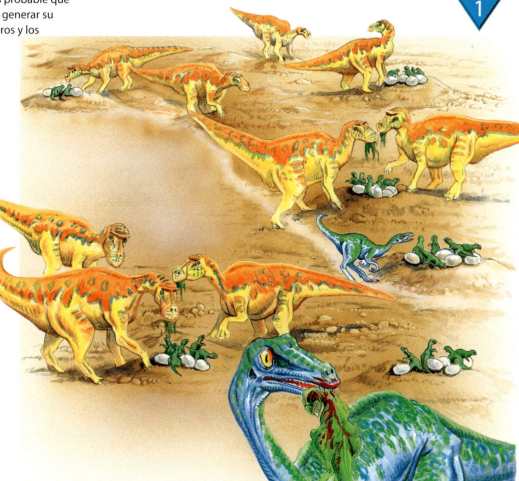

CRETÁCICO FINAL HACE 99-65 MILLONES DE AÑOS

MONONICO

CUELLO
El largo y flexible cuello habría permitido al *mononico* alcanzar insectos y lagartos que zigzaguearan o se escondían en las grietas y rincones.

PLUMAS
Es probable que el *mononico* estuviera recubierto con plumas parecidas a pelos, para mantener el cuerpo caliente durante la noche.

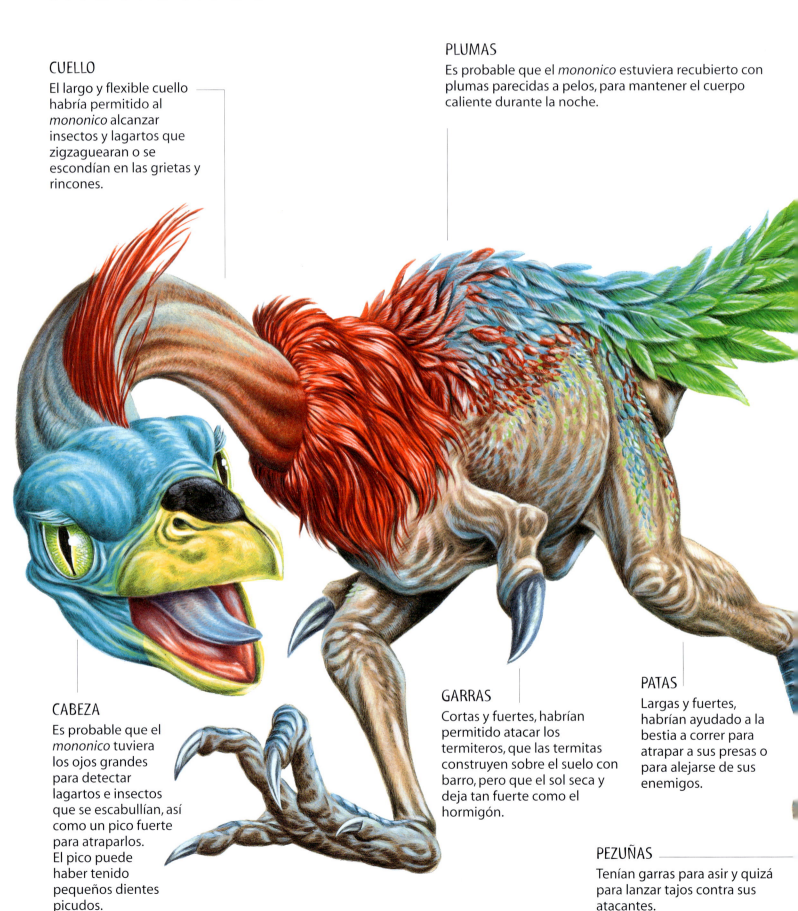

CABEZA
Es probable que el *mononico* tuviera los ojos grandes para detectar lagartos e insectos que se escabullían, así como un pico fuerte para atraparlos. El pico puede haber tenido pequeños dientes picudos.

GARRAS
Cortas y fuertes, habrían permitido atacar los termiteros, que las termitas construyen sobre el suelo con barro, pero que el sol seca y deja tan fuerte como el hormigón.

PATAS
Largas y fuertes, habrían ayudado a la bestia a correr para atrapar a sus presas o para alejarse de sus enemigos.

PEZUÑAS
Tenían garras para asir y quizá para lanzar tajos contra sus atacantes.

MONONICO

El *mononico* era un cazador veloz que corría con sus largas y poderosas patas, alimentándose de lagartos, insectos y pequeños mamíferos que atrapaba con su pico.

El *mononico* parecía un cruce entre dinosaurio y pájaro. Tenía el cuello y la cola largos típicos de un dinosaurio, pero otros de sus rasgos sugieren que evolucionó a partir de un antiguo pájaro volador. También tenía dos cortos «brazos» que han intrigado a los científicos, que no han podido imaginar para qué servían.

Ahora los expertos creen que el *mononico* evolucionó a partir de un pájaro que podía volar, pero se adaptó a una vida con patas donde unas extremidades de avestruz para correr eran más útiles que las alas. Con el tiempo sus alas se convirtieron en pequeños «brazos».

¿CÓMO ERA DE GRANDE?

DINODATOS

Longitud	Cerca de 1 m desde la punta del hocico con pico hasta el extremo de la larga cola	
Dieta	Probablemente insectos, lagartos y pequeños mamíferos, y quizá algunas plantas	Se han encontrado cuatro ejemplares incompletos de *mononico* en la región de Bugin Tsav, en el desierto del Gobi, al sur de Mongolia. Sus huesos estaban conservados en arena, lo que sugiere que murieron como consecuencia de una tormenta de arena o el colapso de una duna.
Significado del nombre	«Garra única»	

¿SABÍAS QUE?

● Actualmente los expertos ubican al *mononico* en una familia de tempranos pájaros no voladores llamada *álvarezsaurios*, que contienen especímenes similares del Cretácico final encontrados en Argentina.

● Algunos científicos han sugerido que el *mononico* llevó una existencia parecida a la de un topo en su madriguera, pero aunque sus «brazos» parecían bien preparados para escarbar, sus largas piernas no le hubieran permitido excavar túneles.

● El primer espécimen de *mononico* fue encontrado en 1923 por una expedición encabezada por el cazador de fósiles estadounidense Roy Chapman Andreus. Pero los huesos estuvieron sin clasificar y sin estudiar en el Museo de Historia Natural de Nueva York hasta 1993, cuando los miembros de otra expedición estadounidense descubrieron otros tres especímenes.

Rápido y con buena vista, el *mononico* agarra un sabroso lagarto del suelo y lo suelta, todavía retorciéndose, delante de su fascinada cría.

Mientras el aturdido lagarto escapa, una cría de *mononico* sale en su persecución y, tras varios intentos torpes, consigue atrapar a la criatura.

Poco tiempo después, la cría es lo bastante grande como para alimentarse por sí misma y el adulto la expulsa para que delimite su propio territorio. A partir de ahora, el joven *mononico* está solo.

128 CRETÁCICO FINAL   HACE 99-65 MILLONES DE AÑOS

MOSASAURIO

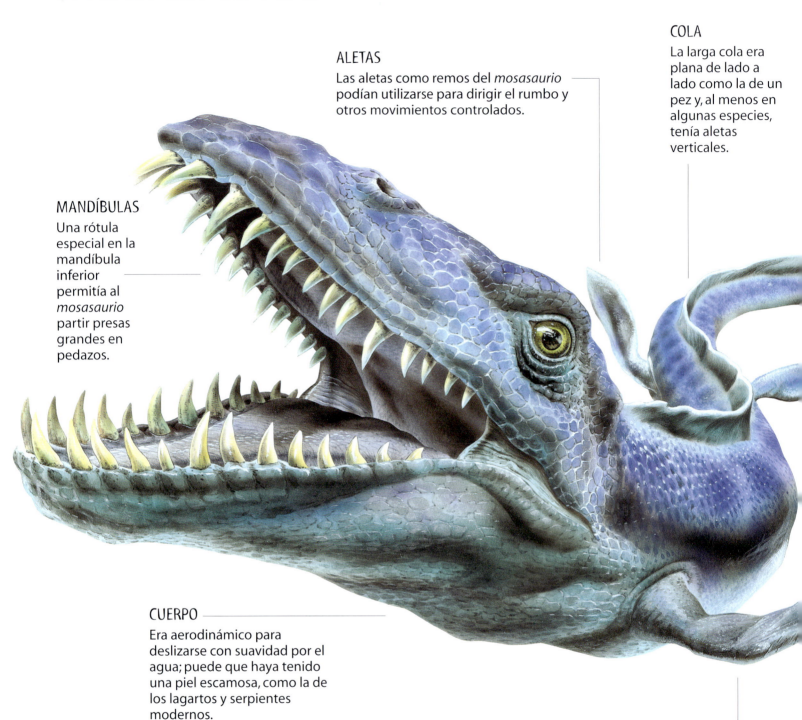

ALETAS
Las aletas como remos del *mosasaurio* podían utilizarse para dirigir el rumbo y otros movimientos controlados.

COLA
La larga cola era plana de lado a lado como la de un pez y, al menos en algunas especies, tenía aletas verticales.

MANDÍBULAS
Una rótula especial en la mandíbula inferior permitía al *mosasaurio* partir presas grandes en pedazos.

CUERPO
Era aerodinámico para deslizarse con suavidad por el agua; puede que haya tenido una piel escamosa, como la de los lagartos y serpientes modernos.

EXTREMIDADES ANTERIORES
Estas aletas eran útiles para maniobras delicadas en el agua. Eran más grandes que las aletas posteriores.

MOSASAURIO

Cuando hace decenas de millones de años el nivel del agua subió, mares poco profundos invadieron tierra firme. En sus soleadas aguas nadaban los lagartos de mayor tamaño que haya habido nunca, los *mosasaurios*.

Con sus grandes mandíbulas con afilados dientes, los *mosasaurios* fueron los más mortíferos depredadores del mar en sus tiempos. Cazaban peces, calamares e incluso *mosasaurios* más pequeños. Nadaban tras sus víctimas como hacen hoy los cocodrilos, con sus poderosas aletas y con su larga y aplanada cola realizando movimientos de lado a lado.

Sus competidores en los mares prehistóricos incluían a los veloces nadadores que eran los *ictiosaurios* y a los poderosos *pliosaurios*.

¿CÓMO ERA DE GRANDE?

DINODATOS

LONGITUD	4-10 m
PESO	Hasta 1 tonelada
PRESAS	Pescado, calamares, crustáceos, grandes reptiles marinos y otros *mosasaurios*
SIGNIFICADO DEL NOMBRE	«Lagarto de Mosa», según el nombre del río holandés en el que se encontraron los primeros fósiles de *mosasaurios*

Se han encontrado restos fósiles de *mosasaurio* en todo el mundo. El mapa muestra los mares continentales poco profundos donde eran los reyes. Desde entonces el nivel de los océanos ha descendido y estos mares se han convertido en zonas de tierra firme.

¿SABÍAS QUE...?

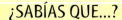

● Los primeros restos de *mosasaurio* fueron encontrados en una mina holandesa en el siglo XVIII. Su nombre científico, *Mosasaurus hoffmanni,* honra al Dr. Hoffman, el científico que pagó a los mineros para que extrajeran el fósil de la roca y lo sacaran a la superficie.

● Dientes y esqueletos de *mosasaurio* alcanzan altos precios entre los coleccionistas privados de fósiles. Son especialmente populares en Asia, por su imaginario parecido con los dientes de dragón.

● Hoy día, sólo unos pocos tipos de reptiles pueden encontrarse en los mares, incluidas las tortugas marinas, las serpientes de mar y el cocodrilo de agua salada.

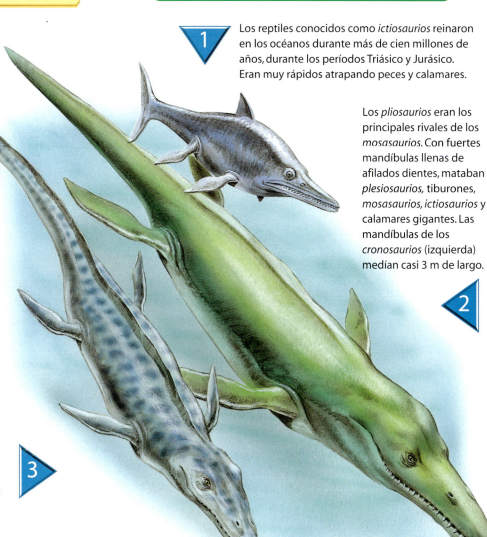

1 Los reptiles conocidos como *ictiosaurios* reinaron en los océanos durante más de cien millones de años, durante los períodos Triásico y Jurásico. Eran muy rápidos atrapando peces y calamares.

2 Los *pliosaurios* eran los principales rivales de los *mosasaurios*. Con fuertes mandíbulas llenas de afilados dientes, mataban *plesiosaurios,* tiburones, *mosasaurios, ictiosaurios* y calamares gigantes. Las mandíbulas de los *cronosaurios* (izquierda) medían casi 3 m de largo.

3 Hace unos 85 millones de años, los *mosasaurios* se habían convertido en los principales depredadores de los mares poco profundos del mundo. Aunque otros reptiles marinos, como cocodrilos gigantes y *plesiosaurios* eran igual de grandes, ninguno tuvo tanto éxito como los *mosasaurios*.

OVIRRAPTOR

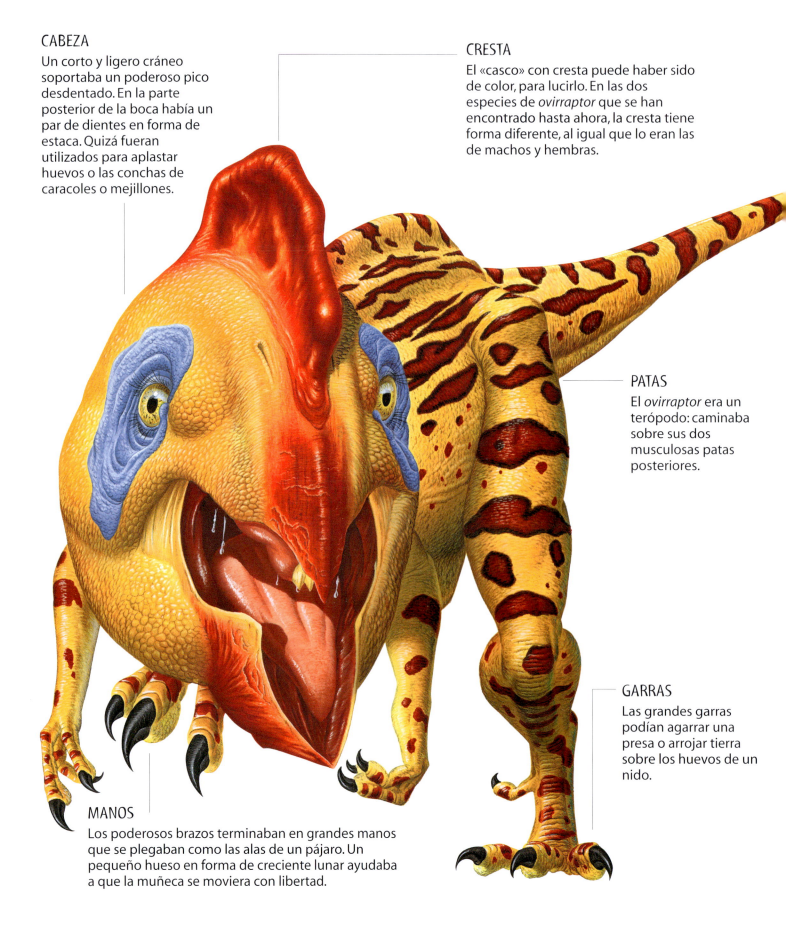

CABEZA
Un corto y ligero cráneo soportaba un poderoso pico desdentado. En la parte posterior de la boca había un par de dientes en forma de estaca. Quizá fueran utilizados para aplastar huevos o las conchas de caracoles o mejillones.

CRESTA
El «casco» con cresta puede haber sido de color, para lucirlo. En las dos especies de *ovirraptor* que se han encontrado hasta ahora, la cresta tiene forma diferente, al igual que lo eran las de machos y hembras.

PATAS
El *ovirraptor* era un terópodo: caminaba sobre sus dos musculosas patas posteriores.

GARRAS
Las grandes garras podían agarrar una presa o arrojar tierra sobre los huevos de un nido.

MANOS
Los poderosos brazos terminaban en grandes manos que se plegaban como las alas de un pájaro. Un pequeño hueso en forma de creciente lunar ayudaba a que la muñeca se moviera con libertad.

OVIRRAPTOR

Para los científicos expertos en dinosaurios, el *ovirraptor* fue el protagonista de uno de los más reveladores hallazgos de fósiles y emocionantes debates de los últimos años. Los primeros hallazgos de fósiles en la década de 1920 parecían sugerir que el *ovirraptor* era un carnívoro que robaba huevos. Sin embargo, unos preciosos fósiles bien conservados de *ovirraptor*, sugieren que estas criaturas no sólo no robaban huevos, sino que no abandonaban los suyos para que eclosionaran sin ayuda, sino que los mantenían calientes, como hacen los pájaros actuales. Estas pruebas apoyan la teoría de que los pájaros son los dinosaurios de la época moderna y que descienden de los dinosaurios carnívoros, algunos parecidos al *ovirraptor*.

La curiosa cresta de la cabeza del dinosaurio podía servir como reclamo, para emitir ruidos sonoros o para alguna función corporal como refrescar el cerebro.

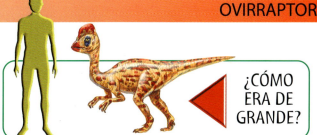

¿CÓMO ERA DE GRANDE?

DINODATOS

Longitud	2 m
Peso	60-100 k
Dieta	Se considera como un dinosaurio carnívoro, pero puede haber comido cualquier cosa
Significado del nombre	«Ladrón de huevos»

El *ovirraptor* sólo se conoce en Mongolia, donde se han encontrado varios esqueletos fósiles. Recientemente, los científicos afirman haber encontrado vértebras parecidas a las de *ovirraptor* en América. Si al final demuestran tener razón, entonces es posible que el *ovirraptor* haya vivido en todo el mundo.

¿SABÍAS QUE...?

● Nadie ha encontrado todavía plumas de *ovirraptor* junto a su esqueleto, pero hay pruebas de que su pariente el *caudiptérix*, recién descubierto en China, las tenía. De modo que es posible que el *ovirraptor* también estuviera emplumado. La hembra puede haber colocado el plumaje de sus brazos sobre el nido como una especie de «paraguas» protector.

● El «casco» del *ovirraptor* era hueco y con un interior parecido a una esponja, con delicados pasajes nasales divididos con huesos tan delgados como papel de fumar. Es posible que éstos ayudaran a calentar y humedecer el aire que respiraba el dinosaurio. O quizá pueden haber aumentado su sentido del olfato, o enfriado su cerebro.

● El cerebro del *ovirraptor* habría sido grande para un dinosaurio, aproximadamente del mismo tamaño que el de un pájaro no volador moderno, como un avestruz o un emú.

1 Recientes hallazgos de fósiles de *ovirraptor* sentados sobre sus propios huevos han terminado con la antigua creencia de que este dinosaurio robaba los huevos de otros. Ahora se cree que se preocupaba de sus crías, al igual que los pájaros modernos. Aquí un *ovirraptor* le da la vuelta con cuidado a un huevo.

2 El tiempo empeora repentinamente. Como si estuviera posado, diligentemente el *ovirraptor* se sienta sobre los huevos para protegerlos del viento de la tormenta, de la lluvia y de la arena. No puede dejar que los huevos se enfríen o morirán todas las crías.

3 Desafiante, se mantiene en su puesto, pero las severas fuerzas de la naturaleza son demasiado fuertes. La arena se va acumulando y ahoga sus últimas bocanadas de aire. Finalmente un corrimiento de arena húmeda termina con su sufrimiento y lo conserva para que sea descubierto millones de años después por los científicos.

PAQUICEFALOSAURIO

CUERPO
Todavía está por encontrar un esqueleto completo de este dinosaurio, de modo que los científicos estudian a sus parientes para intentar adivinar qué aspecto tenía. Es innegable que su cuerpo habría sido corpulento, para contener montones de comida.

COLUMNA VERTEBRAL
Los huesos del lomo se unían mediante un machihembrado, lo que permitía al cuerpo recibir duros golpes sin sufrir daños serios.

CRÁNEO
En el caso de los machos era de hasta 25 cm de grueso y puede haber sido así para chocar la cabeza con otros machos.

NÓDULOS
El cráneo estaba bordeado por nódulos y pinchos óseos.

PATAS
Aunque no es posible estar seguros hasta que se encuentren más partes del esqueleto, los científicos creen que el dinosaurio corría sobre dos patas. Probablemente permanecía sobre dos patas cuando se estaba alimentando.

NARIZ
El olfato del dinosaurio era muy sensible; lo cual era útil para detectar el peligro y encontrar comida.

OJOS
Los ojos miraban hacia delante, de modo que el dinosaurio probablemente tuviera visión binocular para juzgar las distancias con precisión.

PAQUICEFALOSAURIO 133

El *paquicefalosaurio* era un animal inmenso, con un casquete óseo inmensamente grueso y adornado con grupos de pinchos de aspecto peligroso. Los científicos creen que este dinosaurio se peleaba a cabezazos con otros de su especie por el derecho a aparearse y conseguir predominio sobre otros machos. A pesar de su tamaño y aspecto aterrador, es probable que fuera relativamente inofensivo. Cuando no se peleaba con sus rivales, casi seguro que llevaba una vida tranquila, vagando en rebaños pequeños y alimentándose de hojas tiernas y otros vegetales blandos.

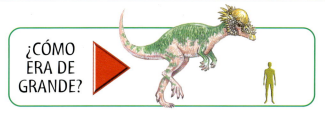

¿CÓMO ERA DE GRANDE?

DINODATOS

Longitud	Hasta 8 m	
Altura	3 m en la cadera; 6 m en la cabeza	El *paquicefalosaurio* fue descubierto en 1938 en Montana (EE.UU.). Desde entonces se han encontrado algunos pedazos de hueso y restos fosilizados en los estados circundantes. Otros dinosaurios de cabeza gruesa vivieron en Canadá, Inglaterra, Mongolia, China e incluso Madagascar.
Peso	Hasta 3 toneladas	
Dieta	Plantas	
Significado del nombre	«Lagarto de cabeza gruesa»	

¿SABÍAS QUE...?

● Hasta el momento se conocen 13 tipos de dinosaurios de «cabeza gruesa» o *paquicefalosáuridos*. Las otras doce son mucho más pequeñas que el *paquicefalosaurio*. Se han encontrado restos de *paquicefalosáuridos* en Norteamérica, Inglaterra, este de Asia y Madagascar.

● Los *paquicefalosáuridos*, incluido el *paquicefalosaurio*, poseen costillas «extra» en los primeros diez huesos de la cola aproximadamente. Esto hace que la zona de detrás de sus caderas sea mucho más ancha que en ningún otro dinosaurio bípedo. Es posible que sea una adaptación para permitirles dar a luz a crías vivas bien desarrolladas.

● El *paquicefalosaurio* fue descubierto por el famoso cazador de fósiles norteamericano Barnum Brown. A lo largo de los años dio nombre a un total de 14 dinosaurios, incluido el *anquilosaurio*, parecido a un tanque.

 Los machos pueden haber peleado a cabezazos, como hacen las ovejas y las cabras actualmente. El dinosaurio puede haberse levantado sobre sus dos patas traseras para dejarse caer hacia delante o haber chocado tras una corta carrera.

Algunos científicos se lo imaginan de otro modo. Señalan que la redondeada parte superior habría hecho que unos y otros rebotaran, de modo que estos expertos consideran que la utilizaban para topar contra los costados del rival. Es posible que nunca lo sepamos con seguridad.

PARASAUROLOFO

PICO
El pico de pato, recubierto de hueso, se utilizaba para arrancar el follaje de las plantas. Dentro de la boca había dientes yugales entrelazados para masticar la comida. Éstos eran reemplazados constantemente a lo largo de la vida del dinosaurio.

CRESTA
La cresta permitía al dinosaurio lanzar llamadas muy sonoras en forma de graznidos y sonidos. También puede haber servido como señal visual durante el apareamiento o ayudado a los animales a reconocer a otros de su especie.

COLA
Cuando el *parasaurolofo* se mantenía erguido sobre sus patas posteriores, la larga cola le ayudaba a mantener el equilibrio. La cola era aplastada y los científicos piensan que puede haberla utilizado como los cocodrilos, para ayudarle a nadar.

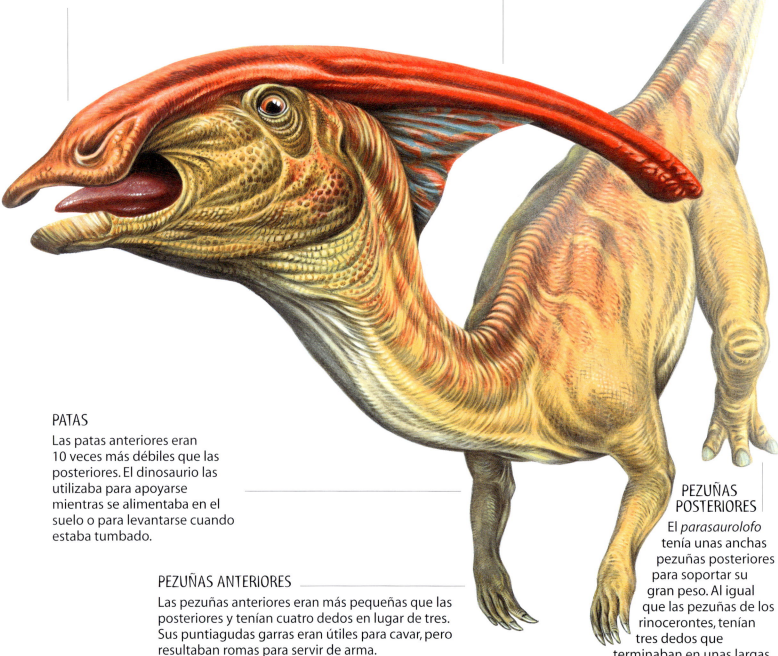

PATAS
Las patas anteriores eran 10 veces más débiles que las posteriores. El dinosaurio las utilizaba para apoyarse mientras se alimentaba en el suelo o para levantarse cuando estaba tumbado.

PEZUÑAS ANTERIORES
Las pezuñas anteriores eran más pequeñas que las posteriores y tenían cuatro dedos en lugar de tres. Sus puntiagudas garras eran útiles para cavar, pero resultaban romas para servir de arma.

PEZUÑAS POSTERIORES
El *parasaurolofo* tenía unas anchas pezuñas posteriores para soportar su gran peso. Al igual que las pezuñas de los rinocerontes, tenían tres dedos que terminaban en unas largas uñas en forma de casco.

PARASAUROLOFO

Con una cola como la de un cocodrilo, pico de un pato y una cresta en la cabeza que actuaba como si fuera un instrumento de viento, el *parasaurolofo* fue ciertamente uno de los dinosaurios de aspecto más extraño.

Este gigantesco herbívoro puede haber tenido aspecto de monstruo, pero de hecho viajaba en manadas de millares de individuos como defensa contra los salvajes dinosaurios depredadores.

Se comunicaba produciendo un sonido bajo que retumbaba y que puede haber sido utilizado tanto como aviso como durante la temporada del cortejo. Es probable que los machos tuvieran crestas más largas, pues las habrían utilizado para exhibirlas e impresionar a las hembras.

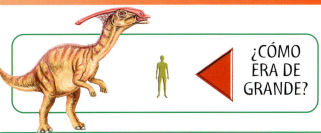

¿CÓMO ERA DE GRANDE?

DINODATOS

Longitud	10 m
Altura	3 m en la cadera; 5'2 en lo alto de la cresta
Peso	3'5 toneladas
Dieta	Plantas y hojas
Significado del nombre	«Dinosaurio de crestas paralelas»

El *Parasaurolophus walkeri* fue descubierto en Alberta (Canadá) (1) en 1920. El *Parasaurolophus tubicen* y el *Parasaurolophus cyrtocrystatus* fueron encontrados en Nuevo México (EE.UU.) (2). Desde entonces se han encontrado otros ejemplares en Utah (EE.UU.) (3).

1 El *Parasaurolophus tubicen* poseía la cresta más espectacular de las tres especies. Con un metro de longitud desde la parte posterior de la cabeza, la cresta habría producido una nota más baja que la de las otras dos especies.

2 El *Parasaurolophus walkeri* fue la primera especie en ser descubierta. Encontrada en 1920, su extraordinario tocado dejó pasmada a la comunidad científica.

¿SABÍAS QUE...?

- En 1997 unos científicos utilizaron en Nuevo Méjico rayos X para estudiar un cráneo y tecnología sonora por ordenador para recrear la llamada que pudiera haber generado el *parasaurolofo*. Como se había predicho, el sonido fue un graznido profundo y resonante.

- Aunque el *parasaurolofo* era inmenso, sólo era de tamaño medio para un dinosaurio de cabeza de pato. La especie más grande, el *shantungasaurio*, alcanzaba más de 13 m de longitud.

- Se conoce relativamente poco del *parasaurolofo*. Sólo se han encontrado seis cráneos y ninguno de ellos completo.

3 El *Parasaurolophus cyrtocrystatus* poseía una cresta mucho más corta que la de las otras dos especies. La cresta tenía una curva pronunciada y habría producido la nota más aguda. Unos pocos investigadores creen que en realidad se trata de la forma femenina del *Parasaurolophus* y no de una especie separada.

PROTOCERÁTOPO

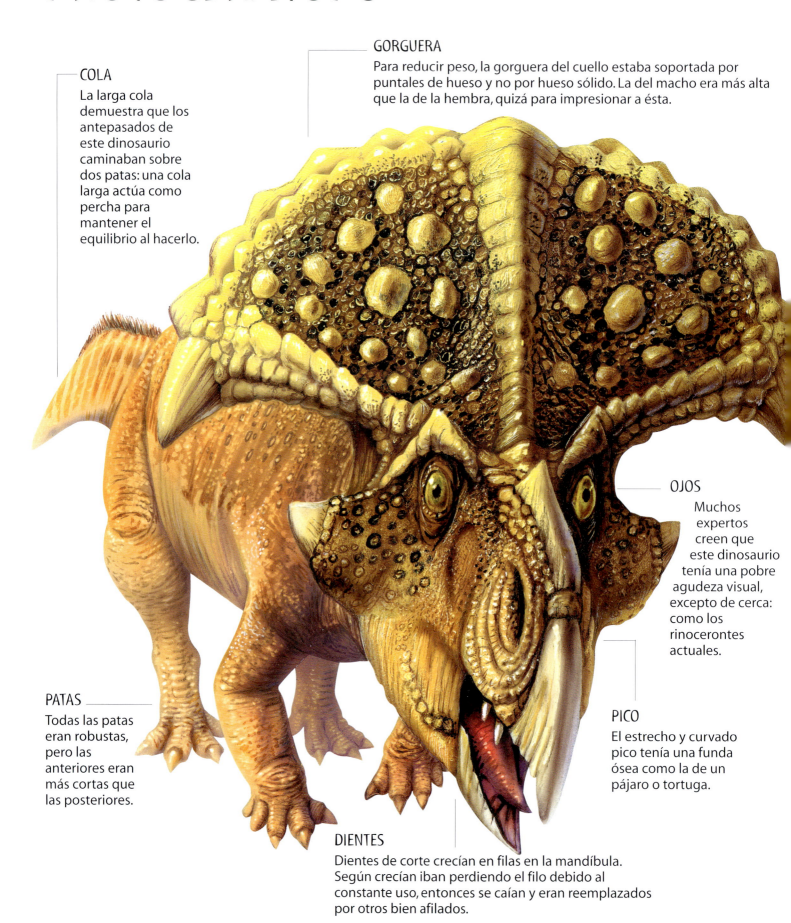

COLA
La larga cola demuestra que los antepasados de este dinosaurio caminaban sobre dos patas: una cola larga actúa como percha para mantener el equilibrio al hacerlo.

GORGUERA
Para reducir peso, la gorguera del cuello estaba soportada por puntales de hueso y no por hueso sólido. La del macho era más alta que la de la hembra, quizá para impresionar a ésta.

OJOS
Muchos expertos creen que este dinosaurio tenía una pobre agudeza visual, excepto de cerca: como los rinocerontes actuales.

PICO
El estrecho y curvado pico tenía una funda ósea como la de un pájaro o tortuga.

PATAS
Todas las patas eran robustas, pero las anteriores eran más cortas que las posteriores.

DIENTES
Dientes de corte crecían en filas en la mandíbula. Según crecían iban perdiendo el filo debido al constante uso, entonces se caían y eran reemplazados por otros bien afilados.

PROTOCERÁTOPO 137

Al ser uno de los antepasados de los dinosaurios robustos y con cuernos, como el poderoso *tricerátopo*, esta extraña bestia con pico y una elaborada gorguera parece haber vivido pacíficamente en rebaños, de un modo muy similar al de las ovejas modernas.

El peso de su cabeza obligaba al *protocerátopo* a caminar a cuatro patas. Esto significa que no podía correr más rápido que veloces asesinos como el *velocirraptor*, de modo que cuando era atacado lo más probable es que aguantara a pie firme y se defendiera a base de pura fuerza bruta y gracias al número de componentes de su manada.

¿CÓMO ERA DE GRANDE?

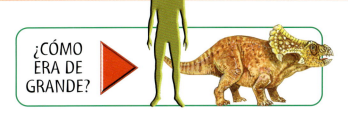

DINODATOS

Longitud	Hasta 2'5 m	
Altura	Hasta 75 cm en la cadera	
Peso	Probablemente 260 k	
Dieta	Plantas de talla pequeña	
Significado del nombre	«Primer cara de cuerno»	

Los primeros fósiles de *protocerátopo* fueron descubiertos en la década de 1920 en el desierto del Gobi, en Mongolia. El dinosaurio también se conoce por hallazgos en Norteamérica, que estaba unida a Asia cuando vivía el *protocerátopo*.

¿SABÍAS QUE...?

● El *protocerátopo* fue descubierto en 1922, cuando el Museo Norteamericano de Ciencias Naturales envió una expedición al desierto del Gobi, en Mongolia, en busca de antiguos restos humanos. En esta y posteriores expediciones al desierto del Gobi en la década de 1920, los equipos dirigidos por Roy Chapman Andrews encontraron más de 100 esqueletos de *protocerátopo*. Algunos estaban en posición de muerte, sobre el lomo y con las patas hacia arriba.

● En la década de 1960, un equipo de expertos polacos realizó un notable descubrimiento en Mongolia: un *protocerátopo* forcejeando con un *velocirraptor*, un sanguinario carnívoro. Las dos bestias luchadoras murieron en un corrimiento de tierra o en una tormenta de arena.

● En 1994, una expedición a Mongolia encontró los restos fósiles de unos diminutos *protocerátopos* que estaban siendo empollados y que tenían cráneos de menos de 3 cm de longitud.

Desesperadamente hambrientos, los *velocirraptores* persisten en el ataque. Repentinamente, uno se acerca demasiado y un furioso *protocerátopo* se abalanza sobre él, rasgando carne y aplastando huesos.

Dos *velocirraptores* que estaban merodeando atacan de repente al rebaño de *protocerátopos* con la intención de devorar a una de sus crías. Los *protocerátopos* adultos se agrupan dejando a las crías en el centro.

PTERANODONTE

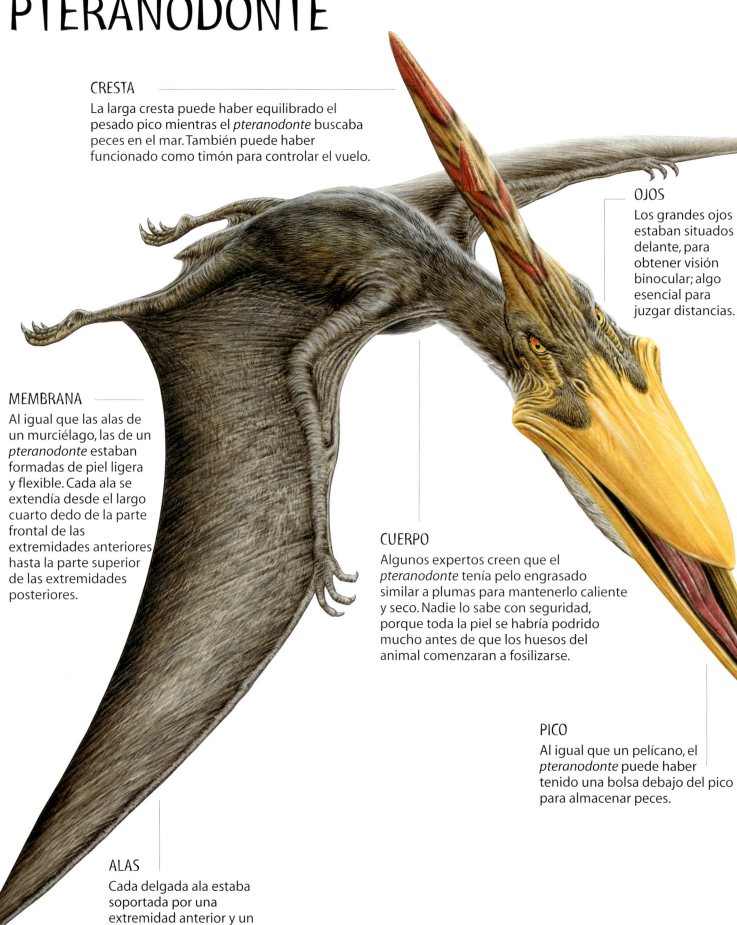

CRESTA
La larga cresta puede haber equilibrado el pesado pico mientras el *pteranodonte* buscaba peces en el mar. También puede haber funcionado como timón para controlar el vuelo.

OJOS
Los grandes ojos estaban situados delante, para obtener visión binocular; algo esencial para juzgar distancias.

MEMBRANA
Al igual que las alas de un murciélago, las de un *pteranodonte* estaban formadas de piel ligera y flexible. Cada ala se extendía desde el largo cuarto dedo de la parte frontal de las extremidades anteriores hasta la parte superior de las extremidades posteriores.

CUERPO
Algunos expertos creen que el *pteranodonte* tenía pelo engrasado similar a plumas para mantenerlo caliente y seco. Nadie lo sabe con seguridad, porque toda la piel se habría podrido mucho antes de que los huesos del animal comenzaran a fosilizarse.

PICO
Al igual que un pelícano, el *pteranodonte* puede haber tenido una bolsa debajo del pico para almacenar peces.

ALAS
Cada delgada ala estaba soportada por una extremidad anterior y un largo cuarto dedo.

PTERANODONTE

Uno de los más grandes reptiles voladores descubiertos hasta el momento, el *pteranodonte*, voló por los cielos de Norteamérica con un aspecto semejante a un cruce entre un murciélago gigante y un gran pelícano. Tenía la envergadura alar de un avión pequeño y aun así no pesaba más que un pavo grande.

El *pteranodonte* vivía junto a un océano rodeado de tierra, probablemente en colonias en los acantilados, desde los que podía lanzarse a un maratón de expediciones de pesca.

Hubo muchos tipos de reptiles voladores. Los primeros fueron pequeños, con dientes para comer insectos y peces. Los siguientes fueron inmensos, con picos desdentados o con barbas.

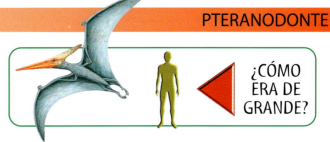

¿CÓMO ERA DE GRANDE?

DINODATOS

Envergadura de las alas	Hasta 9 m, dependiendo de la especie y el sexo (las hembras eran dos terceras partes de los machos)	
Peso	Hasta 20 k, dependiendo de la especie y el sexo	
Longitud del cráneo	Hasta 1'8 m, dependiendo del sexo y la especie (las hembras tenían crestas más pequeñas)	
Dieta	Pescado	
Significado del nombre	«Alado, sin dientes»	

La mayor parte de los fósiles de *pteranodonte* proceden de una zona de Kansas (EE.UU.) que ahora forma parte de la formación Niobara, un depósito de caliza que antaño fuera el fondo marino de un océano interior. Los cazadores de fósiles encontraron los primeros fragmentos de hueso en la década de 1860, en un yacimiento del río Smoky Hill.

¿SABÍAS QUE...?

- El *pteranodonte* hembra tenía una pelvis más grande que la del macho, posiblemente para permitirle poner los huevos.

- Los primeros reptiles voladores tenían una cola larga, que terminaba en una punta en forma de rombo que quizá les ayudara a realizar giros cerrados cuando cazaba insectos voladores.

- Los fósiles de las bolitas de comida escupidas por los peces prehistóricos han demostrado contener huesos de un temprano reptil volador, el *preondáctilo*. Esto puede significar que de vez en cuando algún reptil volador se precipitaba al mar o era capturado por un pez mientras flotaba sobre las olas.

El *pterodaustro* era un reptil volador sudamericano que vivió a principios del período Cretácico. Tenía un largo pico curvado hacia arriba. Su mandíbula inferior estaba dotada de entre 400-500 barbas. El *pterodaustro* probablemente recogiera agua y la filtrara con sus barbas, para atrapar diminutos camarones y otros animales pequeños.

El *eudimorfodonte* fue uno de los primeros reptiles voladores. En rocas triásicas de los Alpes italianos se encontró un fósil casi perfecto. El *eudimorfodonte* era tan grande como una gaviota, con cuello largo, cabeza grande y mandíbulas afiladas. Probablemente comiera peces, porque sus dientes se parecen mucho a los de las gaviotas comedoras de peces.

El *pteranodonte* tenía un delgado y desdentado pico que se curvaba hacia arriba. Rozando las aguas, habría metido el pico en ellas para atrapar peces. Los afilados bordes del pico podían cortar peces grandes. Es posible que el *pteranodonte* hubiera almacenado peces pequeños en su buche antes de tragárselos.

140 CRETÁCICO FINAL   HACE 99-65 MILLONES DE AÑOS

QUETZALCOATLO

ALAS
Una capa ligera y flexible, pero fuerte, de piel habría recubierto los huesos de cada ala. Posada en tierra, la criatura habría plegado sus alas para que no le molestaran, como hacen muchos pájaros.

HUESOS
Los huesos de los reptiles voladores eran huecos, para conseguir menos peso.

CUELLO
Con una longitud estimada de 2,4 m, el cuello habría estado fortalecido por tendones y músculos fijados a los hombros, para mantener la rigidez y la aerodinámica en vuelo.

OJOS
Unos ojos grandes que den una buena visión lejana son esenciales para cualquier criatura que detecta a sus presas desde el aire.

VENTANAS DE LA NARIZ
Tendrían que estar colocadas en lo alto de la cabeza, de modo que no se llenaran de agua cuando el reptil metiera el pico en el río o el lago.

GARRAS
Las largas garras habrían ayudado al reptil volador a trepar a las rocas cuando estaba perchado tras un largo vuelo.

CUERPO
Los reptiles voladores tenían un cuerpo delgado y aerodinámico.

PICO
El pico era largo y desdentado, pero con los bordes afilados, perfecto para atrapar a los resbaladizos peces.

QUETZALCOATLO 141

¿CÓMO ERA DE GRANDE?

Con una envergadura alar de unos 11-12 m, el *quetzalcoatlo* puede muy bien haber sido la mayor criatura que haya volado nunca. Este increíble reptil volador podía permanecer en el aire durante horas mientras vigilaba la superficie de ríos y lagos en busca de peces que atrapar con su inmenso y desdentado pico. Al igual que sucede con otros reptiles voladores, es posible que sus alas sólo hubieran estado unidas a la parte superior de las patas, de modo que algunos expertos creen que podía haber andado erguido con las alas plegadas. Es posible incluso que haya corrido por el suelo para lanzarse a volar, de un modo parecido al del albatros.

Sólo se han encontrado unos pocos fósiles de las alas, aunque otros fósiles más pequeños y completos pueden ser los restos de crías.

DINODATOS

Longitud	Hasta 6 m, incluido el pico y el cuello de 2'4 m	Los huesos del ala del *Q. orthropi* se encontraron en 1971 en el parque nacional de Big Ben, en Texas (EE.UU.). Desde entonces se han encontrado fósiles más completos de criaturas más pequeñas, pero similares, en Alberta (Canadá). Se trata o bien de los restos de una especie más pequeña de *quetzalcoatlo* o bien de un espécimen juvenil de *Q. orthropi*.
Envergadura	Probablemente 11-12 m	
Peso	Se calcula en 80-90 k	
Presas	Peces de agua dulce y crustáceos	
Significado del nombre	«Como Quetzalcoalt» (el dios serpiente de los aztecas)	

Un joven *quetzalcoatlo* se lanza al aire, deseoso por encontrarse con sus compañeros en el aire. Llevando al límite sus poderosos músculos de vuelo, el reptil acelera para despegar hasta la velocidad de crucero en aproximadamente 20 batidas de ala. **1**

Una colina cercana calentada por el sol produce una columna de aire caliente, que eleva a la criatura en lentas espirales. No tarda en unirse a otros reptiles que dan vueltas en torno a los estanques en busca de peces. **2**

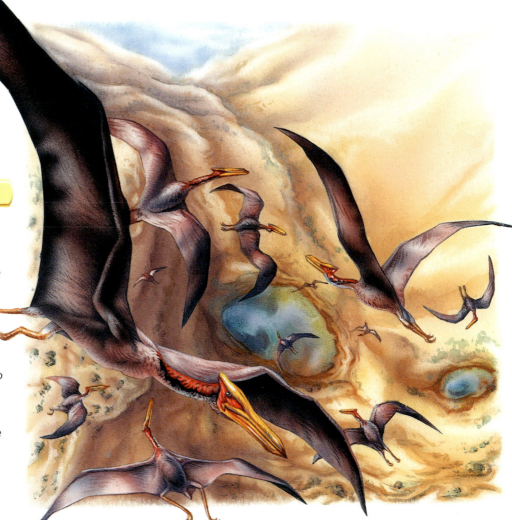

¿SABÍAS QUE...?

● En 1976, en Texas se produjo una oleada de avistamientos de reptiles voladores gigantes iguales al *quetzalcoatlo*. Los avisos procedían de policías y maestros, entre otros. Tras dos meses, los avistamientos se detuvieron tan repentinamente como habían comenzado.

● Hasta el momento se han descubierto más de cien especies de reptiles voladores prehistóricos. Varían en tamaño desde el *quetzalcoatlo* hasta el *sordes*, que no era más grande que una paloma.

● Algunos expertos especulan con la posibilidad de que los reptiles voladores prehistóricos como el *quetzalcoatlo* anidaran en grandes colonias, como hacen hoy en día muchos pájaros.

SALTASAURIO

CABEZA
No se ha encontrado todavía un cráneo completo de *saltasaurio*; pero muchos científicos creen que su cabeza era similar a la de otro *saurópodo*, el *diplodoco*.

CORAZA
Las placas protuberantes y los ásperos nódulos que recorrían el lomo del *saltasaurio* habrían mantenido al animal a salvo de los depredadores.

COLA
Los huesos de la cola estaban unidos mediante articulaciones de rótula para darles resistencia y flexibilidad.

DIENTES
El *saltasaurio*, al igual que otros *saurópodos*, probablemente tuviera largos dientes en forma de estaca para poder arrancar las hojas de los árboles.

PATAS FRONTALES
Hasta el momento no se ha encontrado ninguna, pero pueden haber tenido un semipulgar armado con una garra afilada, como otros de sus parientes.

SALTASAURIO 143

Este colosal herbívoro tenía una capa de placas y nódulos óseos en el lomo y los costados, que lo convertían en un desalentador blanco incluso para los más mortíferos depredadores. Juntos, placas y nódulos actuaban como la cota de malla que llevaban los caballeros medievales.

El *saltasaurio* vivió en Sudamérica hace unos 75 millones de años. Era miembro de un grupo de dinosaurios gigantes de cuello largo llamados *saurópodos*. Algunos eran tan inmensos que hacían que la tierra temblara cuando caminaban.

El *saltasaurio* poseía una cola larga y robusta que soportaba su peso cuando este poderoso herbívoro se alzaba sobre sus patas posteriores para alimentarse del follaje de las partes más altas de los árboles.

¿CÓMO ERA DE GRANDE?

DINODATOS

Longitud	12 m	Hasta el momento, fósiles característicos del *saltasaurio* sólo se han encontrado en Argentina y Uruguay. Los científicos sugieren que los dinosaurios inusuales, como el *saltasaurio*, pueden haber desarrollados sus peculiares formas debido a que en esa época Sudamérica estaba rodeada de agua y aislada de Norteamérica.
Peso	Posiblemente hasta 10 toneladas	
Dieta	Plantas, probablemente helechos y follaje de árboles	
Significado del nombre	«Lagarto de Salta» (Salta es la provincia argentina donde se encontraron los fósiles por primera vez)	

¿SABÍAS QUE...?

● El saltasaurio no era el único *saurópodo* acorazado. Los fósiles de *laplatasaurio,* otro herbívoro cuellilargo de Sudamérica, presentan una cubierta protectora semejante.

● Algunos científicos creen que los *saurópodos* utilizaban sus largas colas para darles dolorosos golpes a sus enemigos y para comunicarse con otros miembros de la manada mediante los chasquidos resultantes de dar latigazos con ella.

● El primer *saltasaurio* fue encontrado en 1893, pero no fue hasta 100 años después cuando fue identificado correctamente como un *saurópodo*. Los cazadores de fósiles se quedaron desconcertados por el descubrimiento de las placas y protuberancias óseas entre los restos fósiles. Esta forma de coraza sólo se había visto con anterioridad entre los fósiles de *anquilosaurio,* unos dinosaurios más pequeños sin relación con los *saurópodos*.

Un salvaje *giganotosaurio* detecta a un solitario *saltasaurio* alzado sobre sus patas posteriores alimentándose del follaje de una alta conífera. Con un gran rugido, el asesino se lanza hacia adelante para atacarlo.

Alarmado por el ruido, el herbívoro se agacha dejando expuesto sólo su lomo y sus costados acorazados. El desventurado depredador se rompe las garras y los dientes en un vano intento por penetrar las defensas de la criatura.

144 CRETÁCICO FINAL   HACE 99-65 MILLONES DE AÑOS

ESTIRACOSAURIO

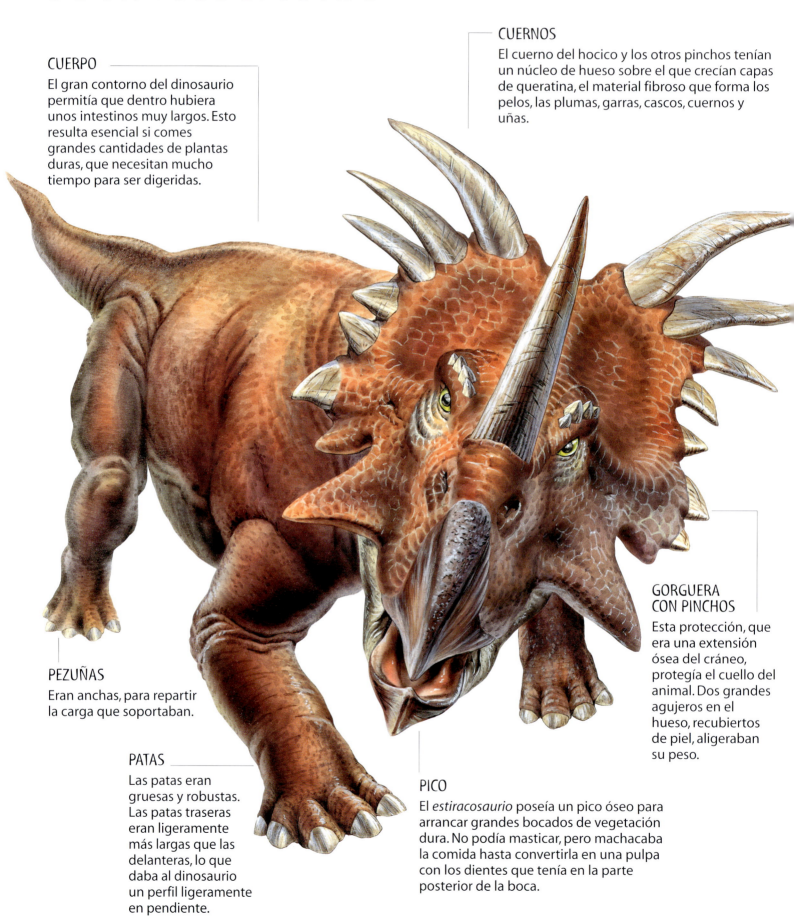

CUERPO
El gran contorno del dinosaurio permitía que dentro hubiera unos intestinos muy largos. Esto resulta esencial si comes grandes cantidades de plantas duras, que necesitan mucho tiempo para ser digeridas.

CUERNOS
El cuerno del hocico y los otros pinchos tenían un núcleo de hueso sobre el que crecían capas de queratina, el material fibroso que forma los pelos, las plumas, garras, cascos, cuernos y uñas.

PEZUÑAS
Eran anchas, para repartir la carga que soportaban.

PATAS
Las patas eran gruesas y robustas. Las patas traseras eran ligeramente más largas que las delanteras, lo que daba al dinosaurio un perfil ligeramente en pendiente.

PICO
El *estiracosaurio* poseía un pico óseo para arrancar grandes bocados de vegetación dura. No podía masticar, pero machacaba la comida hasta convertirla en una pulpa con los dientes que tenía en la parte posterior de la boca.

GORGUERA CON PINCHOS
Esta protección, que era una extensión ósea del cráneo, protegía el cuello del animal. Dos grandes agujeros en el hueso, recubiertos de piel, aligeraban su peso.

ESTIRACOSAURIO

Este impresionante dinosaurio estaba más que adecuadamente equipado para defenderse a sí mismo contra el más temible y poderoso de los depredadores. El *estiracosaurio* tenía un inmenso cuerno en el hocico y un tocado de pinchos y no habría soportado tonterías de ningún sanguinario depredador. Probablemente cargara con la cabeza gacha, utilizando el cuerno de la nariz como un arma letal para destripar a su rival.

Los expertos creen que el *estiracosaurio* vivía en pequeños grupos familiares. En cada grupo puede que hubiera un macho adulto dominante, varias hembras adultas y diversas crías de ambos sexos.

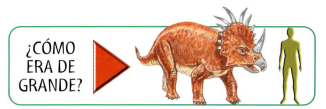
¿CÓMO ERA DE GRANDE?

DINODATOS

Longitud	5'5 m
Altura	2 m en la cadera; 1'5 m en la cabeza
Peso	2'5 toneladas
Dieta	Plantas
Significado del nombre	«Lagarto pincho»

El *estiracosaurio* se conoce por dos yacimientos: uno en Alberta (1) (Canadá) y otro en Montana (2) (EE.UU.). Cuando vivía, un mar poco profundo dividía Norteamérica por su zona media. El *estiracosaurio* vivía en la lado occidental de esta división.

¿SABÍAS QUE...?

● El cuerno de la nariz del *estiracosaurio* era el más largo de todos los dinosaurios conocidos. Los expertos estiman que llegó a medir hasta 1 m –quizá aún más.

● Al nacer, el *estiracosaurio* no tenía ni cuerno ni pinchos. Le crecían gradualmente con la edad, como es el caso de los mamíferos hastados de hoy en día.

● El *estiracosaurio* fue uno de los últimos dinosaurios. Desapareció, junto con todos los dinosaurios que vivían entonces, hace 65 millones de años.

SORPRESA PINCHUDA

Un *estiracosaurio* se alimenta en el borde de un bosque, sin darse cuenta de que está siendo observado. De repente, un *tiranosaurio rey* sale de los árboles. Duda al ver la pinchuda gorguera del *estiracosaurio*, pero luego intenta un mordisco por encima de la cabeza. En ese momento, el *estiracosaurio* clava su largo cuerno del hocico en el expuesto vientre del cazador.

146 CRETÁCICO FINAL   HACE 99-65 MILLONES DE AÑOS

TIRANOSAURIO REY

CABEZA
Es probable que el *tiranosaurio* cargara contra su presa a toda velocidad y con las mandíbulas abiertas. Esto habría provocado el máximo daño al tiempo que reducía los riesgos de una pelea.

COLA
Puede que actuara como un rígido contrapeso de su pesado cuerpo, como la cola de los canguros.

DIENTES
Situados en una aplastantemente poderosa mandíbula, los dientes en sierra habrían cortado la carne y aplastado los huesos con facilidad. Lo más probable es que se tragara grandes bocados de carne y hueso, como un cocodrilo.

PATAS ANTERIORES
Los expertos llevan mucho tiempo desconcertados por ellas. Eran demasiado cortas para alcanzar la boca y sólo tenían dos «dedos», cada uno armado con una robusta garra.

PATAS
Unos músculos fuertes en los muslos ayudaban a soportar el peso del dinosaurio y habrían proporcionado la energía necesaria para esprintar.

TIRANOSAURIO REY

El *tiranosaurio rey* fue una de las mayores y más aterradoras criaturas que haya conocido el mundo y vivió en lo que hoy es Norteamérica. Eran tan inmensamente fuerte, que habría sido capaz de derrotar a casi cualquier otro animal de su época. Sus inmensas mandíbulas estaban repletas con unos 50 dientes como puñales, que habrían descuartizado a su presa en uno o dos mordiscos mortales.

En el pasado, la mayoría de los expertos creían que se limitaba a caminar; pero ahora los científicos creen que podía correr manteniendo la cola alejada del suelo. Basan sus teorías en el modo en que corren algunos animales actuales, como el avestruz y el cocodrilo.

¿CÓMO ERA DE GRANDE?

DINODATOS

Longitud	Hasta 12 m
Peso	Probablemente 7 toneladas
Dieta	Reptiles y otros dinosaurios, vivos o muertos
Significado del nombre	«Lagarto rey tirano»

Se han encontrado fósiles de *tiranosaurio rey* en los estados de Wyoming (1), Dakota del Sur (2) y Montana (3), pero ningún esqueleto completo. El famoso cazador de fósiles Barnun Brown encontró el primero a comienzos del siglo XX. El más reciente apareció en Montana en 1997.

¿SABÍAS QUE...?

- Aunque tenía un cerebro pequeño para ser un animal tan grande, es probable que fuera tan inteligente como un cocodrilo. En ocasiones, los cocodrilos cazan en manadas, de modo que quizá el *tiranosaurio* hiciera lo mismo.

- Casi con seguridad su piel estaba cubierta de escamas, como la de un lagarto. El dinosaurio puede haber tenido colores brillantes, para atraer a una pareja, o de camuflaje, para emboscar a sus presas.

- Se encontró un *tiranosaurio* que tenía incrustado en el cuello el diente de otro de su misma especie.

- En Argentina y África se han encontrado cráneos de carnívoros más grandes incluso que el *tiranosaurio*: el *giganotosaurio* y el *carcarodontosaurio*.

AVESTRUZ
Los pájaros modernos muy bien pueden ser los descendientes directos de algunos dinosaurios. Tienen una postura erguida, o «mejorada», como el *tiranosaurio*. Esto significa que son muy móviles sobre el terreno. Algunos pájaros, como el avestruz, poseen una soberbia capacidad para correr deprisa.

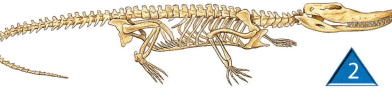

COCODRILO
El cocodrilo tiene una postura «semimejorada». Al contrario que los lagartos, que poseen una postura «despatarrada», el cocodrilo puede levantar el cuerpo con sus patas semirrectas; pero los cocodrilos y los lagartos sólo pueden correr distancias cortas.

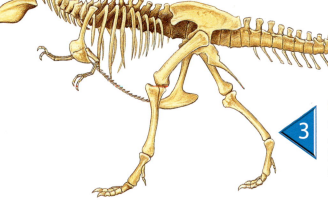

TIRANOSAURIO REY
Como todos los dinosaurios, pájaros y mamíferos, poseía una postura «completamente mejorada». Su cuerpo se sostenía sobre piernas rectas. Esta puede haber sido la clave para el éxito del dinosaurio, pues probablemente significa que el *tiranosaurio* podía correr deprisa durante cierto tiempo.

148 CRETÁCICO FINAL   HACE 99-65 MILLONES DE AÑOS

TARBOSAURIO

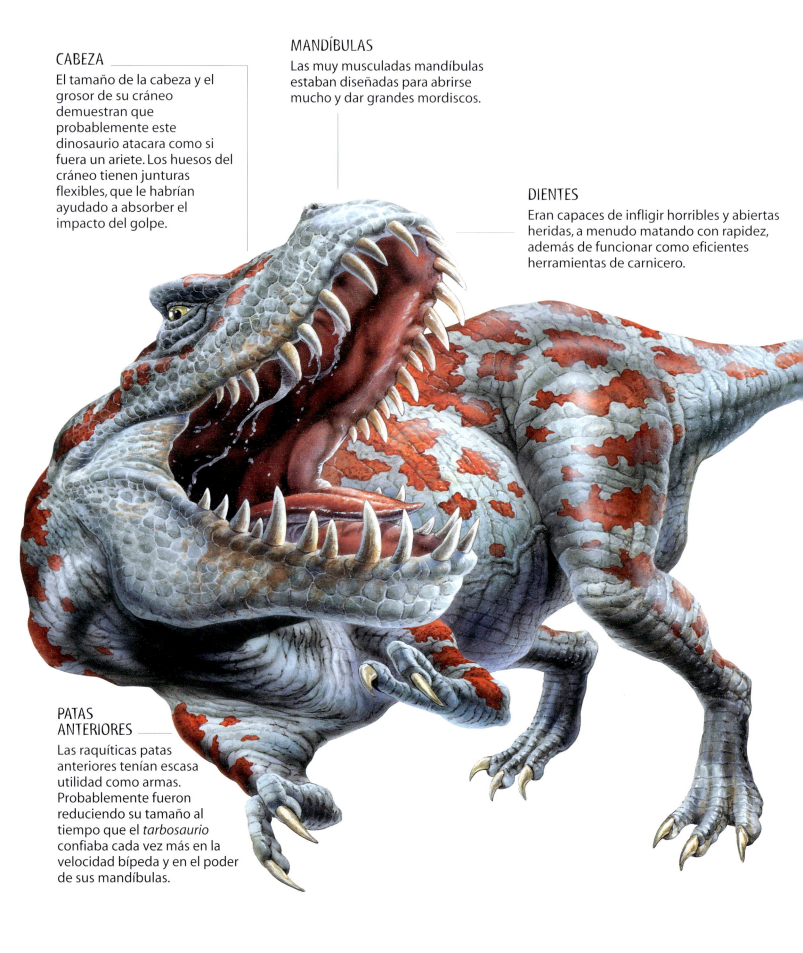

CABEZA
El tamaño de la cabeza y el grosor de su cráneo demuestran que probablemente este dinosaurio atacara como si fuera un ariete. Los huesos del cráneo tienen junturas flexibles, que le habrían ayudado a absorber el impacto del golpe.

MANDÍBULAS
Las muy musculadas mandíbulas estaban diseñadas para abrirse mucho y dar grandes mordiscos.

DIENTES
Eran capaces de infligir horribles y abiertas heridas, a menudo matando con rapidez, además de funcionar como eficientes herramientas de carnicero.

PATAS ANTERIORES
Las raquíticas patas anteriores tenían escasa utilidad como armas. Probablemente fueron reduciendo su tamaño al tiempo que el *tarbosaurio* confiaba cada vez más en la velocidad bípeda y en el poder de sus mandíbulas.

TARBOSAURIO 149

El *tarbosaurio* era uno de los más mortíferos cazadores de su época, con velocidad y fuerza para derribar a la mayor y más rápida de las presas. Probablemente esperara emboscado y atrapara a sus víctimas con una carga final a toda velocidad. Al chocar contra su presa, el tarbosaurio abría del todo sus mandíbulas, dando inmensos mordiscos, mientras sus dientes rasgaban la carne.

Gracias al estudio de su esqueleto, está claro que el *tarbosaurio* estaba hecho para tratar con víctimas muy pesadas. El grosor de los huesos del cráneo y su macizo cuello y la parte superior de la columna vertebral habrían servido para amortiguar la fuerza de su ataque en ariete. Unos músculos enormes, unidos a unas piernas y cola poderosas, le proporcionaban la fuerza y la agilidad para un ataque relámpago.

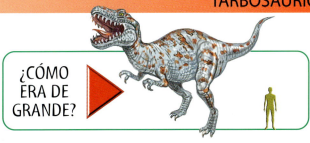

¿CÓMO ERA DE GRANDE?

DINODATOS

Longitud	8'5-13 m, incluidos 1'3 m del cráneo
Altura	Hasta 6 m
Peso	Hasta 6 toneladas
Dieta	Otros dinosaurios
Armas	Dientes afilados y serrados
Significado del nombre	«Lagarto alarmante»

Los científicos encontraron los primeros fósiles de *tarbosaurio* en el sur de Mongolia, en la región de la cuenca del Nemeg, en el desierto del Gobi (1). Posteriormente, aparecieron más restos en la cuenca del Xixia, en la provincia china de Henan (2).

Un grupo de *gallimimos* pastando mantiene siempre vigilancia contra los depredadores, pero el *tarbosaurio* se acerca cada vez más hasta que las presas están al alcance de su corta y devastadora carrera. **1**

¿SABÍAS QUE...?

● En 1948-1949, una expedición científica rusa a Mongolia encontró los restos de siete esqueletos juveniles y adultos de *tarbosaurio*.

● El *tarbosaurio* vagó por Asia en un momento en que otro inmenso asesino, el *tiranosaurio rey*, reinaba en Norteamérica. Algunos científicos creen que, a pesar de ligeras diferencias en cuanto al tamaño y la formación del cráneo, el *tarbosaurio* y el *tiranosaurio rey* son del mismo género. Es probable que el depredador mongol sea el más antiguo de los dos reptiles. El *tiranosaurio rey* puede haber cruzado hasta Norteamérica desde Asia mediante un puente de tierra.

● Nadie sabe cómo utilizaba el *tarbosaurio* sus diminutas patas anteriores. Puede que le ayudaran a levantarse del suelo o quizá el macho las utilizaba para agarrar a la hembra durante el apareamiento.

El asesino lo apuesta todo a una única carga de frente. Con sus mortíferas mandíbulas completamente abiertas, derriba a un herbívoro aterrado por el pánico y comienza a alimentarse ansioso de su sanguinolenta carne. **2**

150 CRETÁCICO FINAL HACE 99-65 MILLONES DE AÑOS

TRICERÁTOPO

CUERNOS
Al nacer, el *tricerátopo* no tenía cuernos; le iban creciendo según se acercaba a la edad adulta.

COLA
Erguida detrás de las ancas, la larga y fornida cola actuaba como contrapeso de la pesada cabeza.

PATAS ANTERIORES
El hueso superior de las patas anteriores del *tricerátopo* tiene una forma peculiar. Da la impresión de que, de forma inusual para los dinosaurios, puede haber tenido unas patas anteriores ligeramente arqueadas.

PATAS POSTERIORES
El *tricerátopo* tenía unas patas como columnas, un poco como las de un elefante, para soportar su inmensa masa. Probablemente no se moviera a más de 4 km/h, pero lo cierto es que esta poderosa bestia apenas tenía que correr.

TRICERÁTOPO 151

Con un peso parecido al de un coche pequeño y con una cabeza parecida a un casco dotado de cuernos, el *tricerátopo* era un gigante entre los dinosaurios. Pocos depredadores se habrían atrevido a meterse en una pelea con él.

En algunos adultos los cuernos de los ojos alcanzaban hasta 90 cm de longitud. El *tricerátopo* los habría utilizado como armas letales para luchar contra carnívoros como el *tiranosaurio rey*. Los parientes del *tricerátopo*, que vemos abajo, también contaban con magníficos tocados.

El *tricerátopo* era uno de los más grandes de todos los *ceratópsidos* (dinosaurios con cuernos en la cara), y sobrevivió hasta la extinción en masa de los dinosaurios, ocurrida hace unos 65 millones de años.

¿CÓMO ERA DE GRANDE?

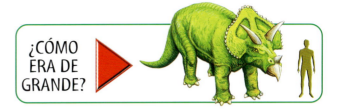

DINODATOS

LONGITUD	En torno a 9 m
PESO	Hasta 8'5 toneladas
ALTURA	2'2 m en las caderas
DIETA	Follaje y los retoños leñosos de los árboles
SIGNIFICADO DEL NOMBRE	«Cara hirsuta con tres cuernos»

Aunque se han encontrado cientos de fósiles de *tricerátopo*, están restringidos a una pequeña zona del oeste de Norteamérica: Wyoming y Montana (EE.UU.) y Saskatchewan y Alberta (Canadá).

1 *CENTROSAURIO*
El cráneo del *centrosaurio* era profundo y en forma de caja y la gorguera era corta. Esta criatura de aspecto salvaje sólo tenía un cuerno inmenso.

2 *ESTIRACOSAURIO*
Además de un largo cuerno en la nariz parecido a una espada, el *estiracosaurio* tenía hasta seis cuernos más en su gorguera, lo que le daba el aspecto de una monstruosa piña móvil.

¿SABÍAS QUE...?

● La mayor parte de los dinosaurios se conocen sólo gracias a un puñado de ejemplares, pero los hallazgos fósiles de *tricerátopo* incluyen más de 50 cráneos.

● Uno de los más dedicados coleccionistas de fósiles de *tricerátopo* fue John Bell Hatcher. Estuvo trabajando en Wyoming (EE.UU.) desde 1888 hasta 1892, donde reunió 33 cráneos, el más pesado de los cuales pesaba 3 toneladas.

● En el Parque Provincial de Dinosaurios de Alberta (Canadá), se han encontrado huesos de *tricerátopo* en grandes cantidades. Los científicos creen que se trata de los restos de un rebaño inmenso, que quedó atrapado intentando cruzar un río crecido.

● En 1994, los escolares votaron al *tricerátopo* como el fósil del estado de Wyoming. También es el dinosaurio del estado de Dakota del Sur.

3 *PAQUIRRINOSAURIO*
El *paquirrinosaurio* tenía un muy grueso tachón de hueso y cuerno sobre el hocico. Es posible que el animal utilizara el macizo cuerno del hocico para empujar en sus luchas con otros machos por las hembras.

TROODONTE

CRETÁCICO FINAL HACE 99-65 MILLONES DE AÑOS

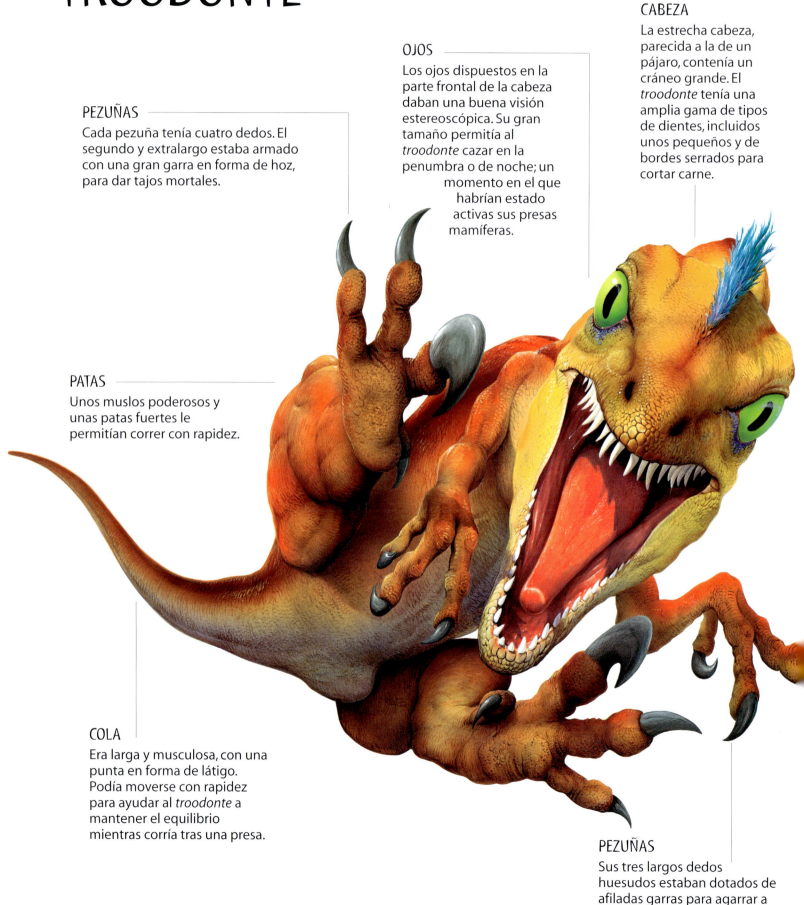

PEZUÑAS
Cada pezuña tenía cuatro dedos. El segundo y extralargo estaba armado con una gran garra en forma de hoz, para dar tajos mortales.

OJOS
Los ojos dispuestos en la parte frontal de la cabeza daban una buena visión estereoscópica. Su gran tamaño permitía al *troodonte* cazar en la penumbra o de noche; un momento en el que habrían estado activas sus presas mamíferas.

CABEZA
La estrecha cabeza, parecida a la de un pájaro, contenía un cráneo grande. El *troodonte* tenía una amplia gama de tipos de dientes, incluidos unos pequeños y de bordes serrados para cortar carne.

PATAS
Unos muslos poderosos y unas patas fuertes le permitían correr con rapidez.

COLA
Era larga y musculosa, con una punta en forma de látigo. Podía moverse con rapidez para ayudar al *troodonte* a mantener el equilibrio mientras corría tras una presa.

PEZUÑAS
Sus tres largos dedos huesudos estaban dotados de afiladas garras para agarrar a las presas.

TROODONTE

El *troodonte* era pequeño para un dinosaurio, pues no era más alto que un hombre adulto. Los científicos calculan que tenían la mejor vista de todos los dinosaurios, lo cual le permitía dirigirse a su presa con mortífera precisión. También tenía un cráneo relativamente grande, que puede haberlo convertido también en el más inteligente de los dinosaurios.

Era capaz de correr rápido con sus musculadas patas posteriores y probablemente cazara cualquier cosa que pudiera descuartizar con sus dientes afilados como cuchillos, sus huesudos dedos y su garra en forma de hoz.

Fósiles norteamericanos demuestran que ponía huevos y los empollaba hasta que eclosionaban, como hacen los pájaros actuales.

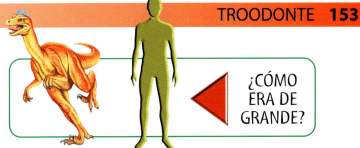

¿CÓMO ERA DE GRANDE?

DINODATOS

LONGITUD	En torno a 1'8 m de largo y 80 cm de alto
PESO	Unos 45 k
DIETA	Otros dinosaurios y otros reptiles; insectos
SIGNIFICADO DEL NOMBRE	«Diente que hiere»

El *troodonte* vivía en Norteamérica. Sus fósiles se han encontrado en Montana y Wyoming (EE.UU.) y en Alberta (Canadá). Los restos de sus parientes más próximos han aparecido en Mongolia.

¿SABÍAS QUE...?

● Los huevos de *troodonte* eran grandes y de cáscara gruesa. Cuanto más grande, más tarda en eclosionar el huevo y los embriones tienen más tiempo para desarrollarse antes de salir del cascarón. Es probable que las crías de *troodonte* rompieran la parte superior del huevo y se arrastraran fuera.

● Los primeros huevos fosilizados de dinosaurio fueron descubiertos en Francia en 1869. Desde entonces se han realizado otros muchos hallazgos en yacimientos de EE.UU., Argentina, Francia, España, India, Mongolia y China.

● La mayor parte de los huevos de dinosaurio que se han excavado todavía tienen la cáscara original a su alrededor. Los científicos han identificado en ellos aminoácidos (los componentes que forman las proteínas de los animales). Estos aminoácidos son sorprendentemente similares a los que se encuentran en las cáscaras de huevo de los pájaros actuales.

La madre medioentierra sus huevos tras haberlos depositado. Esto los mantiene inmóviles. Al igual que los huevos de los reptiles actuales, los del *troodonte* tenían que quedar firmemente asentados para evitar que las crías salieran deformes.

1

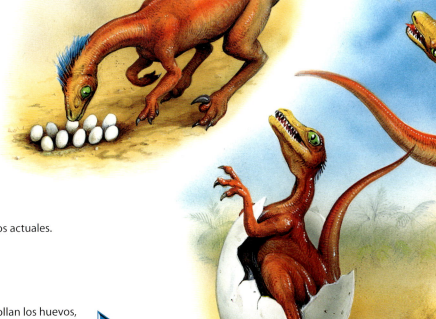

Uno o los dos progenitores empollan los huevos, igual que los pájaros actuales. Al nacer, cada cría de *troodonte* emerge perfectamente formada, como una diminuta copia de sus padres.

2

VELOCIRRAPTOR

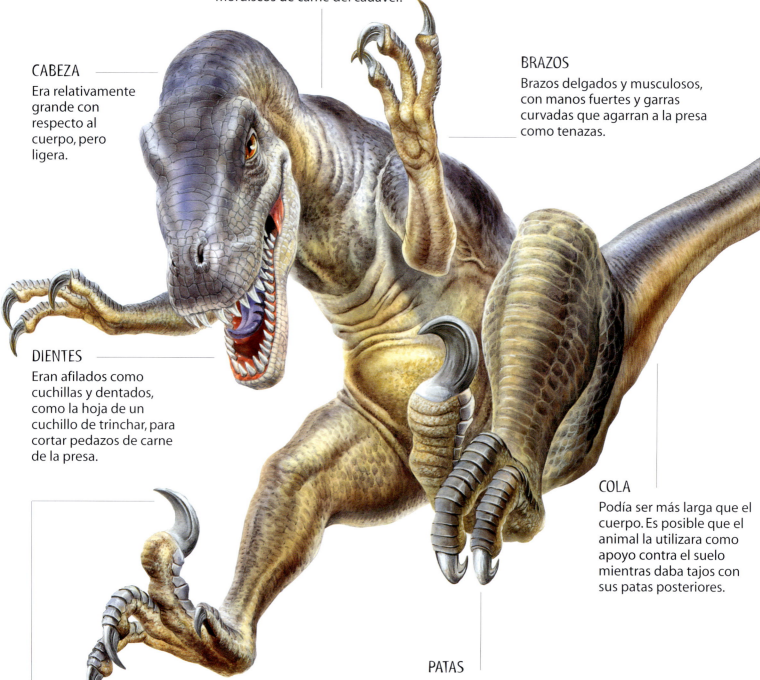

CUELLO
Un cuello fuerte y flexible permitía al *velocirraptor* hacer giros rápidos con la cabeza mientras arrancaba mordiscos de carne del cadáver.

CABEZA
Era relativamente grande con respecto al cuerpo, pero ligera.

BRAZOS
Brazos delgados y musculosos, con manos fuertes y garras curvadas que agarran a la presa como tenazas.

DIENTES
Eran afilados como cuchillas y dentados, como la hoja de un cuchillo de trinchar, para cortar pedazos de carne de la presa.

COLA
Podía ser más larga que el cuerpo. Es posible que el animal la utilizara como apoyo contra el suelo mientras daba tajos con sus patas posteriores.

GARRA ASESINA
El segundo dedo tenía una inmensa garra en forma de hoz. Tenía una punta afilada como una aguja y un borde frontal como el de un cuchillo. El *velocirraptor* levantaría esta garra del suelo al correr para evitar embotarla.

PATAS
Las largas y musculares piernas del *velocirraptor* le daban una vertiginosa velocidad al correr mientras cazaba a su presa. Cuando atacaba podía dar patadas destripadoras con sus pezuñas de afiladas garras.

VELOCIRRAPTOR 155

Puede que el *velocirraptor* sólo le llegara a la altura de la rodilla a su presa, pero compensaba su pequeño tamaño con una tremenda ferocidad. Cazando en manadas habría sido imparable. Este pequeño pero inteligente depredador vagaba por las hostiles llanuras de lo que hoy es Mongolia, junto a hordas de otros mortíferos dinosaurios carnívoros. Habría parecido torpe trotando con sus garras en forma de hoz levantadas, pero esto las mantenía listas y afiladas para despedazar a sus presas y enemigos.

Los fósiles demuestran que el *velocirraptor* era uno de los más avanzados asesinos de su época. Tenía un cerebro grande, de modo que probablemente fuera inteligente y estuviera alerta. Sus ojos eran grandes y su sentido del olfato era sin duda excelente.

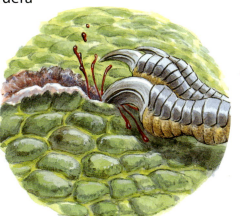

¿SABÍAS QUE...?

● Una manada de estos depredadores que sólo llegaban a la altura del pecho de un hombre, probablemente lo hubieran destripado en sólo 30 segundos, si no fuera por el hecho de que los *velocirraptores* llevan extinguidos 70 millones de años.

● Tras haber examinado la forma de los huesos de su cadera, algunos científicos creen que el *velocirraptor* puede haberse sentado erguido, como un perro, en vez de tumbarse sobre su vientre.

● Años atrás los científicos creían que los dinosaurios confiaban en el sol y otras fuentes de calor, como los reptiles modernos, para calentar sus cuerpos. Hoy día, algunos expertos creen que el *velocirraptor* y sus primos podían haber tenido sangre caliente, como los pájaros modernos y los mamíferos. Así podían haber llevado un estilo de vida muy activo.

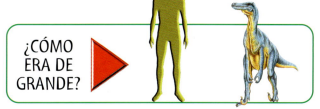

¿CÓMO ERA DE GRANDE?

DINODATOS

LONGITUD	De la cabeza a la cola en torno a 1'8 m
PESO	Unos 15 k
DIETA	Otros dinosaurios, sobre todo herbívoros lentos
SIGNIFICADO DEL NOMBRE	«Saqueador rápido»

Hasta el momento, sólo se han encontrado fósiles de *velocirraptor* en Mongolia y en zonas cercanas de China, en el Asia central. El primer descubrimiento tuvo lugar en 1923, en los Acantilados Flamígeros de Mongolia.

1 Al *velocirraptor* le gustaba la carne poco hecha. Probablemente atacaba en manada a grandes y lentos herbívoros; pero no le haría ascos a nada, incluso al rápido *galimimo* (debajo). En primer lugar, el velocirraptor utilizaba su afilada vista para detectar a un animal enfermo, joven o viejo de la manada y darle caza. En el último momento se lanzaba al cuello, agarrándolo con sus garras anteriores y sus dientes. Entonces alzaba una de sus patas posteriores poniendo en posición su segundo dedo. Con la misma facilidad que un escalpelo, la afilada garra destripaba a su presa (detalle, izquierda).

El *velocirraptor* comenzaba su comida aunque el *galimimo* estuviera jadeando entre el polvo, mientras se desangraba hasta morir. Agachado junto al destripado costado del *galimimo*, se ponía a trabajar con sus dientes y garra, cortando pedazos de carne fresca que hacía pasar por su delgado cuello.

2

156 DESPUÉS DE LOS DINOSAURIOS

DESPUÉS DE LOS DINOSAURIOS

Los últimos dinosaurios murieron en la gran extinción que se produjo justo al final del período Cretácico. Pero otras curiosas y notables criaturas prehistóricas sobrevivieron y no tardaron en llenar el hueco dejado por los dinosaurios.

Sea lo que fuera lo que mató a los dinosaurios, muchas fueron las criaturas que sobrevivieron y prosperaron al cataclismo. Un reptil prehistórico, el cocodrilo, todavía existe hoy día, apenas cambiado después de millones de años. El tiburón es otra criatura de la era de los dinosaurios, aunque los tiburones actuales no se acercan en absoluto al tamaño del *megalodonte*, que aterrorizó los mares en esta época. Entre los demás supervivientes había anfibios como las ranas y los sapos, y pájaros como el *arqueoptérix*, que probablemente desciendan de los dinosaurios voladores. Mientras tanto, los mamíferos de sangre caliente florecieron y terminaron por convertirse en bestias prehistóricas como el felino de dientes de sable y el mamut lanudo.

En el período que siguió a la extinción de los dinosaurios, muchas criaturas comenzaron a parecerse a los animales que conocemos hoy día. El *basilosaurio* estaba en camino de convertirse en una ballena. El gran *diatrima* se parecía a un pelícano y la *borhiena* a un lobo. Justo al final del período del que trata este capítulo, mucho después de que hubiera desaparecido el último dinosaurio, nos encontramos con otro extraño mamífero que vivía entre esas criaturas... el hombre.

ANDREWSARCO

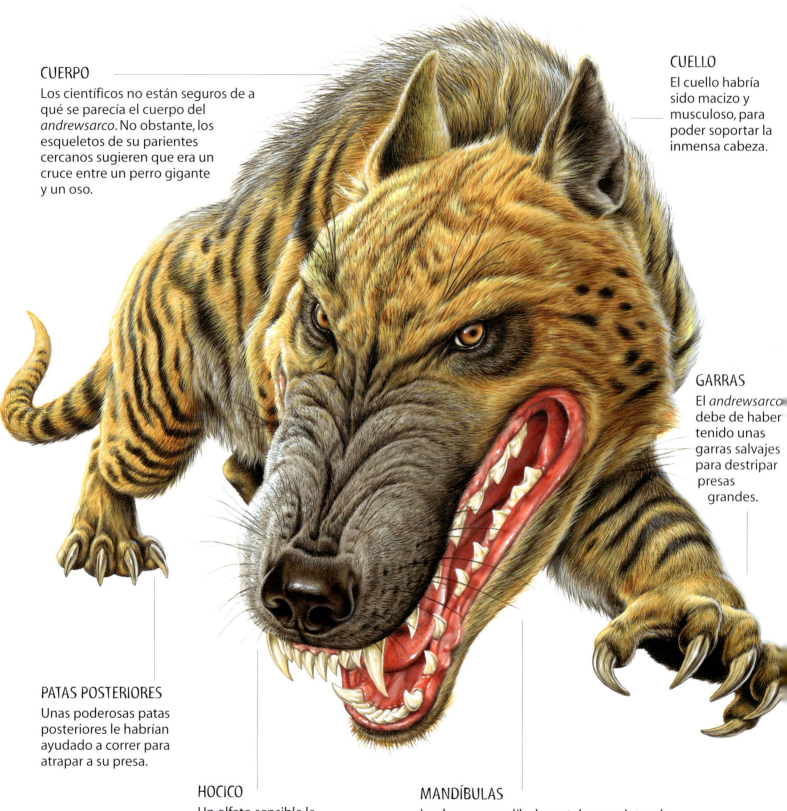

CUERPO
Los científicos no están seguros de a qué se parecía el cuerpo del *andrewsarco*. No obstante, los esqueletos de su parientes cercanos sugieren que era un cruce entre un perro gigante y un oso.

CUELLO
El cuello habría sido macizo y musculoso, para poder soportar la inmensa cabeza.

GARRAS
El *andrewsarco* debe de haber tenido unas garras salvajes para destripar presas grandes.

PATAS POSTERIORES
Unas poderosas patas posteriores le habrían ayudado a correr para atrapar a su presa.

HOCICO
Un olfato sensible le habría permitido detectar cadáveres desde varios kilómetros de distancia.

MANDÍBULAS
Las largas mandíbulas estaban repletas de sanguinarios dientes. Los inmensos caninos cercanos a la parte frontal agujereaban la piel. Los pesados premolares y molares desgarraban la carne y aplastaban los huesos.

ANDREWSARCO

De hasta seis metros de largo y con una boca lo bastante grande como para tragarse a un hombre, esta bestia era de verdad digna de una pesadilla. El *andrewsarco* era como una hiena gigante, un especialista en detectar a los muertos y moribundos. Era el mamífero carnívoro más grande que haya vivido nunca sobre la Tierra. Su masivo cráneo tenía unas fuertes mandíbulas repletas de inmensos dientes para triturar huesos.

Los científicos creen que era un pariente cercano de las ballenas más primitivas. La más antigua de las cuales era el *paquiceto*, que tenía muchos rasgos en común con el *andrewsarco*, sobre todo sus dientes.

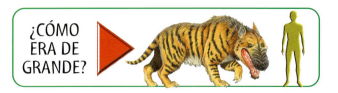

¿CÓMO ERA DE GRANDE?

DINODATOS

Longitud	Probablemente 5-6 m
Altura	Probablemente 2 m en la cruz
Peso	Probablemente más de una tonelada
Dieta	Probablemente animales muertos
Significado del nombre	«El antiguo de Andrew»

El *andrewsarco* se conoce sólo gracias a un único cráneo completo fosilizado, encontrado en el desierto del Gobi en Mongolia en 1923. No se han encontrado más restos.

¿SABÍAS QUE...?

● Aunque *andrewsarco* recibe su nombre de Roy Chapman Andrew, en realidad el fósil de su cráneo fue descubierto por uno de sus ayudantes. El experto chino en fósiles Kan Chuen Pao, conocido entre sus colegas como «Perdigón», lo encontró cuando el equipo se detuvo brevemente en un sitio llamado Irden Mannah.

● Roy Chapman Andrews encontró muchos tipos de animales prehistóricos desconocidos en sus expediciones a Mongolia en la década de 1920, incluidos los dinosaurios *ovirraptor* y *velocirraptor*. También descubrió huevos de dinosaurio.

● Algunos científicos piensan que el *andrewsarco* tenía cascos y no garras. Hasta que alguien encuentre más fósiles, no podremos saberlo con seguridad.

● Roy Chapman Andrews recibió el mote de «Gobi» en sus expediciones.

CARNE FRESCA

El *andrewsarco* quizá cazara, pero probablemente fuera sobre todo carroñero. Aquí el gran carnívoro se ha encontrado con un indefenso *uintaterio* moribundo en el suelo. La bestia se come viva al herbívoro, destripando su vientre y dándose un festín con sus intestinos.

160 PALEÓGENO HACE 65-23 MILLONES DE AÑOS

BASILOSAURIO

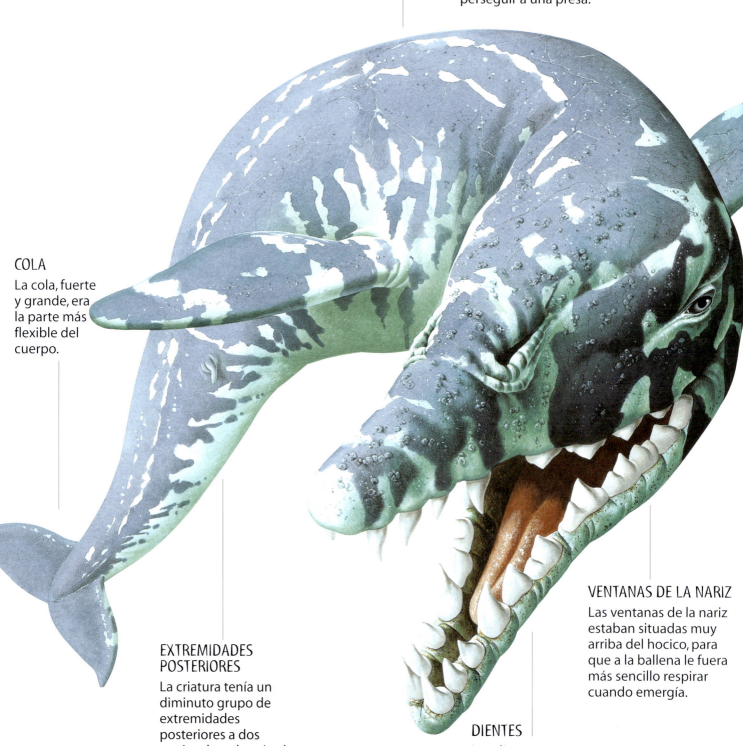

CUERPO
El cuerpo del animal era largo y aerodinámico. Estaba repleto de músculos para impulsarlo al perseguir a una presa.

COLA
La cola, fuerte y grande, era la parte más flexible del cuerpo.

EXTREMIDADES POSTERIORES
La criatura tenía un diminuto grupo de extremidades posteriores a dos tercios de su longitud. Puede que las utilizara como agarraderas durante el apareamiento.

VENTANAS DE LA NARIZ
Las ventanas de la nariz estaban situadas muy arriba del hocico, para que a la ballena le fuera más sencillo respirar cuando emergía.

DIENTES
Los dientes eran puntiagudos en la parte frontal de la mandíbula y serrados hacia la parte posterior.

BASILOSAURIO

Esta inmensa y primitiva ballena tenía un cuerpo grande y flexible con fuertes aletas. Recorría los océanos prehistóricos atrapando criaturas marinas con sus largas mandíbulas. El *basilosaurio* era incapaz de sobrevivir en tierra firme y casi con total seguridad llevaba a cabo todas sus actividades en el agua, incluido el cortejo, el apareamiento y el parto.

Unas diminutas extremidades posteriores, visibles en la parte trasera de su cuerpo, nos proporcionan claves sobre los antepasados de la criatura: descendía de bestias que vivieron en tierra firme.

¿CÓMO ERA DE GRANDE?

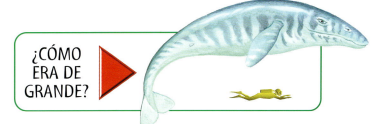

DINODATOS

Longitud	15-25 m
Cráneo	Hasta 1'5 m
Peso	Como mínimo 6 toneladas
Presas	Pescado, cangrejos y, a más profundidad, calamares
Armas	Mandíbulas inmensas y dientes afilados

Es probable que el *basilosaurio* nadara en todos los océanos y mares del mundo del Eoceno. Se han encontrado restos fósiles en lugares tan alejados como Egipto y Alabama, Misisipí y Luisiana, en el sur de los EE.UU.

¿SABÍAS QUE...?

● El nombre de *basilosaurio* es bastante inadecuado. Significa «rey de los lagartos» y fue acuñado tras el descubrimiento de sus primeros fósiles, que se pensó pertenecían a un reptil gigante. El nombre alternativo de la criatura, *zeuglodonte*, es más adecuado, porque se refiere a los dientes serrados del animal.

● Los huesos de *basilosaurio* fueron expuestos en tiempos de forma fraudulenta como si fueran los de una legendaria serpiente marina.

● Las ballenas primitivas como el *basilosaurio* pueden haber evolucionado a partir de unos mamíferos carnívoros terrestres llamados *mesoníquidos*. Los cráneos y dientes de estos dos grupos presentan grandes similitudes. Aunque tenían un aspecto perruno, los *mesoníquidos* estaban separados, evolutivamente hablando, de los carnívoros actuales.

1 Un optimista *basilosaurio* macho ha conseguido atraer a dos hembras. Pero antes de que pueda aparearse, un macho más agresivo aparece.

2 Más viejo y grande, el macho agresivo también está decidido a aparearse. Obliga al macho joven a retirarse mediante dolorosos mordiscos en las aletas y la cola.

DIATRIMA

PALEÓGENO — HACE 65-23 MILLONES DE AÑOS

PICO
Ambas partes eran grandes y con los bordes afilados. La parte superior tenía una punta curva.

COLORES
El pájaro puede haber tenido un color suave para camuflarse entre la vegetación o, como muchos pájaros modernos, el macho puede haber sido de brillantes colores para atraer a las hembras.

ALAS
Las raquíticas alas no eran lo bastante fuertes como para volar; pero pueden haber ayudado al pájaro a mantener el equilibrio cuando corría tras una aterrorizada presa.

PATAS
Unos gruesos músculos en los muslos habrían propulsado al gran pájaro por el suelo.

PEZUÑAS
Estaban divididas en cuatro dedos largos. Cada uno de ellos terminaba en una afilada garra curva.

DIATRIMA

Uno de los pájaros más grandes que nunca haya habido sobre la faz de la Tierra, el *diatrima*, era un gigante emplumado que no podía volar. Era tan alto como un avestruz, pero más voluminoso, con patas macizas y una cabeza enorme. Habría tenido facilidad para correr y atrapar a sus presas, para luego destriparlas con sus inmensas garras y pico curvos. No obstante, algunos expertos creen que en absoluto era un carnívoro, sino un carroñero o incluso un herbívoro que utilizaba el pico para coger plantas.

El *diatrima* caminó por Norteamérica y Europa hace unos 60-50 millones de años, cuando los continentes todavía estaban juntos formando una gran masa de tierra.

¿CÓMO ERA DE GRANDE?

DINODATOS

LONGITUD	2 m o más	
PESO	Probablemente 200 k	
DIETA	Algunos expertos creen que cazaban animales pequeños; otros que carroñeaban o que comían plantas	Se han encontrado restos fósiles de *diatrima* en Nueva Jersey, Wyoming y Nuevo México en los EE.UU., y en Inglaterra, Bélgica y Francia en Europa. En la época del *diatrima*, Europa y Norteamérica estaban unidas.
ARMAS	Un pico y garras grandes, poderosos y curvados	
SIGNIFICADO DEL NOMBRE	«Grulla terror»	

¿SABÍAS QUE...?

● Pájaros gigantes como el *diatrima* sobrevivieron durante mucho más tiempo en Sudamérica. El *fororarcos*, de aspecto terrible e incapaz de volar, todavía andaba suelto hace 20 millones de años. Tenía una altura de 1,5 m y, como el *diatrima*, blandía un terrible pico curvo.

● Los científicos creen que el pariente vivo más cercano del *diatrima* son los pájaros conocidos como gruiformes, un orden que incluye las fochas, las avutardas y las grullas.

● En el Museo Norteamericano de Ciencias Naturales de Nueva York (EE.UU.), se exhibe un esqueleto fósil casi completo de *diatrima*.

Habiendo sorprendido a un *hiracoterio* (caballo prehistórico), el gran pájaro lo sujeta contra el suelo con su poderosa pata. **1**

2 El caballo lucha por liberarse, pero no hay escapatoria al agarre del *diatrima*. El pájaro acaba con los sufrimientos de la criatura con un solo mordisco en la columna vertebral.

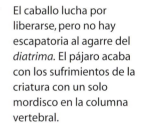

El pico del *diatrima* penetra en su víctima rompiendo sus huesos como si fueran palillos. Comienza a arrancar sus jugosos y sanguinolentos intestinos con ansia. **3**

ARGENTAVIS

ALAS
A las grandes alas les habría bastado el menor soplo de aire para mantenerse en vuelo.

GORGUERA
Algunos expertos creen que el pájaro tenía en el cuello una gorguera de plumas para protegerse del frío.

PICO
El afilado y curvado pico podía penetrar en la piel de una víctima como si fuera un cuchillo de carnicero.

PATAS
Con sus largas y poderosas patas, el pájaro podría echar a volar tras una corta carrera para despegar.

GARRAS
Unas poderosas garras permitían al ave cargar con presas grandes para llevarlas al nido o sujetar con fuerza el cadáver mientras arrancaba pedazos de carne.

ARGENTAVIS

El *argentavis* fue el ave voladora más grande que haya existido jamás, lo bastante como para matar a su presa aplastándola sólo con descender sobre ella. Habría utilizado su sanguinario pico curvo y sus garras para arrancar pedazos de carne.

Este poderoso cazador patrulló los cielos de lo que hoy es Argentina. Con su envergadura alar de siete metros podría haber permanecido en el aire durante horas, mientras escudriñaba el suelo en busca de su siguiente almuerzo. Los expertos creen que cazaba animales vivos, pero su dieta probablemente también incluyera la carne de los cadáveres que divisaba desde el aire.

¿CÓMO ERA DE GRANDE?

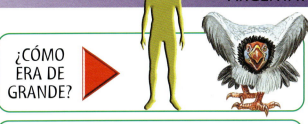

DINODATOS

Altura	Hasta 1'5 m	El único lugar en el que se han encontrado huesos fosilizados de *argentavis* es en la provincia de La Pampa, en la Patagonia (Argentina). No obstante, restos de parientes muy próximos han sido descubiertos en gran número en gran parte de América del Norte y del Sur. Las llanuras de Patagonia están rodeadas por montañas, lo que habría proporcionado al ave muchos sitios para posarse y anidar.
Peso	Unos 80 k	
Envergadura Alar	Hasta 7'6 m	
Dieta	Animales, vivos o muertos	
Significado del nombre	«Pájaro magnífico de Argentina»	

¿SABÍAS QUE...?

● Cuando el *argentavis* vivía, las llanuras argentinas tenían una hierba exuberante que proporcionaba mucha comida a los herbívoros de los que se alimentaba este inmenso pájaro. Cuando el clima comenzó a cambiar y las llanuras se volvieron semidesérticas, el número de presas decayó drásticamente, lo cual supuso una maldición para el *argentavis* y los de su clase.

● Este lejano antepasado de los pájaros modernos tenía dientes y pudo haber evolucionado a partir de pequeños dinosaurios. Se desvanecieron, junto a los dinosaurios, hace 65 millones de años, siendo reemplazados por pájaros cuya forma se asemeja a los actuales.

● Los pájaros alcanzaron su momento de máximo esplendor hace un millón de años cuando, así dicen algunos expertos, había más de 11.500 especies diferentes. En la actualidad hay unas 9.000 especies, muchas de las cuales están en peligro de extinción.

Volando en círculos a gran altura, el pájaro observa un animal muerto y planea hasta aterrizar cerca de él. El ave arranca una tira de carne y comienza a comer.

1. La poderosa ave se fija en un *diadiáforo* parecido a un poni que corre con su manada y desciende en picado sobre él. La fuerza del golpe le rompe al instante la columna vertebral.

166 NEÓGENO HACE 23-1'8 MILLONES DE AÑOS

BORHIENA

COLA
La cola era gruesa en la base y podía soportar al animal cuando éste se levantara sobre sus patas posteriores, un rasgo común a los marsupiales.

DIENTES
Los dientes crecían constantemente, según se iban desgastando o se caían.

GARRAS
Sus afiladas garras eran curvas como un sable, para cortar mejor.

PATAS
Las musculares patas eran lo bastante fuertes como para permitir que el cazador persiguiera a su presa durante un corto trecho y luego saltara encima del lomo de su víctima.

BORHIENA

La *borhiena* era un cazador del tamaño de un lobo que vivía en Argentina. En esa época, Sudamérica era una isla, aislada del resto del mundo. Era el mayor depredador de su época y puede haber acechado por entre las altas hierbas para emboscar a sus presas, matando a sus víctimas de un mordisco con sus masivas mandíbulas. También puede haberse alimentado de los cadáveres de animales muertos por otros carnívoros.

La *borhiena* era un marsupial (mamífero con bolsa), más estrechamente emparentado con el wallaby que con el lobo. No obstante, sus dientes, capaces de triturar huesos y cortar carne, demuestran claramente que le gustaba alimentarse de carne sanguinolenta.

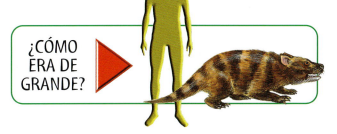

¿CÓMO ERA DE GRANDE?

DINODATOS

Longitud	Hasta 1'5 m	Hasta el momento sólo se han encontrado restos de *borhiena* en la Patagonia, una región de Argentina. No obstante, el animal puede haber estado más extendido por Sudamérica de lo que la evidencia fósil sugiere. Se han encontrado restos de varias especies más de *borhiénidos* —el grupo de marsupiales carnívoros al que pertenece la *borhiena*— por todo el continente.
Peso	90-100 k	
Armas	Garras y poderosas mandíbulas	
Dieta	Animales, vivos o muertos	
Significado del nombre	«Hiena glotona»	

¿SABÍAS QUE...?

● América del Norte y del Sur estuvieron separadas durante millones de años y por lo tanto los mamíferos marsupiales del continente sur tuvieron poca o ninguna competencia. Pero cuando los dos continentes se volvieron a unir, los mamíferos placentados invadieron el sur desde el norte y empezaron a competir por la comida con marsupiales como la *borhiena*, lo que originó la extinción de la mayoría de ellos.

● Los expertos creen que los marsupiales evolucionaron en América y luego llegaron a Australia en un momento en que ambos continentes estaban conectados por una masa de tierra por intermedio de la Antártida. Cuando Australia volvió a quedar aislada de la Antártida, los marsupiales evolucionaron hacia una variedad de especies de herbívoros y carnívoros, muchos de los cuales todavía se encuentran allí, incluidas criaturas tan familiares como los canguros.

 Una *borhiena* se aproxima al cadáver de un herbívoro. Otra *borhiena* está ya allí arrancando una pierna. El recién llegado se le une y juntos desgarran la extremidad.

 Los dos animales estiran de la pata hasta que al final uno se la arranca al otro de la boca. Sale corriendo para disfrutar del festín en solitario.

BRONTOTERIO

NEÓGENO HACE 23-1'8 MILLONES DE AÑOS

CUELLO
El inmenso cuello abultado del brontoterio contenía músculos poderosos. Los necesitaba para soportar su pesado tocado.

CEREBRO
El cerebro probablemente sólo tuviera el tamaño de una naranja y fuera bastante liso, haciendo que el *bronterio* fuera todavía menos inteligente que el rinoceronte moderno.

CUERNOS
El enorme «cuerno» en forma de Y del macho estaba formado de hueso sólido y recubierto de una capa gruesa de piel.

PATAS
Las patas eran robustas y como columnas, construidas para soportar el inmenso peso de la criatura.

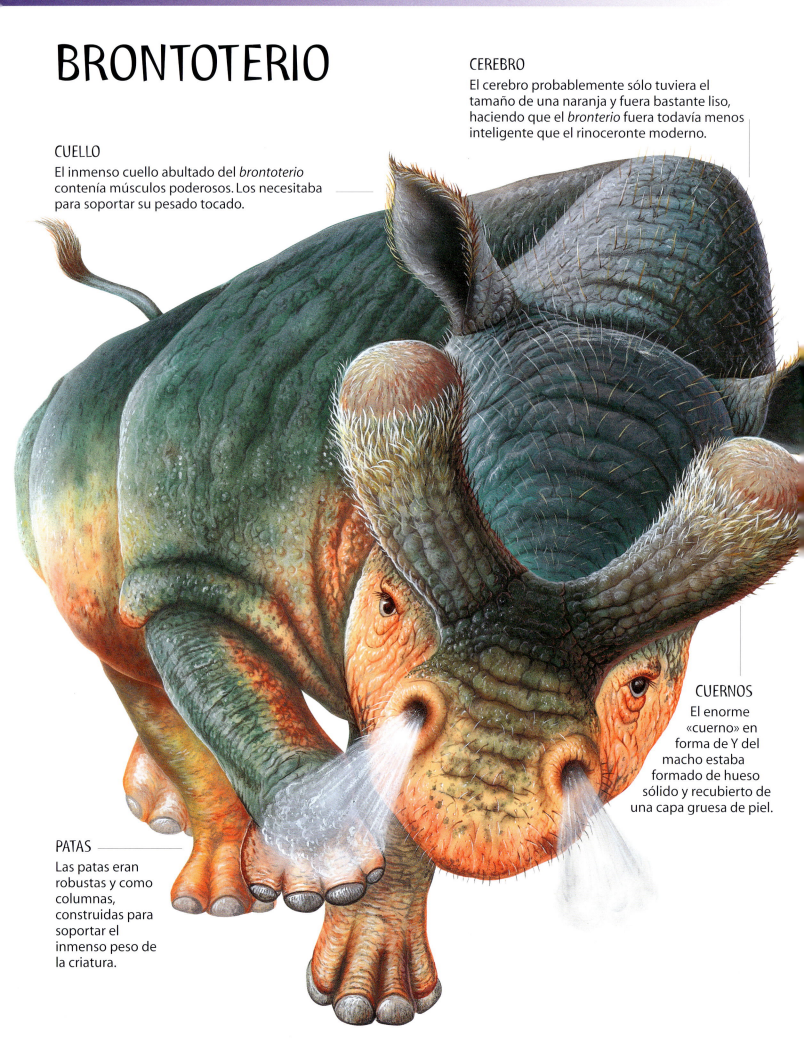

BRONTOTERIO

Es posible que el *brontoterio* tenga para nosotros una apariencia horrorosa, pero lo que le faltaba en belleza y cerebro ciertamente lo tenía en corpulencia. En su momento, esta inmensa criatura parecida a un rinoceronte era uno de los mayores mamíferos terrestres de Norteamérica. Los machos eran unas bestias voluminosas que utilizaban sus inmensos cuernos para chocar con los rivales. Los ejemplares más duros conseguían el derecho a aparearse con las hembras.

Parece que el *brontoterio* vagó en rebaños por los bosques alimentándose de hojas. Es probable que utilizara sus carnosos labios para desgarrar cada bocado y que luego triturara la comida con sus grandes dientes yugales. Se extinguieron cuando el clima cambió y los bosques dieron paso a la hierba.

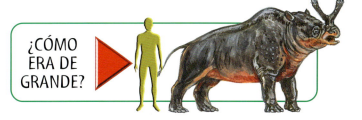

¿CÓMO ERA DE GRANDE?

DINODATOS

Altura	Hasta 2'5 m en la cruz	El *brontoterio* vivía en los bosques que antaño cubrieron gran parte de Norteamérica. Sus restos se suelen encontrar en los bordes de las mesetas, en zonas con antigua actividad tectónica que produjo montañas, como las Badlands de Nebraska y Dakota del Sur. Otros *brontotéridos* vivieron en el norte de Eurasia, migrando entre ambas masas continentales a través del estrecho de Bering (por entonces un puente de tierra).
Peso	Hasta 4'5 toneladas	
Dieta	Hojas tiernas y brotes	
Armas	Los machos tenían grades cuernos en forma de «Y»	
Significado del nombre	«Bestia trueno»	

¿SABÍAS QUE...?

● En la época en la que el *brontoterio* vagaba por Norteamérica, las montañas rocosas estaban apareciendo. La zona era muy volcánica y las ocasionales erupciones habrían enterrado a rebaños de *brontoterio* en nubes de gas caliente, en los lugares en donde se han encontrado muchos de sus esqueletos.

● Los *brontotéridos* son llamados en ocasiones *titanotéridos*, de la palabra Titán: poderosos dioses antiguos de la mitología griega.

● Varios esqueletos de *brontoterio* tienen costillas rotas y, por lo que sabemos por el momento, entonces no existía ningún otro animal que pudiera haber generado ese tipo de herida, lo que apoya la idea de que los grandes *brontoterios* peleaban entre sí.

● El profesor Marsh (1831-1899) de la Universidad de Yale fue la primera persona en estudiar al *brontoterio* con detalle.

Es la temporada del apareamiento y, mientras una hembra de *brontoterio*, más pequeña, espera cerca, dos fornidos machos cargan con la cabeza gacha.

La bestia más pesada le da un golpe en el flanco a su rival. Una costilla se rompe con un fuerte sonido. La bestia derrotada se aleja doliente.

MEGALODONTE

HOCICO
Probablemente contuviera sensores para detectar los olores y vibraciones producidos por sus presas.

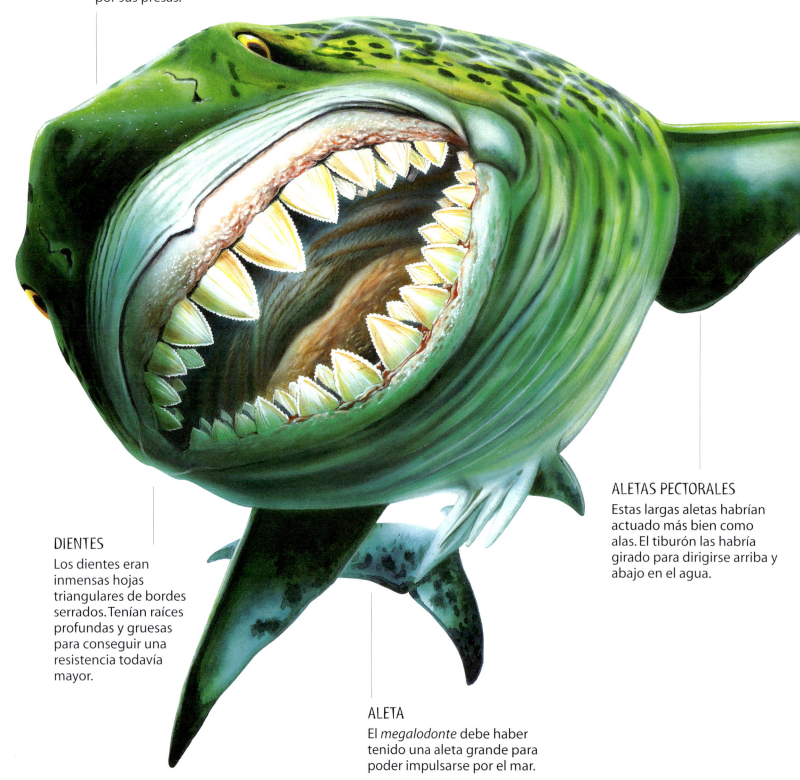

DIENTES
Los dientes eran inmensas hojas triangulares de bordes serrados. Tenían raíces profundas y gruesas para conseguir una resistencia todavía mayor.

ALETAS PECTORALES
Estas largas aletas habrían actuado más bien como alas. El tiburón las habría girado para dirigirse arriba y abajo en el agua.

ALETA
El *megalodonte* debe haber tenido una aleta grande para poder impulsarse por el mar.

MEGALODONTE

El *megalodonte* era un asesino de una ferocidad sorprendente. Fue sin duda el más aterrador tiburón que haya vivido nunca. Armado con dientes como hachas de bordes serrados, podía matar a una ballena grande instantáneamente, aplastándola de un solo mordisco.

El *megalodonte* probablemente fuera el principal depredador de los mares del mundo durante más de 20 millones de años. Sin embargo, su largo y salvaje reino terminó entre hace 3 y 1 millón de años atrás. El motivo es un misterio; puede que el gran tiburón se quedara sin comida o quizá simplemente no pudiera sobrevivir a las tremendamente frías temperaturas de los mares de la Edad del Hielo.

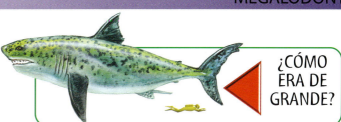

¿CÓMO ERA DE GRANDE?

DINODATOS

Longitud	17 m o más
Peso	25 toneladas o más
Presas	Ballenas y peces grandes
Armas	Dientes serrados y colosales
Significado del nombre	«Tiburón de dientes grandes»

Se han encontrado fósiles de *megalodonte* desde las Américas hasta Europa pasando por Nueva Zelanda y Australia, lo que sugiere que el tiburón vivió en mares cálidos de todo el mundo.

¿SABÍAS QUE...?

● Basándose en supuestos y ocasionales avistamientos de tiburones enormes en el Pacífico, algunos cazadores de monstruos creen que el *megalodonte* sigue existiendo.

● Durante siglos, la gente creyó que los dientes fósiles de *megalodonte* eran lenguas de serpiente convertidas de forma mágica en piedra. Bernard Plissy, el científico frances del siglo XVI, fue uno de los primeros en darse cuenta de la verdad; pero no fue hasta 1835 cuando el descubrimiento se hizo oficial y el naturalista suizo Louis Agassiz bautizó al tiburón.

● Los coleccionistas buscan ansiosos los dientes más grandes de *megalodonte,* que alcanzan precios impresionantes. Los más raros y valiosos son los que se encuentran en perfecto estado; sobre todo los que proceden de pozos de fosfatos, pues pueden ser de bonito color rojo, blanco, naranja o azul, en vez de los habituales gris y negro.

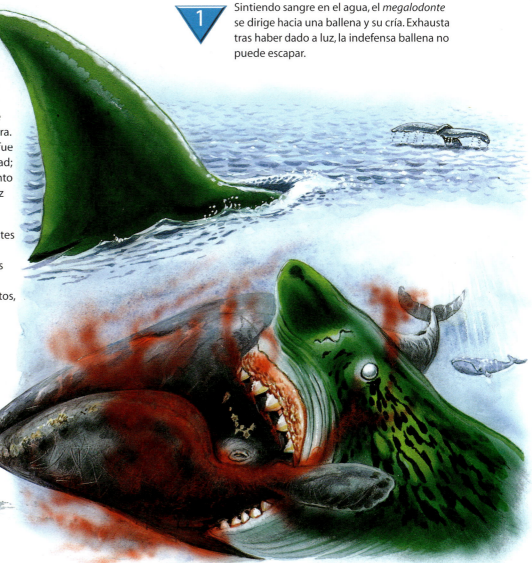

1 Sintiendo sangre en el agua, el *megalodonte* se dirige hacia una ballena y su cría. Exhausta tras haber dado a luz, la indefensa ballena no puede escapar.

2 El *megalodonte* se abalanza contra la ballena y cierra sus inmensas mandíbulas sobre sus costillas. Su final es misericordiosamente corto, pero los problemas de la cría no han hecho más que empezar.

PLATIBELODONTE

COLA
Al igual que los elefantes actuales, el *platibelodonte* la habría utilizado para espantar a los molestos insectos voladores.

TROMPA
La trompa era una extensión flexible de la nariz, con las ventanas en la punta. Cuando el animal estaba nadando, habría hecho las veces de un tubo de respiración. Cuando la criatura se alimentaba, servía para meterle las plantas en la boca.

COLMILLOS SUPERIORES
Evolucionaron a partir de los dientes y se iban haciendo más gruesos y largos durante la vida del animal.

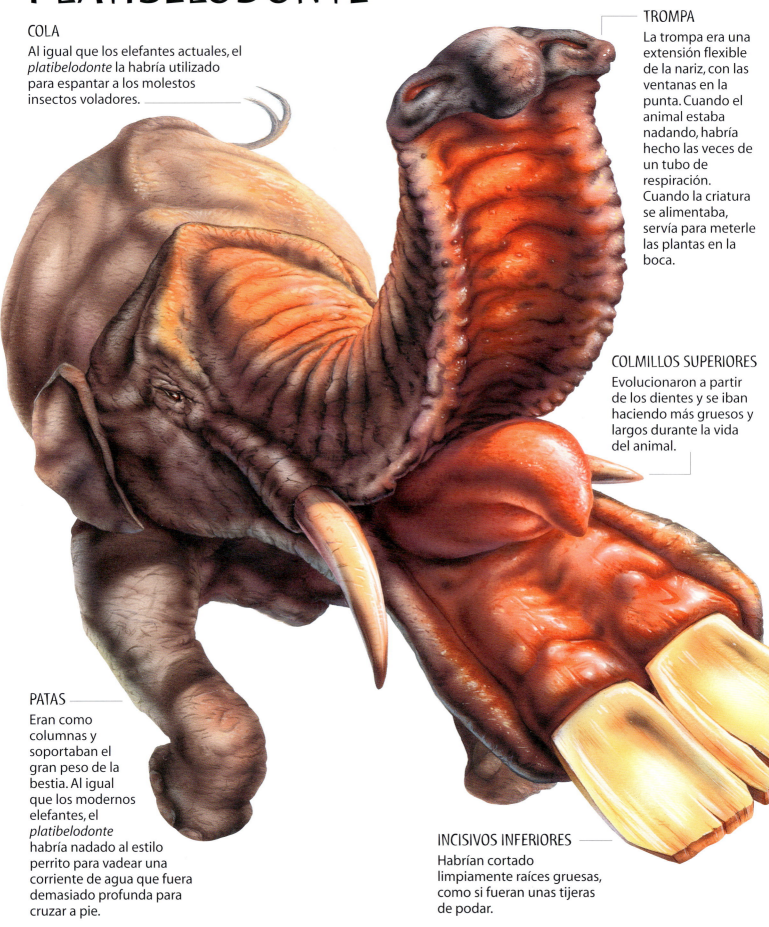

PATAS
Eran como columnas y soportaban el gran peso de la bestia. Al igual que los modernos elefantes, el *platibelodonte* habría nadado al estilo perrito para vadear una corriente de agua que fuera demasiado profunda para cruzar a pie.

INCISIVOS INFERIORES
Habrían cortado limpiamente raíces gruesas, como si fueran unas tijeras de podar.

PLATIBELODONTE

Este lejano pariente del elefante tenía una inmensa mandíbula inferior con forma de pala. Utilizaba el extremo afilado de sus dientes para cortar grandes bocados de exquisitas plantas de pantano. El *platibelodonte* vagó por todo el mundo en manadas, devorando enormes cantidades de vegetación cada día.

Si un depredador intentaba atacar a esta inmensa criatura, tendría que haber evitado los cortos colmillos curvados hacia abajo de la mandíbula superior del *platibelodonte*. No los utilizaba para conseguir comida, pero habrían sido unas armas formidables.

Los únicos elefantes que viven actualmente son los asiáticos y los africanos, pero en época del *platibelodonte* había muchos tipos diferentes.

¿CÓMO ERA DE GRANDE?

DINODATOS

Longitud	Hasta 6 m
Altura	Hasta 3 m
Peso	Hasta 4 toneladas
Longitud de mandíbula	En los animales adultos, la mandíbula podía medir 1'7 m
Dieta	Plantas de pantano, como juncias, plantas acuáticas y raíces de plantas
Significado del nombre	«Dientes de base ancha»

A lo largo de los años, los expertos han identificado restos de *platibelodonte* en sitios tan alejados entre sí como China, Mongolia, este de África, Norteamérica y la región del Caúcaso, en el este de Europa.

¿SABÍAS QUE…?

● Uno de los antepasados del *platibelodonte* era el *fiomia*, de 2'5 m de altura, que vivió en África hace 30 millones de años. Tenía un labio superior similar a una prototrompa, que utilizaba junto a su larga mandíbula inferior y sus dientes para recoger exuberante follaje boscoso. *Fiomia* significa «bestia de la provincia del lago», en referencia a la zona del Fayum en Egipto, donde fueron encontrados sus restos.

● El hecho de que el *platibelodonte* viviera tanto en Norteamérica como en Asia demuestra que en tiempos hubo un puente de tierra en el estrecho de Bering.

● Dentro de una hembra adulta excavada en Mongolia, los expertos encontraron una cría que todavía no había nacido.

1. El *ananco* vivía en los bosques de Europa y Asia en la misma época que el *platibelodonte*. Tenía unos colmillos rectos de hasta 4 m de largo para excavar jugosos tubérculos.

2. El *cuvieronio* vagó por América hasta hace sólo 11.600 años. Tenía unos extraños colmillos espirales y pudo haber despedazado a muchos de los hombres que lo cazaron hasta extinguirlo.

3. El *ambelodonte* era un pariente cercano del *platibelodonte*. Tenía una estrecha mandíbula inferior de 1 m de largo y dientes para coger plantas de los ríos.

TILACOSMILO

CUERPO
Era macizo, muscular, adecuado para emboscar, no para perseguir a las presas.

OJOS
El *tilacosmilo* debe de haber tenido visión binocular para calcular sus ataques con precisión.

PATAS
La bestia tenía unas patas fuertes y unas garras afiladas para agarrarse a la presa mientras ésta se debatía.

FUNDAS
Guardaban los dientes de sable e impedían que el animal se acuchillara a sí mismo.

DIENTES DE SABLE
Surgían de unos largos canales que pasaban por el cráneo hasta detrás de los ojos.

TILACOSMILO

Hace más de dos millones de años, esta aterradora bestia merodeaba por las llanuras de Sudamérica. Con sus dientes de sable podía cortar la garganta de animales del tamaño de un rinoceronte y luego despedazarlos. El *tilacosmilo* no era mayor que un leopardo, pero era capaz de matar a animales mucho más grandes que él, acuchillándolos en la garganta con sus dientes colosales.

El *tilacosmilo* parecía un felino con dientes de sable, pero en realidad era un marsupial, como el canguro actual. Necesitaba esos dientes porque cazaba herbívoros de piel gruesa. El único medio de matarlos era cortarles la arteria principal y los dientes de sable eran perfectos para el trabajo.

¿CÓMO ERA DE GRANDE?

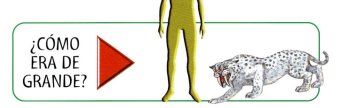

DINODATOS

Longitud	Hasta 1'5 m	Los restos de *tilacosmilo* se han encontrado en la pampa argentina. La bestia vagaba por esas llanuras hasta hace sólo 2 millones de años, a finales del Mioceno y el Plioceno, justo en el final del período Terciario. En esa época es probable que toda la región se pareciera mucho a como es hoy: praderas abiertas, cálidas, secas y polvorientas con muy pocos árboles.
Presas	Grandes mamíferos herbívoros de piel gruesa	
Armas	Dos dientes de sable de hasta 13 cm de longitud	
Significado del nombre	«Cuchillo con funda»	

¿SABÍAS QUE...?

● El *tilacosmilo* desapareció hace 2 millones de años, probablemente porque no pudo competir con los felinos de dientes de sable que invadieron Sudamérica desde Norteamérica tras las grandes erupciones volcánicas que unieron a los dos continentes. Una razón para ello pudo ser que los felinos de dientes de sable criaban de forma más exitosa que los *tilacosmilos*, pero nadie lo sabe con seguridad.

● El *esmilodonte*, un felino de dientes de sable, sobrevivió hasta hace 10.000 años, cuando parece que fue barrido de la Tierra por las lanzas y trampas de los cazadores humanos.

● Muchos marsupiales modernos, incluido el topo y los felinos, se asemejan a mamíferos «normales» sin bolsa. Incluso hubo un «lobo» marsupial llamado *tilacino*, hasta que fue cazado y extinguido a comienzos del siglo XX.

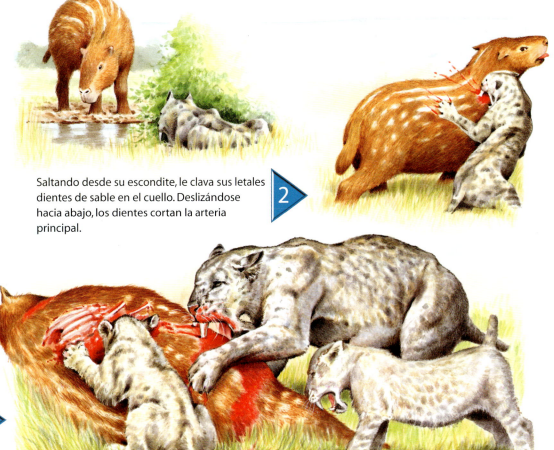

1. Una hembra de *tilacosmilo* con una camada de hambrientos cachorros a la que alimentar espera junto a una fuente de agua. Finalmente su paciencia es recompensada. Un sediento *telicomys* se acerca para beber.

2. Saltando desde su escondite, le clava sus letales dientes de sable en el cuello. Deslizándose hacia abajo, los dientes cortan la arteria principal.

3. El *telicomys* se derrumba debido a la pérdida de sangre. La camada del *tilacosmilo* llega para compartir un buen almuerzo con su madre.

COLOSOQUELI

PARTE INFERIOR
La coraza continuaba por el vientre. Aunque la tortuga quedara boca arriba, no habría modo de penetrar en ella.

CAPARAZÓN
El inmenso caparazón habría estado recubierto con una bonita capa de concha, igual que en las tortugas modernas.

PATAS
El *colosoqueli* tenía unas patas fuertes y macizas para levantar su inmenso cuerpo del suelo. Aún con ello habría sido de movimientos lentos.

PEZUÑAS
La suela de las pezuñas del *colosoqueli* tenían gruesas almohadillas protectoras para ayudarle a repartir su gran peso.

PICO
El pico óseo era perfecto para arrancar hojas y brotes de las plantas de talla pequeña. La tortuga también puede haber atrapado algún gusano.

GARRAS
La bestia tenía las garras afiladas para poder cavar nidos para sus huevos.

COLOSOQUELI

El *colosoqueli* era el campeón de los pesos pesados del mundo de las tortugas y vagó por la Tierra hace más de un millón de años, a salvo dentro de su enormemente duro y grueso caparazón. Era, con mucho, la tortuga más grande que el mundo haya visto nunca: el doble de grande que las tortugas gigantes que viven actualmente.

El *colosoqueli* era un suave gigante de lentos movimientos que pasaba sus días masticando pacíficamente hierba y otras plantas de planta pequeña. La tortuga sobrevivía gracias a la gruesa coraza que llevaba sobre la espalda. Con esta protección podía escapar incluso a los más terribles y ágiles depredadores.

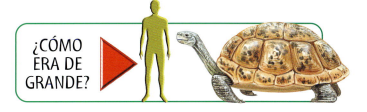

¿CÓMO ERA DE GRANDE?

DINODATOS

LONGITUD	2'5 m	Hasta este momento, los restos mejor conservados de *colosoqueli* son los encontrados en las colinas de Siwalik, en el norte de la India, al pie de la vasta cordillera montañosa del Himalaya. Restos del caparazón de otras tortugas antiguas que los científicos creen que pertenecen a este género han aparecido en Myanmar (Birmania), Java, Sulawesi y Timor.
ALTURA	1 m	
PESO	850 k	
DIETA	Hojas y brotes	
SIGNIFICADO DEL NOMBRE	«Caparazón colosal»	

¿SABÍAS QUE...?

● El *colosoqueli* también es conocido por otro nombre latino: *Testudo atlas*. En la mitología griega, Atlas era el titán (dios gigante) que sujetaba el mundo sobre sus hombros.

● Aunque el *colosoqueli* era la tortuga más grande que haya habido nunca, no fue el reptil con concha más grande. Ese título le corresponde al *arquelón*, una realmente monstruosa tortuga marina que vivió en el mismo período que los dinosaurios. La bestia alcanzaba hasta 3'7 m de largo y pesaba más de 2 toneladas.

● La tortuga viva más pequeña es la tortuga moteada del Cabo, del lejano suroeste de África. Un adulto completamente desarrollado tiene sólo 9 cm de largo y pesa sólo 300 g, por lo que habrían sido necesarias una pila de 300 de ellas para conseguir que pesaran lo mismo que un único *colosoqueli*.

Mientras se alimenta tranquilamente, el *colosoqueli* se da cuenta de que se acerca otro animal. La criatura es un hambriento felino de dientes de sable.

Mientras el felino de dientes de sable intenta conseguir su presa, el *colosoqueli* retira la cabeza y las patas dentro de su inmenso caparazón. Nada queda a la vista.

Frustrado, el felino se sienta sobre el caparazón para lavarse. La tortuga tendrá que esperar hasta que el felino se aburra para poder relajarse.

178 PLEISTOCENO   HACE 1'8 MILLONES DE AÑOS-8.000 AÑOS

DEDICURO

CABEZA
La cabeza del *dedicuro* era grande y estaba coronada por un sólido casco de hueso. Es posible que el animal hubiera metido la cabeza dentro del caparazón al ser atacado.

CAPARAZÓN
El caparazón estaba formado por piezas de hueso fundidas entre sí para formar una sola pieza.

MANDÍBULAS
Las mandíbulas eran grandes y estaban muy musculadas para poder triturar las duras hierbas fibrosas que crecían en las llanuras.

COLA
La cola terminaba en una maza con pinchos que podía ser sacudida con gran fuerza.

PATAS POSTERIORES
Las patas posteriores eran inmensas y poderosas. Varios estudios demuestran que el *dedicuro* podría haberse alzado sobre ellas con facilidad si así lo hubiera querido

PATAS ANTERIORES
Estaban bien musculadas. Al igual que las patas traseras, terminaban en unas largas y afiladas garras.

DEDICURO

Esta poderosa bestia era uno de los mamíferos más acorazados y mejor armados que hayan vivido nunca. Casi todo su cuerpo estaba recubierto de hueso forrado de cuerno, con una terrible maza de pinchos en la cola. Si alguna vez se enfadaba, sólo otro *dedicuro* se habría atrevido a acercarse en busca de pelea.

El *dedicuro* pertenecía a un grupo de mamíferos acorazados llamado *gliptodontes* que vagó por las Américas hace casi 20 millones de años. Los *gliptodontes* eran herbívoros especializados en hierbas duras. Su dieta se refleja en sus mandíbulas y dientes. Tenían unos inusuales molares trituradores y unos huesos de las mandíbulas profundos.

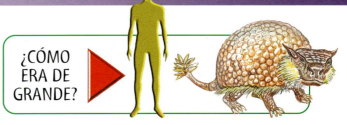

¿CÓMO ERA DE GRANDE?

DINODATOS

Longitud	Hasta 4 m	Los restos del *dedicuro* se encontraron en la Patagonia, una región de Sudamérica que se ha convertido en un verdadero filón de mamíferos fósiles y que ha proporcionado los restos de otros *gliptodontes,* así como restos de pájaros primitivos y dinosaurios. El *dedicuro* vagó por la pampa, o pradera, del Pleistoceno. Hoy día la pampa cubre gran parte de Argentina y del sur de Brasil.
Altura	1'2 m	
Peso	Hasta 2 toneladas	
Dieta	Probablemente hierbas y raíces	
Defensas	Coraza por todo el cuerpo; maza de pinchos en la cola	

¿SABÍAS QUE...?

● El *dedicuro* desapareció hace menos de 10.000 años y pudo haber rondado por ahí cuando los seres humanos se trasladaron hacia Sudamérica. Los nativos cuentan historias de criaturas que se parecen mucho a este gigante acorazado.

● Los científicos creen que el *dedicuro* se habría movido con bastante rapidez, a pesar del peso de su coraza. Sus cálculos demuestran que podría haber galopado tan rápido como un búfalo moderno, a más de 30 km/h.

● El *dedicuro* fue uno de los últimos de un antiguo linaje de *gliptodontes*; las especies más antiguas sólo tenían el tamaño de un gato doméstico. Los gigantes aparecieron 15 millones de años después.

● El nombre *dedicuro* significa «cola acorazada», lo que se queda corto a la hora de describir un arma tan aterradora.

1 Dos grandes *dedicuros* se desafían por el territorio. Los dos machos dan vueltas lentamente, con las mazas levantadas.

2 Entonces comienza la pelea. Lanzan golpe tras golpe contra sus costados acorazados, pero sin dejar ni una marca. Finalmente, aturdido por un golpe en la cabeza, uno de ellos retrocede.

HOMOTERIO

CUERPO
Esta ágil bestia tenía el tamaño de un león, pero con una constitución más ligera. Tenía unas patas traseras cortas y poderosas para esprintar durante el ataque, como los guepardos.

COLORACIÓN
Nadie sabe de qué color era el pelaje del *homoterio*. Muchos expertos creen que presentaría manchas de camuflaje, que habrían ayudado a la bestia a arrastrarse hasta cerca de sus presas.

CANINOS SUPERIORES
De casi 10 cm de largo, estos «colmillos» habrían penetrado y cortado con facilidad los cuerpos más duros.

GARRAS
Con un único golpe de sus zarpas con garras, el felino habría desventrado a una cría de *mamut*, salpicándolo todo de tripas y sangre.

HOMOTERIO

El *homoterio* era un felino feroz con afilados dientes curvos, que estuvo matando presas casi por todo el mundo hasta hace 10.000 años. Como un guepardo, se habría lanzado al ataque con un sorprendente estallido de velocidad en distancias cortas. Tenía un buen apetito y a menudo mataba presas mucho más grandes que él, incluidas crías de *mamut*.

Los restos de 13 cachorros y 20 adultos de *homoterio* encontrados en una cueva en Texas (EE.UU.) indican que el felino vivía en grupo, como los leones. La cueva también contenía huesos con marcas de dientes de entre 300 y 400 crías de *mamut*. Esto sugiere que los felinos adultos los mataban y los arrastraban hasta la guarida para alimentar a sus cachorros.

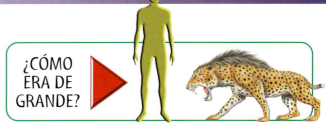

¿CÓMO ERA DE GRANDE?

DINODATOS

Longitud	1-1'5 m	
Peso	Hasta 230 k	
Presas	Mamíferos hervíboros	
Armas	Afilados caninos curvos	
Significado del nombre	«Bestia igual»	

Restos de diferentes especies de *homoterio* se han encontrado en diferentes yacimientos de Europa, Asia, África y Norteamérica, pero la bestia parece haber sido más común en Europa.

¿SABÍAS QUE...?

● El *homoterio* vivió durante la última edad del hielo y puede haber desarrollado adaptaciones al clima frío como pelaje blanco, orejas pequeñas y zarpas grandes y muy acolchadas, como el actual leopardo nival del Himalaya.

● A partir del análisis de la estructura del esqueleto del *homoterio*, los expertos han deducido que la criatura probablemente tenía una punta de velocidad de 60 km/h.

● Algunos expertos en huesos creen que el grabado prehistórico de un felino encontrado en una cueva en Isturitz, en el suroeste de Francia, representa a un *homoterio*. Las marcas en el felino en cuestión indican un pelaje moteado.

● La mayor parte de los expertos coinciden en que, además de atacar a presas grandes, el *homoterio* habría carroñeado cualquier cadáver de animal con el que se hubiera encontrado.

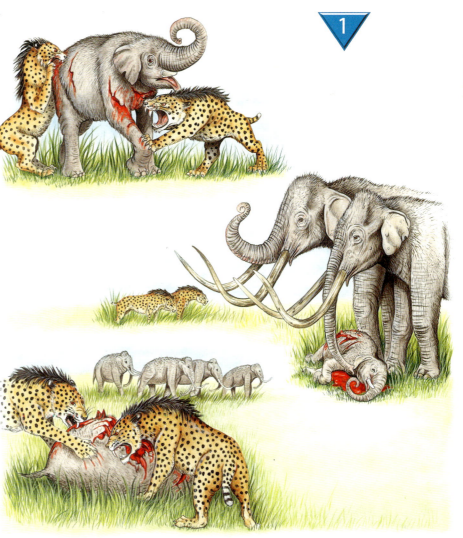

Dos *homoterios* hembra lanzan un ataque brutal contra una cría de *mamut*. Le causan terribles heridas en la garganta y los costados con sus dientes y garras.

1

Escuchando los barritos de la cría, los *mamuts* adultos llegan corriendo. Mientras los felinos observan desde una distancia segura, la madre intenta levantar a la cría con la trompa; pero es demasiado tarde, la cría está muerta.

2

Con gran resistencia, los *mamuts* terminan por abandonar el cuerpo y marcharse. Los felinos regresan para comer con ansia antes de arrancar pedazos para llevar a las crías.

3

ESMILODONTE

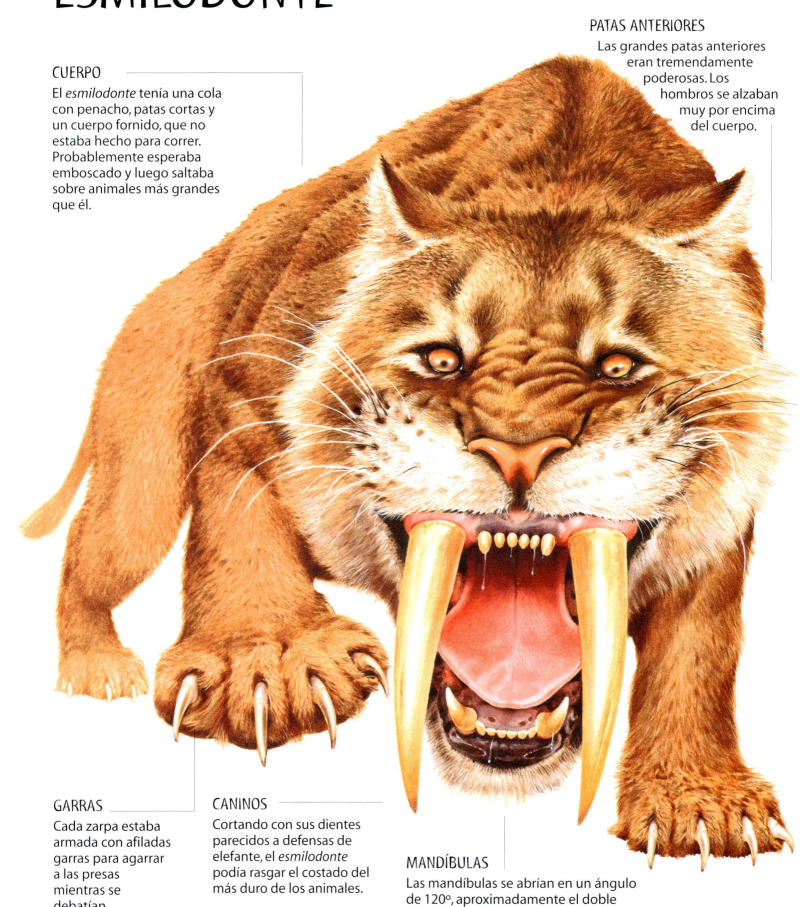

CUERPO
El *esmilodonte* tenía una cola con penacho, patas cortas y un cuerpo fornido, que no estaba hecho para correr. Probablemente esperaba emboscado y luego saltaba sobre animales más grandes que él.

PATAS ANTERIORES
Las grandes patas anteriores eran tremendamente poderosas. Los hombros se alzaban muy por encima del cuerpo.

GARRAS
Cada zarpa estaba armada con afiladas garras para agarrar a las presas mientras se debatían.

CANINOS
Cortando con sus dientes parecidos a defensas de elefante, el *esmilodonte* podía rasgar el costado del más duro de los animales.

MANDÍBULAS
Las mandíbulas se abrían en un ángulo de 120º, aproximadamente el doble que en un león.

ESMILODONTE

Con garras capaces de desgarrar la carne, músculos de acero y un rugido capaz de helar la sangre, este feroz felino debió de aterrorizar a los primeros seres humanos. El *esmilodonte* podía abrir sus fauces en un ángulo increíble y clavar sus dientes en la carne como si fueran un par de picos gemelos. Eran unos dientes tan largos que, cuando el *esmilodonte* cerraba la boca, sobresalían como si fueran defensas de elefante.

El *esmilodonte* no estaba hecho para la velocidad y probablemente su especialidad fueran las emboscadas de grandes y pesados herbívoros como bisontes o *mamuts*. Habría saltado desde su escondite y matado a su víctima con repetidas puñaladas de sus terribles dientes.

¿CÓMO ERA DE GRANDE?

DINODATOS

Longitud	1'2-1'5 m
Altura	90 cm hasta la cruz
Peso	200 k
Presas	Grandes mamíferos
Significado del nombre	«Diente cuchillo»

Los miembros del género *esmilodonte* vivieron en gran parte de América del Norte y del Sur durante la última edad del hielo, desde hace aproximadamente 2'5 millones de años hasta hace 10.000 años. Los fósiles sugieren que al menos existieron tres tipos diferentes.

¿SABÍAS QUE...?

- Aunque fuertes, en ocasiones los caninos de 18 cm del *esmilodonte* se rompían durante la lucha con una presa; sobre todo si se quedaban atascados en un hueso. Se descubrió un fósil de lobo que tenía un trozo de diente de *esmilodonte* clavado en el cráneo.

- En el yacimiento de La Brea de Los Ángeles se han descubierto tantos restos impresionantes de *esmilodontes*, que el felino ha sido adoptado como el fósil oficial del estado de California.

- El *esmilodonte* era el más reciente de varios tipos de felinos con dientes de sable. El *megantéreo,* un probable antepasado del *esmilodonte*, se difundió por Eurasia y Norteamérica hace entre 3 y 2 millones de años. No obstante, mucho antes, hace 40 millones de años, apareció un grupo de «falsos» felinos con dientes de sable.

Un mamut no se da cuenta de que el *esmilodonte* está tendido a la espera. Con un poderoso salto, el gran felino sale de su escondite. Sujetándose con sus afiladas garras, el felino muerde repetidamente la garganta de su víctima.

El mamut se tambalea por el dolor y el impacto de las terribles puñaladas del felino. Finalmente cae al suelo y el *esmilodonte* roe ansioso su carne.

MAMUT LANUDO

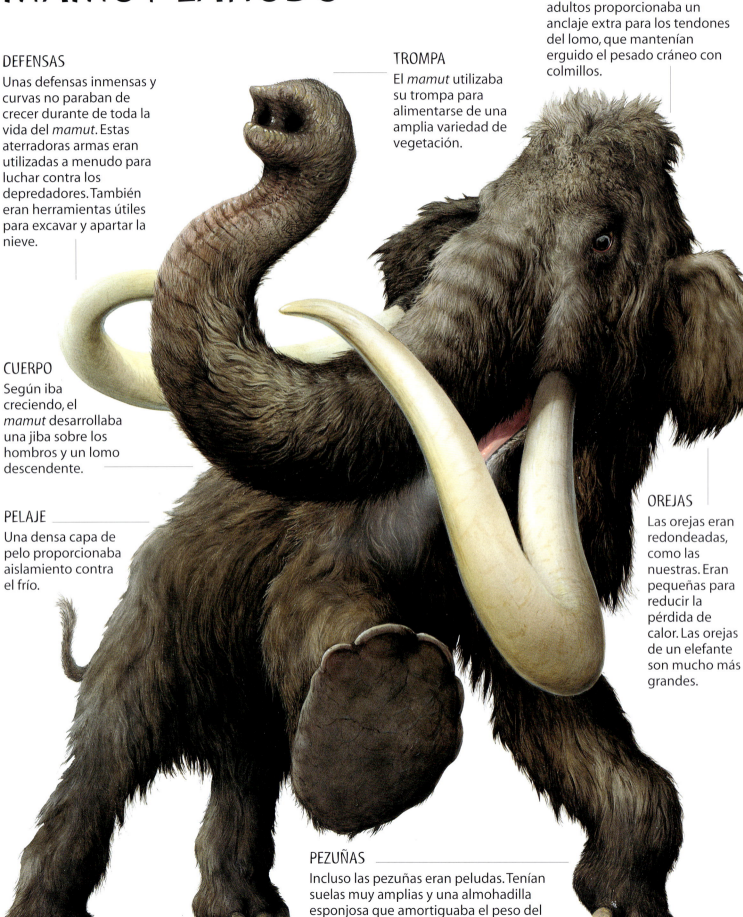

DEFENSAS
Unas defensas inmensas y curvas no paraban de crecer durante de toda la vida del *mamut*. Estas aterradoras armas eran utilizadas a menudo para luchar contra los depredadores. También eran herramientas útiles para excavar y apartar la nieve.

TROMPA
El *mamut* utilizaba su trompa para alimentarse de una amplia variedad de vegetación.

CABEZA
La cabeza abovedada de los adultos proporcionaba un anclaje extra para los tendones del lomo, que mantenían erguido el pesado cráneo con colmillos.

CUERPO
Según iba creciendo, el *mamut* desarrollaba una jiba sobre los hombros y un lomo descendente.

PELAJE
Una densa capa de pelo proporcionaba aislamiento contra el frío.

OREJAS
Las orejas eran redondeadas, como las nuestras. Eran pequeñas para reducir la pérdida de calor. Las orejas de un elefante son mucho más grandes.

PEZUÑAS
Incluso las pezuñas eran peludas. Tenían suelas muy amplias y una almohadilla esponjosa que amortiguaba el peso del corpachón del elefante.

MAMUT LANUDO

El majestuoso *mamut lanudo* caminó sobre la Tierra durante casi un cuarto de millón de años. Recibe su nombre de la densa capa de pelo que le servía de aislamiento contra el frío de la última Edad del Hielo. Estaba armado de unas pesadas y retorcidas defensas que llegaban a alcanzar hasta 4 m de longitud, que utilizaba tanto para luchar como para buscar alimento.

Era un animal familiar para los cazadores de la Edad del Hielo, que lo cazaban por su carne. También dibujaron su imagen en las cuevas y tallaron sus colmillos de marfil con emblemas mágicos. En épocas más recientes, sus restos congelados siguen asombrando a todos los que pueden ver su gran mole.

¿CÓMO ERA DE GRANDE?

DINODATOS

Altura	2'6-3'5 m en la cruz	
Defensas	Hasta 4'2 m de largo	
Peso	Hasta 6 toneladas	Probablemente originarios de Siberia, los *mamuts lanudos* se extendieron por toda la parte norte del mundo, colonizando una amplia variedad de territorios en Europa y Asia, cruzando la región de Beringia (hoy día el estrecho de Bering) para terminar llegando a Norteamérica.
Dieta	Hierba, musgo, pequeños arbustos y hojas	
Duración de la vida	Probablemente hasta 60 años	

¿SABÍAS QUE...?

● Los huesos de *mamut* comenzaron a aparecer del suelo congelado a finales de la Edad del Hielo. Los nativos de Siberia pensaban que eran los restos de gigantescas criaturas parecidas a topos que ocasionalmente salían a la superficie sólo para morir al quedar expuestos a la luz del sol.

● En 1557, un médico suizo terminó con una disputa sobre un montón de colmillos de *mamut* cuando declaró que pertenecían a un gigante humano de 5'5 m de altura.

● Los pescadores del Mar del Norte a menudo pescan dientes de *mamuts* con sus redes, porque en diferentes momentos de la Edad del Hielo esta zona fue tierra firme, por lo que ahora es rica en fósiles y huesos.

● A comienzos del siglo XX, algunas gentes de Siberia pensaban que los *mamuts* seguían viviendo bajo tierra, causando terremotos con sus pisadas.

MAMUT PARA COMER

Un *mamut lanudo* podría haber proporcionado carne durante semanas a una comunidad de la Edad del Hielo; pero descuartizar el cadáver era una tarea inmensa. Un modo de hacer frente al problema era cocinar a la bestia muerta *in situ*. Probablemente abrían el pecho del animal, encendían un fuego dentro de sus costillas y esperaban a que se cocinara. También recogían los colmillos y los huesos largos para utilizarlos como material de construcción y armas.

GLOSARIO

ANFIBIO
Animal que pasa parte del tiempo en tierra firme y parte en el agua, como una rana o sapo. La mayor parte de los anfibios tienen cuatro patas y una piel lisa y húmeda sin escamas.

ANQUILOSAURIO
Un tipo de dinosaurio herbívoro bien acorazado. Había muchos tipos diferentes de *anquilosaurio*, pero todos tenían piernas cortas y fuertes y una pesada coraza.

ACUÁTICO
Que vive en el agua o a menudo se encuentra en ella. Estrictamente hablando, los dinosaurios sólo vivían en tierra firme. Sin embargo, algunos reptiles semejantes a los dinosaurios, como el *libonectes*, vivían en el agua.

CAMUFLAJE
Muchas criaturas utilizan manchas o colores especiales para ayudarse a confundirse con el entorno y esconderse así de sus presas o sus depredadores. Esto se llama camuflaje. Nadie conoce a ciencia cierta de qué color eran los dinosaurios, pero es probable que muchos de ellos utilizaran el camuflaje para ayudarles a esconderse. Es posible, incluso, que algunos fueran capaces de cambiar de color, como hace el camaleón en la actualidad.

CARNÍVORO
Un dinosaurio o cualquier otra criatura que come carne, como el *tiranosaurio rey*. Muchos dinosaurios carnívoros tenían dientes o garras afiladas para ayudarlos a matar y descuartizar a sus presas.

CARROÑERO
Un dinosaurio u otro tipo de animal que come los restos de otras criaturas muertas.

CINODONTES
Grupo de reptiles parecidos a mamíferos que vivieron entre finales del Pérmico y principios del Jurásico. Aunque eran reptiles, los *cinodontes* no eran dinosaurios. El grupo probablemente incluyera a los antepasados de los mamíferos actuales.

CONTRAPESO, HACER DE
Equilibrar un peso con otro. Muchos dinosaurios tienen colas largas para que hagan de contrapeso de la masa de sus cuerpos.

DEPREDADOR
Un dinosaurio u otro animal que caza y mata otras criaturas.

EXOESQUELETO
Algunos animales tienen el esqueleto por fuera, en vez de por dentro del cuerpo, es lo que se llama un exoesqueleto. Entre los animales con exoesqueleto se encuentran los insectos y los cangrejos. El *trilobite*, un tipo de animal muy antiguo, poseía un exoesqueleto.

EXTINCIÓN
Se llama así a la desaparición de una especie entera. Hace unos 65 millones de años, una gran extinción mató a los últimos dinosaurios. Por eso no hay dinosaurios vivos en la actualidad. Más recientemente, criaturas como el dodo, un pájaro que no volaba, también se han extinguido.

FÓSILES
Una planta, un animal o las huellas de un animal que se han conservado en la roca. Por lo general, cuando un animal muere, sus restos se destruyen por completo con el paso del tiempo; pero en algunas ocasiones estos restos resultan enterrados antes de desaparecer. Con el tiempo la tierra o el barro que rodean el cuerpo se convierten en roca. Aunque el cuerpo termina por desaparecer, la forma de la criatura queda preservada en la roca para siempre. La mayor parte de nuestro conocimiento de los dinosaurios procede de los fósiles.

HERBÍVORO
Un dinosaurio u otro animal que se alimenta de hierbas. Muchos dinosaurios herbívoros necesitaban inmensas cantidades de vegetación para conseguir suficiente energía. Tenían unos estómagos gigantescos para poder digerir toda la materia vegetal.

ICTIOSAURIO
Un grupo de grandes reptiles marinos. El nombre *ictiosaurio* significa «lagarto pez»; pero aunque los reptiles se pasaban toda su vida en el agua, respiraban aire, de modo que se parecían más a las ballenas actuales que a los peces.

LAGARTO
Un reptil de cuerpo alargado, por lo general con dos pares de patas y una cola que se estrecha hacia la punta. Un dinosaurio es un tipo de lagarto.

MAMÍFERO
Animal de sangre caliente con columna vertebral y piel peluda. Los mamíferos dan a luz a crías vivas y las alimentan con leche.

MARSUPIAL
Un tipo de mamífero con una bolsa para guardar a sus crías mientras éstas se desarrollan. Los canguros y los wallabíes son dos tipos de marsupial.

MOLARES
Dientes redondeados o aplanados utilizados para aplastar, masticar o triturar.

PLANCTON
Animales y plantas diminutos que viven en el agua y se mueven empujados por la corriente.

PREHISTÓRICO
Antes de la historia, es decir, antes de que hubiera documentos escritos. La palabra prehistoria puede referirse a millones de años atrás, mucho antes de que existieran los seres vivos, o puede referirse a un período de hace sólo unos pocos miles de años. Los dinosaurios se llaman prehistóricos porque vivieron hace millones de años.

REPTIL
Un tipo de animal de sangre fría que respira aire. La mayoría de los reptiles ponen huevos y tienen la piel recubierta de escamas o de placas óseas. Las serpientes, lagartos, tortugas, aligátores y dinosaurios son tipos diferentes de reptil.

SANGRE FRÍA
Los dinosaurios y otros reptiles son de sangre fría. Esto significa que no producen su propio calor corporal, sino que adquieren la misma temperatura que el ambiente que los rodea. Son fríos y lentos cuando el ambiente es frío y activos cuando el ambiente es cálido.

SAURÓPODO
Un tipo de dinosaurio herbívoro de gran tamaño. Había muchos tipos diferentes de *saurópodos* pero todos tenían la cabeza pequeña, cuello largo y cinco dedos. Algunos de los saurópodos fueron más grandes que ningún otro animal terrestre.

VERTEBRADO
Cualquier criatura con columna vertebral, incluídos los mamíferos, pájaros, peces y reptiles.

ÍNDICE

A – C

Abelisaurio	107
Acrocantosaurio	74-5
Agassiz, Louis	171
Albertosaurio	113
Alosaurio	35, 50-1, 53, 71
Álvarezsaurio	127
Amargasaurio	76-7
pinchos óseos	73, 76-7
Ambelodonte	173
Anfibios	18-9, 157
Anancus	173
Andrews, Roy Chapman	131, 137, 159
Andrewsarco	158-9
Anquilosaurio	41, 113, 143
Anning, Mary	43
Apatosaurio	52-3
Arqueoptérix	35, 54-5, 157
Arquelón	177
Argentavis	164-5
Argentinosaurio	85
Aristosucus	61
Artrodiro	13
Asteroides	1, 33
Atlascopsosaurio	87
Avestruces	147
Ballenas	157, 159, 161, 171
Barionix	78-9, 87
Basilosaurio	157, 160-1
Bípedos	2, 21
Bonaparte, José	77, 99, 107
Borhiena	157, 166-7
Braquiosaurio	57-60
Brodkorb, Pierce	123
Brontosauro, ver *Apatosauro*	
Brontoterio	168-9
Brown, Barnum	83, 133
Buckland, William	47
Caballos	163
Cabo, tortuga del	177
Cámbrico, período	6-7
Camuflaje	16, 17, 38, 76, 94, 98, 162, 180
Carcarodontosaurio	75, 80-1, 85
tamaño	80, 81
Carnívoros	21
Carnotauro	85, 106–7
puesta de huevos	107
cuernos	106, 107
Caudiptérix	55, 131
Celacanto	10-1
Celofisis	22-3
Celurosauravo	14-5
alas	14, 15
Centrosaurio	151
Ceratópsidos	151
Ceratosaurio	58-9
Cetiosaurio	45, 47
Charig, Alan	79
Chartterjee, Sankar	33
Cinodontes	25
Cinognato	21, 24-5, 31
fósiles	24, 25
mandíbulas	24, 25
piel	24, 25
Cocodrilos	21, 27, 79, 100-1, 105, 111, 147, 157
Collini, Cosimo	87
Colosoqueli	108, 176-7
coraza de placas	176, 177
Cometas	33
Compsognato	60-1
fósiles	61
plumaje	60
Cope, Edward Drinker	23
Cretácico, período	1
Temprano	72-103
Tardío	105-55
Criolofosaurio	36-7
cresta y cuernos	36, 437
Cronosaurio	90-1, 129
dientes	90, 91
fósiles	91
nacimiento	91
Cuvieronio	173

D – F

Dedicuro	178-9
coraza de placas	178, 179
maza de la cola	178, 179
Deinonico	82-3
fósiles	83
garras	82, 83
Deinoqueiro	108-9
garras	108, 109
Deinosuco	109, 110-1
garras	110-1
Deltradomeo	81
Devónico, período	10-1, 12-3
Deiadiaforo	165
Diatrima	157, 162-3
Dicraosaurio	77
Dieta de dinosaurios	1, 21
Dilofosaurio	38-9
cresta	38
dientes	39
Dimetrodonte	5, 16-7
dientes	16, 17
vela	16, 17
Dimorfodonte	42-3
Dinosaurios	
bípedos	2, 21
definición	2
extinción	3
nombre	41
primeros	3, 5, 21
Diplocaulo	18-9
cabeza	18, 19
fósiles	23
Drepanura, fósil	7
Dromeosáuridos	102
Dunkleósteo	12-3
coraza de placas	12, 13
fósiles	13
Edmontonia	112-3
coraza	112, 113
Elasmosaurio	123
elefantes	172, 173
Escelidosaurio	40-1
coraza de placas	40, 41
Esmilodonte	182-3
fósiles	183
ver también felinos de dientes de sable	
Espinosáuridos	141
Espinosaurio	89, 98-9
vela	98, 99
Estegosáuridos	71
Estegosaurio	41, 59, 70-1
Estiracosaurio	144-5, 151
cuerno	144, 145
tocado de pinchos	144, 145
Eudimorfodonte	139
Euplocéfalo	114-5
coraza de placas	114, 115
Euriptéridos	5, 8-9
fósiles	9
ojos	8
paletas	8, 9
Eustreptospondilo	44-5
fósil	45
Extinción de los dinosaurios	1
en masa	5, 15, 21, 105
Fiomia	173
Fororaco	163
Fósiles	2
Fulguroterio	87

G– J

Gallimimo	109, 116-7, 149, 155
Giganotosaurio	77, 81, 84-5, 143
Gliptodontes	179
Gondwana	57
Gracilisuco	26-7
coraza de placas	27
Guepardos	181
Hammer, William	37
Herradura, cangrejos de	7
Herrera, Victorino	29
Herrerasaurio	21, 28-9
Hesperornis	118-9
Hielo, Edad del	183, 185
Hipsilofodonte	85-7
fósiles	87
herbívoros	82, 83
ojos	73
velocidad	87
Holocefalonte	13
Homoterio	180-1
fósiles	181
velocidad	181
Huxley, Thomas	87
Ictiosaurio	67, 91, 123, 129
Iguanodonte	83, 87, 88-9, 103
Jurásico, período	1, 35
final	42-9
medio	50-71
temprano	36-41

K – O

Kan Chuen Pao	159
Kannemeyeria	25
Kentrosaurio	62-3
coraza de placas	63
herbívoros	62-3
Laellynasaura	87
Lagartos	5, 15, 129
Lambe, Charles	121
Lambe, Lawrence	111
Lambeosaurio	120-1
Laplatosaurio	143
Libonectes	122-3
Listrosaurio	30-1

Maiasaurio 124-5	Owen, Richard 41	*Psitacosaurio* 94-5	mandíbulas 148, 147
fósiles 125		fósiles 95	*Telicomys* 175
nidos 125	## P – S	pico 94, 95	*Tenontosaurio*, fósiles 83
pico de pato 124, 125		*Pteradonodonte* 119, 138-9	*Testudo Atlas* 177
Mamut lanudo 181, 182, 184-5	Pájaros 147, 157	*Pterodaustro* 96-7, 139	*Therizinosaurio* 109
colmillos/defensas 184, 185	antepasados de 60-1, 117, 129, 131	*Pterosaurios* 14-5, 35, 43, 61, 96-7, 139	*Tilacino* 175
Marinas, criaturas 6-7, 9	más antiguos 35, 54, 55, 118-9, 163, 165	como presas 45	Tiburones 1, 13, 129, 157, 175
extinción 5	especies 165		*Tilacosmilo* 174-5
ver también peces	ver también pterosaurios	*Quetzalcoatlo* 140-1	*Titanotéridos* 169
Marsh, Othniel 57, 59	Paleógeno, período 158-63	envergadura alar 141	Tortugas 176-7
Marsupiales 166-7, 175	Pangea 17, 23, 27, 29, 33, 49		*Tiranosaurio Rey* 146
Megalodonte 170-1	*Paquicefalosaurio* 132-3	*Rauisuquios* 27	Triásico, período 1, 20-33
Megalosaurio 46-7	cráneo 132, 133	Reptiles, extinción 5, 16-7	*Tricerátopo* 1, 137, 150-1
Megantéreo 183	*Paquirrinosaurio* 151	ver también dinosaurios, lagartos, *pterosaurios*	*Trilobite* 5, 6-7
Megladonte 157	*Paquiceto* 159	Rinocerontes 168, 169	fósiles 7
Mesosaurio 25	*Parasaurolofo* 134-5	Romer, Alfred 27	ojos 6, 7
Milner, Angela 79	cresta 134, 135		*Troodonte* 125, 152-3
Misoníquidos 161	*Parasuco* 27	Sable, felinos diente de 4, 157, 174-5, 177, 183	
Mononico 126-7	Parque jurásico (película) 35, 83, 103, 117	Saicania 117	*Uintaterio* 159
Mosasáuridos 128-9	Paterson, George 113	*Saltasaurio* 142-3	*Ultrasaurio* 47
Mosasaurio 105, 123	*Pelicosaurio* 17	*Saurópodos* 49, 53, 56, 79, 143, 144	*Uranosaurio* 92-3, 99
El mundo perdido. Parque Jurásico II 107	Pez 5, 10-1, 12-3, 67	*Saurosuco* 33	*Utahraptor* 102-3
	como presas 43, 79, 118, 139	*Segnosaurio* 109	
Neógeno, período 164-5	ver también ballenas; tiburones	*Seismosaurio* 68-9	*Velocirraptor* 83, 103, 137, 154-5, 159
	Platibelodonte 172-3	gastrolitos 69	hoz, garra en forma de 154, 155
Ofiacodonte 17	Pleistoceno, período 176-85	tamaño 69	velocidad 155
Oftalmosaurio 66-7	*Plesiosaurios* 129	*Shantungosaurio* 135	vista 154, 155
Opitsch, Eduard 55	*Pliosaurios* 129	*Shonisaurio* 69	voladores, reptiles ver *pterodáctilos*
Ordovícico, período 8-9	Plissy, Bernard 171	*Shunosaurio* 35, 48-9	
Ornitolestes 64	Polares, dinosaurios 37, 71	*Sinosauroptérix* 61	Volcanes, causa de la extinción 1
Ornitomimosáuridos 117	Postosuco 21, 35-33	*Sordes* 141	
Ornitosuco 27	coraza de placas 32	*Sucomimo* 98, 100-1	Wegener, Alfred 25
Osborn, Henry Fairfield 65, 95	mandíbula 33		
Ostrom, John 83	*Preondáctilo* 139	## T – Z	*Zeuglodonte* 161
Ovirraptor 130-1, 159	*Protoarqueoptérix* 55		
fósiles 131	*Protocerátopo* 136-7	*Tarbosaurio* 109, 148-9	
nidos 131			
terápodo 130			